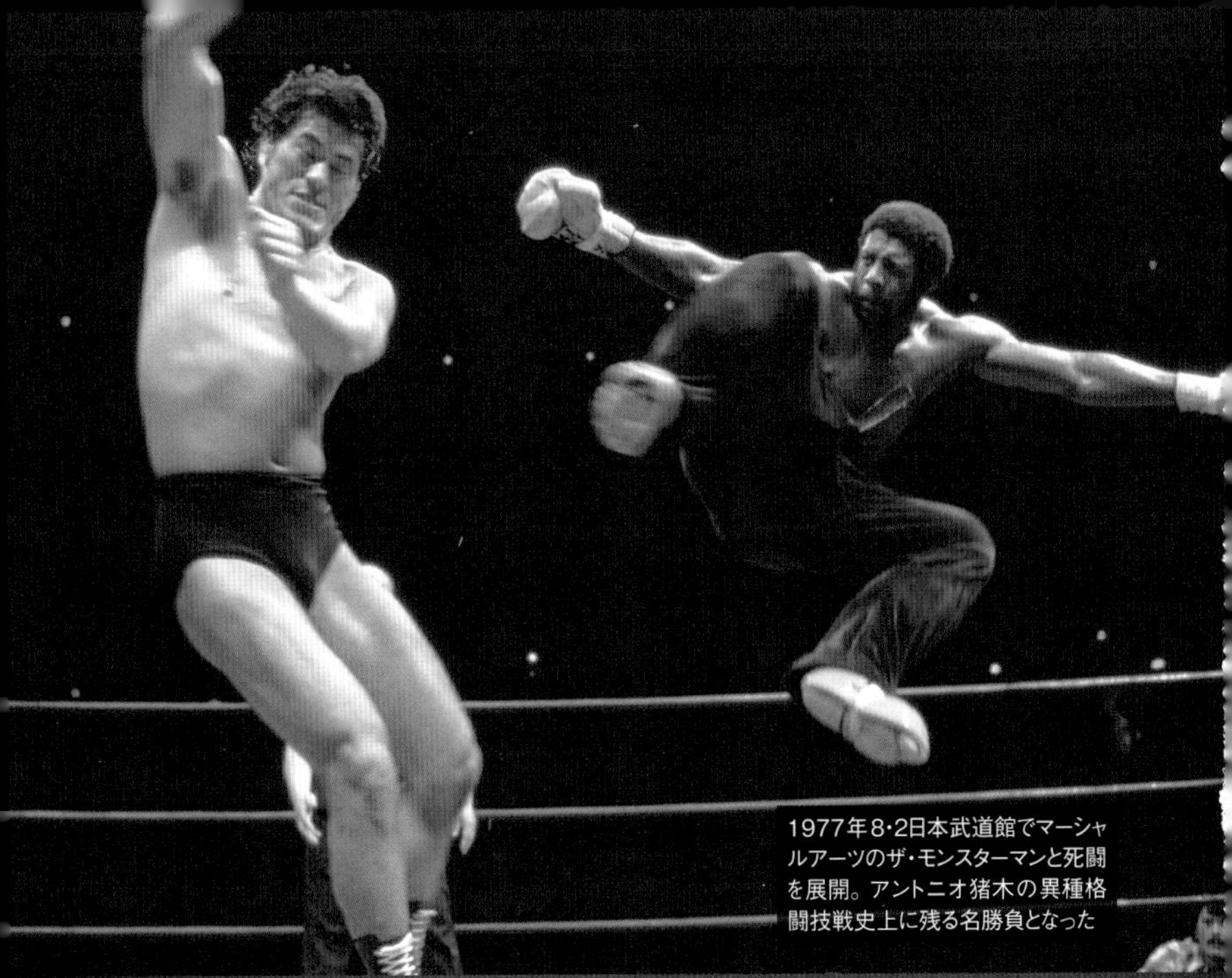

1977年8・2日本武道館でマーシャルアーツのザ・モンスターマンと死闘を展開。アントニオ猪木の異種格闘技戦史上に残る名勝負となった

1977年10・25日本武道館でプロボクサーのチャック・ウェップナーに勝利。オープンフィンガーグローブを着けて戦った

NWFヘビー級王者・猪木がWWWFヘビー級王者ボブ・バックランドとダブルタイトルマッチで激突。試合には勝つもルールによりWWWF王座奪取ならず（1978年6・1日本武道館）

1978年6月7日、福岡初の異種格闘技戦を開催（福岡スポーツセンター）。ザ・モンスターマンの再挑戦を退けた

（右・左）1979年4・3福岡スポーツセンターでマルチ格闘家のレフトフック・デイトンをバックドロップ葬。格闘技世界ヘビー級王座の防衛に成功

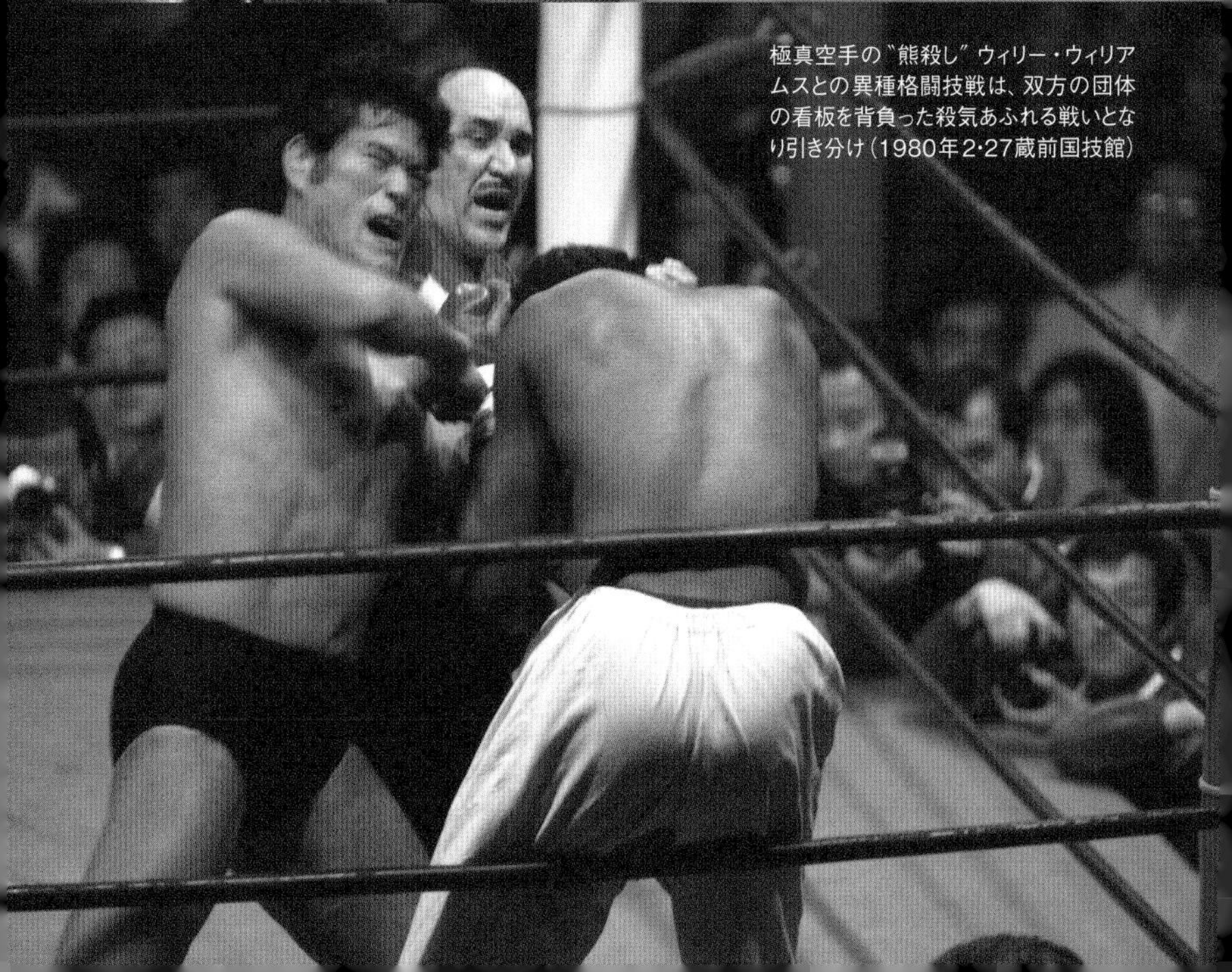

極真空手の〝熊殺し〟ウィリー・ウィリアムスとの異種格闘技戦は、双方の団体の看板を背負った殺気あふれる戦いとなり引き分け（1980年2・27蔵前国技館）

（右上）1970年代後半から80年代頭にかけて〝不沈艦〟スタン・ハンセンと抗争。1980年9・25広島県立体育館ではラリアットの本家ハンセンに対して〝逆ラリアット〟を発射してNWF王座を防衛　（右下）ドイツのシュツットガルトで伝説の死闘を繰り広げた〝墓堀人〟ローランド・ボックと日本で対戦するも、不本意な反則勝ち（1982年1・1後楽園ホール）　（左）1981年4・23蔵前国技館で〝最後のNWF戦〟。宿敵ハンセンに勝利した猪木は、戦前の公約どおり、IWGP構想推進のためにNWF王座を返上した

1982年夏に〝超人〟ハルク・ホーガンとコンビ結成。体調に不安を抱える猪木にとって頼もしいパートナーとなった（写真は8・29田園コロシアム、猪木&ホーガン vsラッシャー木村&サージェント・スローター）

1983年5・27香川・高松市民文化センターにおける第1回 IWGP公式戦で前田日明との師弟対決が実現（猪木勝利）。のちに前田がUWFに走ったため、これが最初で最後の一騎打ちに

維新軍団を結成した長州力と熾烈な抗争。そのなかでも1984年8・2蔵前国技館の一騎打ちは、年間ベストバウトに輝くストロングスタイル名勝負となった

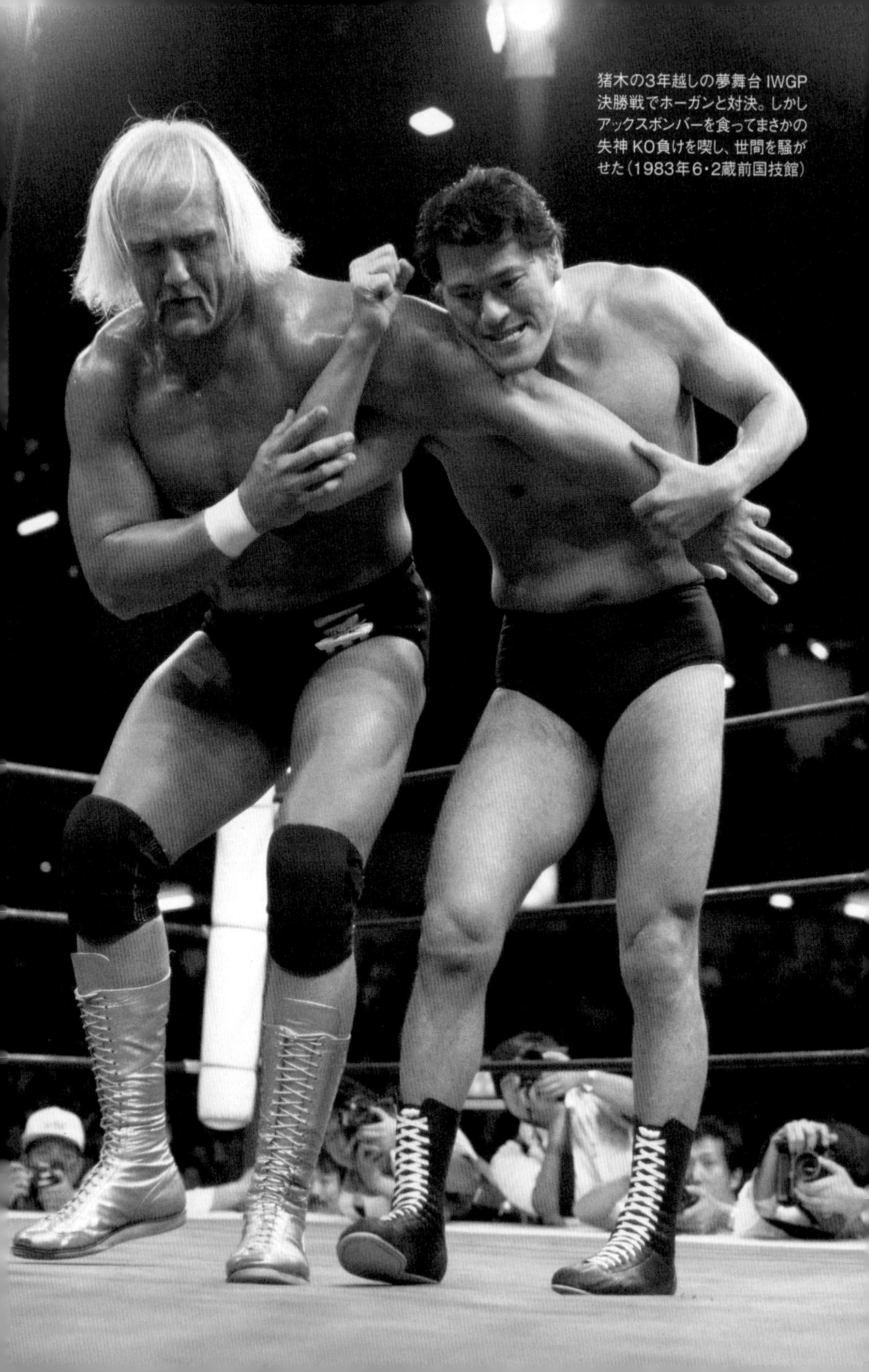

猪木の3年越しの夢舞台 IWGP決勝戦でホーガンと対決。しかしアックスボンバーを食ってまさかの失神 KO負けを喫し、世間を騒がせた（1983年6・2蔵前国技館）

選手大量離脱事件で揺れる新日本マットに、全日本プロレスのトップ外国人〝超獣〟ブルーザー・ブロディが登場。猪木は1985年4・18両国国技館で「運命の対決」を果たした（引き分け）

日本人選手大量離脱の余韻さめやらぬ1985年9月19日、東京体育館で藤波辰巳（辰爾）と師弟対決。ルー・テーズが特別レフェリーを務めた

1985年9・19東京体育館の猪木 vs藤波は、猪木の卍固めが決まり、テーズがレフェリーストップを宣した。新日本に黎明期から関わっている3人が織りなしたストロングスタイル名勝負だった

女性問題のケジメとして坊主になった猪木がディック・マードックを破り第4回 IWGP優勝（1986年6・19両国国技館）

レスラー生活25周年記念イベントで元プロボクシング世界ヘビー級王者レオン・スピンクスと対戦して完勝。ボクシンググローブを着けて戦う場面も（1986年10・9両国国技館）

1987年6・12両国国技館で
マサ斎藤を下して初代 IWGP
ヘビー級王者に輝いた

斎藤との遺恨がエスカレートし、
1987年10月4日、巌流島で
観客なしの決闘

斎藤をスリーパーホールドで戦
意喪失に追い込み、2時間5
分14秒に及ぶ巌流島の戦い
を制した（1987年10月4日）

1988年8・8横浜文化体育館でIWGPヘビー級王者・藤波に挑戦。師弟が繰り広げた60分フルタイム(引き分け)の熱闘は、見る者の胸を熱くした

1988年7・29有明コロシアムで難敵の〝皇帝戦士〟ビッグバン・ベイダーに壮絶勝利

1989年4月24日、初進出の東京ドームでソ連の柔道ミュンヘン五輪金メダリスト、ショータ・チョチョシビリと対戦。裏投げ連発を浴びて異種格闘技戦初の敗北を喫した

1989年5・25大阪城ホールでチョチョシビリに雪辱。直後の7月、参議院選挙に当選して初の国会議員プロレスラーとなった

超マニアックな視点でたどる
アントニオ猪木物語

猪木戦記

第3巻 不滅の闘魂編

プロレス評論家
流 智美 著

猪木戦記　第3巻　不滅の闘魂編　もくじ

1977年（昭和52年）
猪木が即答で選んだ「我が心の名勝負・モンスターマン戦」……6

1978年（昭和53年）
バックランドと世代闘争、地獄のヨーロッパ初遠征……64

1979年（昭和54年）
プロレスラーとして絶頂を極めた「栄光の1970年代」に幕……92

1980年（昭和55年）
波乱万丈の猪木にとっては珍しい「凪《なぎ》」の1年……124

1981年（昭和56年）
輝けるNWF王者時代の終焉～猪木の転換点……150

1982年（昭和57年）
病気・ケガとの戦い…ささやかれ始めた「猪木限界説」……174

1983年（昭和58年）
失神、タイガー引退、クーデター…
ブームの頂点から一転、スキャンダルまみれに……196

1984年（昭和59年）
名勝負、暴動事件、選手大量離脱事件…
さまざまな猪木らしさを発揮!?……210

1985年（昭和60年）
ブロディの出現で、衰えかけた闘魂が蘇生！……230

1986年（昭和61年）
UWFと丁々発止の駆け引きを繰り広げる……252

1987年（昭和62年）
暴動に始まり暴動に終わる。スキャンダルに明け暮れた1年……266

1988年（昭和63年）
藤波と生涯最後の60分フルタイム戦！
ソ連をプロレスに引き込むことに成功……284

1989年（昭和64年・平成元年）
ソ連、東京ドーム、国会議員…
誰も足を踏み入れたことがない新天地を目指す……300

あとがき……312

編集　本多 誠（元『週刊プロレス』編集長）
デザイン　間野 成（株式会社間野デザイン）

1977年（昭和52年）

猪木が即答で選んだ「我が心の名勝負・モンスターマン戦」

新春黄金シリーズ

猪木がマット界の頂点に堂々君臨！　新たな脅威・ハンセン出現

アントニオ猪木は1972年の新日本プロレス旗揚げ以降、ガイジン選手・日本人選手を相手に歴史的名勝負を連発し、1975年末には日本プロレス時代からのライバルであるジャイアント馬場（全日本プロレス）に対戦要求を突きつけてマット界に話題を振りまいた。そして、1976年には柔道王ウィリエム・ルスカ、ボクシング世界ヘビー級王者モハメッド・アリとの「格闘技世界一決定戦」（異種格闘技戦）を実現し、世間を大いに震撼させて「プロレスに市民権を」という悲願を達成した。

1977年頭の「新春黄金シリーズ」開幕に先立つ3日前の1月4日、東京プリンスホテルで「1976年度プロレス大賞」の授賞式が行われ、猪木が「年間最優秀選手（MVP）」と「最高特

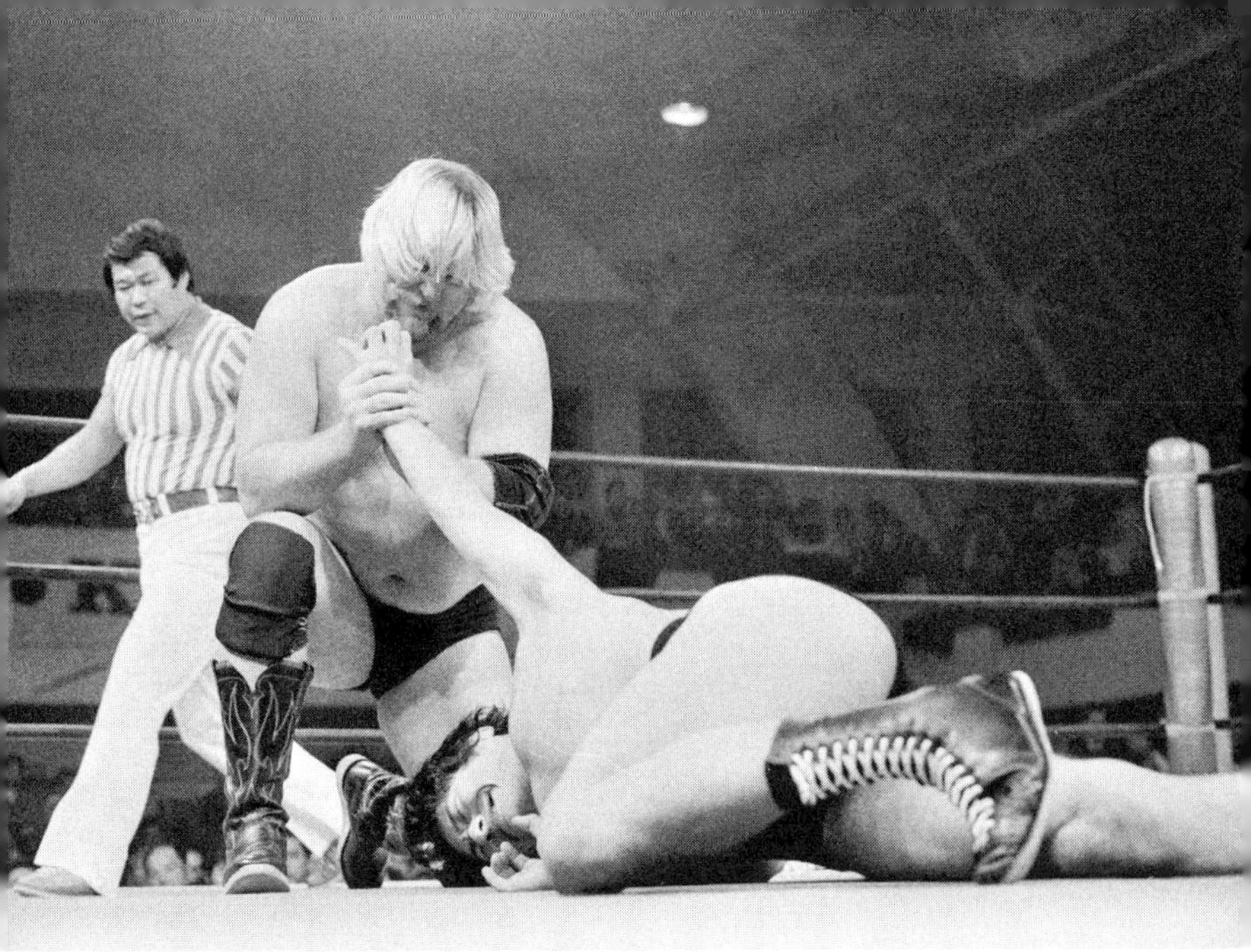
1・7越谷で新日本初登場のハンセンと初一騎打ち（反則勝ち）

別大賞」をダブル受賞。新日本からはこの他に坂口征二、ストロング小林組が最優秀タッグチーム賞、坂口が殊勲賞、魁勝司（北沢幹之）が努力賞を受けた。馬場は「特別大衆賞」の受賞で辛うじて一矢報いたが、猪木の二冠は「リング上の活躍」で圧倒的な差をつけた印象があり、この時期は東京スポーツ新聞の扱いも「新日本プロレス55%：全日本プロレス35%：国際プロレス10%」という感じの比率に傾斜していた。

「新春黄金シリーズ」は1月7日（埼玉・越谷市体育館）から2月10日（日本武道館）までの期間に29興行が開催され、タイガー・ジェット・シン、スタン・ハンセン、ピート・ロバーツ、ザ・ブルータス、デビッド・テイラー（1月13日の試合で負傷し途中帰国）の5選手が招聘されたほか、遂に上田馬之助が1月14日から参戦開始となり、シンとのコン

第3回プロレス大賞（1976年度）で猪木は2度目のMVP受賞（写真は77年1月4日の授賞式）

ビで坂口、小林を破り北米タッグ王座を奪取した（2月2日、大阪府立体育館）。

新春シリーズはハンセンの新日本初参戦が話題となった。前年4月26日にWWWFヘビー級王者ブルーノ・サンマルチノに頸椎捻挫の重傷を負わせて欠場に追い込んだウェスタン・ラリアット（実は、ラリアットで「首をへし折った」わけではなく、ボディスラムの角度が急だったために、サンマルチノの首が垂直に叩きつけられて骨折）がこのシリーズから日本マットに披露され、猪木は開幕戦（1月7日＝生中継）のシングル初対決で反則勝ち（11分17秒）、翌週14日（福岡九電記念体育館）の再戦でも反則勝ちを拾い（12分22秒）、ラリアットのダメージで頸椎を痛めて翌15日から31日までのサーキット（計13興行）欠場を余儀なくされた。欠場明けの2月2日（大阪）は鮮やかなバックドロップを決

2・10武道館において「フェンスマッチ」でシンと対決。レフェリー・ストップ勝ちを収めた

めて12分42秒に雪辱したが、ここから5年間、ハンセンはシン、アンドレ・ザ・ジャイアントと並ぶ「レギュラー・ガイジン3大エース」の一人として、猪木のライバルに成長していった。

猪木は2月10日、最終戦の日本武道館でシンの挑戦を受けNWFヘビー級王座8度目の防衛に成功（22分55秒、レフェリー・ストップ）。リングの周りを白い鉄柵で囲む「フェンスマッチ」という準・デスマッチ形式が採用されたが、単に上田馬之助の乱入を防ぐ効果しかなく、「金網デスマッチ」のような「流血必至」の展開にはなっていない。内容的には久しぶりに猪木の完勝で、会場で見ていた私は「シンは、徐々にその地位をハンセンに奪われるだろう」という感想を持った。

翌日の11日はNETテレビ（テレビ朝日）スタジオで「水曜スペシャル　燃える闘魂ア

ントニオ猪木」の収録（90分特番）が行われた（オンエアは16日。司会は長門裕之と金田正一）。坂口、小林以下、所属レスラーのほとんどがスタジオに招かれたが、収録中盤にシンと上田が乱入して番組構成がグダグダになり、猪木が「なんであんなのを入れるんだ！」と番組スタッフに対して怒鳴り散らすシーンが（ノーカットで）放送されたことは驚きだった。このあたりはNETの「ワールドプロレスリング」放送スタッフの独断でやったサプライズだったのだろうが、折角の90分特番のコンテンツを台無しにする必要は全くない。正直「プロレス番組制作の老舗・日本テレビなら、貴重な特番機会に、こんな無意味な演出はしないだろうに」と呆れた。

第4回ワールドリーグ戦

覆面ライバル、M・スーパースターに不覚を取る

3月4日（群馬・高崎市体育館）から4月1日（蔵前国技館）までの期間に25興行が開催され、ジョニー・パワーズ、マスクド・スーパースター、ニコリ・ボルコフ、トニー・チャールス、ロベルト・ソト、ベラ・ロドリゲスの6人が招聘された（4月1日の最終戦のみ、タイガー・ジェット・シンと上田馬之助が特別参加。レフェリーとしてルー・テーズが3月31日と4月1日のみ登場）。

3月3日に新宿・京王プラザホテルで行われた前夜祭の席上、パワーズが「猪木はNWAの勧告に応じて、NWFから世界の2文字を削除した。屈辱的な行為だ」と挑発し、怒った猪木がリーグ戦の決勝進出権（シード権）を辞退。3月31日（蔵前）にパワーズの挑戦を受けるNWF王座防衛

〝流星仮面〟M・スーパースターが初登場。以降、猪木のマスクマン・ライバルの座を確立した（写真は3・11愛知のタッグ対決）

戦に専念することになったため、リーグ戦優勝への期待は一気に萎むこととなった（パワーズも予選で2勝したあとリーグ戦を辞退）。

シリーズで台風の目になったのはM・スーパースター。それまで二度、ボロ・モンゴルとして来日していたビル・イーディがここから大型マスクマンに変身し、一気にレギュラーのポジションをゲットしていった。猪木とは3月11日、愛知県体育館でのタッグマッチ（猪木、吉田光雄〈長州力〉対スーパースター、チャールス＝生中継）で猪木に強烈なジャンピング・ネックブリーカードロップを決め、1本目を奪取。2本目、3本目はどちらもチャールスが取られて試合は敗れたものの、「馬場の切り札である」ジャンピング・ネックブリーカー（当時の呼称はフライング・スリーパー）を駆使するガイジンは初めてだったこともあり、（この技による）猪木のフォール負けには大きなインパクトがあった。シングルでは3月26日、青森・大湯市体育館で一度だけ対戦し、ここは猪木が9分11秒にバックドロップからの体固めで雪辱したが、「次に来るときは、シリーズのガイジン・エース資格十分」を納得させる実力を見せつけた。

3月31日の蔵前国技館（2連戦の初日）は猪木がバックドロップでパワーズを破り、NWF王座8度目の防衛に成功（20分23秒）。翌4月1日（2日目）は猪木が坂口とのコンビでシン、上田組の保持する北米タッグ王座に挑戦し、2対1で勝ったものの、3本目が反則勝ちだったために王座奪取はならず。私は春休みだったことで2日とも蔵前に足を運んだが、内容的には及第点の連戦だったと思う。

ゴールデン・ファイト・シリーズ、アジア・チャンピオン・シリーズ

「格闘技世界一決定戦」をドル箱に大化けさせたモンスターマン戦

「ゴールデン・ファイト・シリーズ」は4月22日（大阪府立体育館）から6月1日（愛知県体育館）までの期間に33興行が開催され、アンドレ・ザ・ジャイアント（5月13日から最終戦まで）、ブルート・バーナード（開幕戦から5月12日まで）、キラー・カール・クラップ、ビクター・リベラ、ブラックジャック・モース、テリー・ルージ、リック・フェララの7人が招聘された。猪木は最終戦の名古屋でアンドレの挑戦を受けNWF10度目の防衛戦。内容的には押されていたが巧く場外戦に持ち

6・1愛知でアンドレと引き分けて（両者リングアウト）NWF王座を防衛。これがアンドレとの最後のNWF王座戦となった

込み、なんとか両者リングアウトに持ち込んでベルトを死守した（23分14秒）。アンドレを相手にしたNWF防衛戦はこれが最後となり、以降は「MSGシリーズ」の公式戦、あるいは「MSGタッグリーグ戦」の特別試合、「IWGP」の公式戦で対戦することはあっても、タイトルマッチでの顔合わせはなくなった。

　翌日の6月2日、猪木は帝国ホテルで記者会見を行い、全米プロ空手世界ヘビー級王者ザ・モンスターマンとの「格闘技世界一決定戦」を発表した。この記者会見から8月2日の本番に至る詳細については、2016年にベースボール・マガジン社から発売されたムック『日本プロレス事件史　Vol.26　格闘技の波』に掲載した拙稿を再現する。

●

1976年2月6日、日本武道館における

ウィリエム・ルスカ戦から始まった猪木による一連の「格闘技世界一決定戦」は、6月のアリ戦（日本武道館）、10月のアンドレ戦（蔵前国技館）、12月のルスカ再戦（蔵前国技館）、そしてアクラム・ペールワン戦（パキスタン）を終えたあとは、「アリとの再戦交渉に集中」といった感じになり、年明けの1977年初頭の段階では「シリーズ化」する気配など全くなかった。（6・26の）アリ戦実現にあたりNETテレビから融資された多額の借金についても、「アリとの再戦で一括返済する」という前提での交渉が続いており、他ジャンル選手との「異種格闘技戦を定期開催する」（特番編成する）ことによる「ローン返済」案は、新日本側にもNET側にも全く頭になかった（NETからテレビ朝日への社名変更は1977年4月1日付け）。

その状況が一変したのは5月中旬に入ってからで、アリとの再戦交渉を進める中で意外なラインから「ビッグ・ビジネスになる敵」が浮上してきた。6月2日午後1時、帝国ホテル「松の間」で行われた猪木の記者会見（新聞寿営業本部長が同席）を再現してみよう。50人を越す報道陣が集結し、物々しい雰囲気の中、まず新間マネージャーから「アリ再戦の交渉経緯」が次のように説明された。

「私と永里（高平）専務（テレビ朝日からの出向）は、5月12日に日本を出発して、メリーランド州ランドオーバーでモハメッド・アリの試合を見ました。アルフレッド・エバンゲリスタという選手を相手にやった世界ヘビー級選手権です（アリが勝利し防衛）。その4日後の5月16日、ワシントンDCのシェラトン・モーター・インでアリ側の代理人であるハーバート・モハメッド氏、弁護士のチャールス・ローマック氏と会談しました。その席上で、猪木・アリ再戦に関する合意に達し

6月2日、猪木が帝国ホテルで記者会見。アリとの再戦に関して合意に達したと発表した。ただし、アリ側の要求する条件を飲んだことも明かされた。アリとの再戦の条件の一つが、プロ空手世界王者モンスターマンと戦い、その試合映像をアリに見せること。猪木は早速、8・2武道館のモンスターマン戦を発表

たということです（アリ直筆のサインが入った猪木宛の親書を公開）。ざっくり申し上げますと、対戦日時は1977年12月から1978年3月までの期間で、場所は基本的にアメリカ。日本での開催という線も残されており、これは今後の交渉次第です。誰がプロモーターになって、ギャランティが幾らになるかは、今後決まっていきます。アリ側の条件として、まず、プロ空手世界チャンピオンのモンスターマン・エベレット・エディの挑戦を受けること。その試合フィルムを、アリに見せることが付帯されています。モンスターマンとの試合は8月2日、日本武道館に決定しました。ルールについては、全米プロ空手協会のハワード・ハンセン会長を交え、これから細部を決めていくことになります。それと、会議が終わったあとに、アリ本人がコーヒーハウスに姿を現して、6月19日にビ

バリーヒルズで行われるアリとベロニカさんの結婚式に、猪木夫妻と私が招待されることになりました。シリーズオフの期間なので、これは喜んで受けました」

このあと、報道陣と猪木による一問一答に移った。

――再戦の決定は、ひじょうに突然でしたね。

「実際のところ、もうアリとは戦えないと思っていた。だが4月に渡米したときにアリ側と接触できて、『再戦してもいい』という感触を得た。それが、5月の渡米で具体的な形で成立したということです」

――空手の選手を「前哨戦」として押し付けてきましたが？

「正直言えば、私自身は、余り気乗りしていない。私は小さい頃から兄が空手師範だった関係で稽古していたし、その精神については熟知しているつもりです。ルスカやアリとやったあと、空手のチャンピオンだと名乗る輩から挑戦が相次いでいるが、これらは売名行為だと判断していました。だが、今回のモンスターマンという選手は、キチンとしたプロ空手という組織の認定するチャンピオンだというので、別格でしょう。アリが条件として対戦を要求してきた相手だから、これを倒さないと前には進めない」

――モンスターマンについての予備知識は？

「今のところ全くないので、これから彼のビデオを見て研究していこうと思っています。プロ空手は2分1ラウンドで、KOによる勝負が大半だと聞いているので、ボクシングよりは、プロレスとの接点が多いのではないかという感触がある。いずれにしてもルールについては今後、慎重に決定していくことになるでしょう」

翌日のスポーツ新聞は、大見出しで「猪木・アリ再戦決定」と書いた。見出しで「猪木・モンスターマン戦が決定」と書いた新聞はなかったが、まだアメリカにおけるプロ空手（マーシャルアーツ）の実態が全く未知数であった時点ゆえ、仕方のないことだった。新聞とすれば「猪木・アリ再戦決定」をテーマにした記者会見で報道陣の注目を引いておき、本音は「8・2武道館を大々的に発表したい」というところだったが、その意味では大成功の会見と言えただろう。記者陣に配布されたモンスターマンのプロフィルは、次のようなものだった。

「1972年から空手家として活躍し、75年にロサンゼルスの『カラテ・スター・チーム』で登場した大会で8戦8勝という記録を残してヘビー級部門で優勝し、以降『ザ・モンスターマン』と異名を取る。その後ニューヨークに行きプロ空手選手との試合を重ねたが無敗で、昨年『インターナショナル・プロ・カラテ・アソシエーション』の認定するマーシャルアーツ初代世界スーパーヘビー級チャンピオンとして公認された。年齢は不詳だが、27歳か28歳と言われている」

今読むと、かなり「怪しいプロフィル」、突っ込みどころ満載だが、当時の私は「アメリカにもキックボクシングは存在するのか。知らなかった。要するに、そのヘビー級王者ということだな」と素直に認識した。前年（1976年）から極真空手アメリカ支部にウィリー・ウイリアムスという巨人がおり、「熊を相手に戦った」ことは映画（『地上最強のカラテ』）で喧伝されていたから、「ウィリーのプロ・バージョンも存在したのか」という感じだった。猪木はモンスターマンのファイティング・ポーズ写真（巨大なパネル）を左手で抱えて右手で拳を握り、ここから「アリからの刺客」を迎撃する準備に入った。

当時、日本では公開されていなかったが、モンスターマンは１９４６年12月1日、ペンシルベニア州ミードヴィルの生まれで、この段階で既に30歳。意図的に「27か28」と発表したものと推測されるが、このレベルの「サバ読み」は当時では十分な「許容範囲」だった（20代と30代では若干、強敵という意味で印象が違ってくる）。

猪木から新間に対して、「モンスターマンの試合を見たい。ビデオを入手してくれ」と命令が下った。新間が早速、ハワード・ハンセン（全米プロ空手協会会長）に問い合わせたところ、「昨年暮れにテキサス州オースチンで行われたマーシャルアーツ世界大会のフィルムを、最近、日本のＴＢＳというテレビ局が買っていった。モンスターマンの最新の試合は、その中のヘビー級編に入っている。そちらでＴＢＳに行って、見せてもらってほしい」という答えが返ってきた。

新間は猪木を伴い、6月9日の午後に赤坂にあるＴＢＳテレビを訪問し、会議室でモンスターマンの試合を「ビデオ観戦」（ダナ・グッドソンという選手とのヘビー級トーナメント決勝戦。３分5ラウンドで、モンスターマンの圧倒的な判定勝ち）。プロレス中継をやっていない時期（１９７４年3月で国際プロレス中継は打ち切り）のＴＢＳに、わざわざ「テレビ朝日の大スター」猪木が出向いたというのは興味ある事実だ。どうしても「動くモンスターマンを見たい」の一心だった証拠である。ＴＢＳ会議室で東京スポーツ（櫻井康雄記者）の取材に応えた猪木は、ビデオを見た後に

6月9日、猪木が赤坂のTBSテレビを訪問し、TBSが所有するモンスターマンの最新の試合映像を視聴。テレビ朝日の顔である猪木がわざわざTBSを訪ねたこともちょっとした〝事件〟だ

次のようなコメントを残している。

――見終わった段階での率直な感想は？

「これは大変な相手を迎えることになるな、という印象だ。アリが（再戦の）条件に付けてきた理由が、ビデオを見て初めて理解できた」

――というと？

「最近わかったんですが、このモンスターマンもアリと同じブラックモスレム（黒人回教徒集団）で、普段はロサンゼルスで道場をやっているのだが、西海岸にアリが来るときはボディガード、要するに用心棒をやっているらしい。アリの用心棒をやるくらいだから、その実力は相当なものなんでしょう。アリは、私をモンスターマンと戦わせることによって、立ったときの私がどういうディフェンス、オフェンスをするのか、見てみたいのだと思いますね。あわよくば、モンスターマンに勝っ

全米プロ空手世界ヘビー級王者にして、アリの用心棒を務めるというモンスターマン（写真は7月27日の調印式）

てもらって『俺の用心棒に負けるレベルでは、再戦に応じかねる』という逃げの言い訳を作りたいのかもしれない（笑）」

――モンスターマンのビデオを見て、最も警戒すべき武器は？

「蹴りですね。パンチのほうは、インファイトして組みとめてしまえば打てなくなるだろうが、蹴りは読めない。アリとの戦いでは俺が蹴る役目だったが、その復讐なのかな、蹴りのプロを刺客として送ってよこした（笑）。中間距離ではローキックと飛び蹴り、インファイトのときはヒザ蹴りが出ているが、いずれも切れ味が鋭い、要注意な武器ですね。私が上半身のバランスを崩したら、カカト蹴り（ニールキック）がアゴに来る。跳躍力も大したものだ」

――ズバリ、作戦は？

「まずはルールを早めに決めて、そこから作戦を練らなければいけない。キック合戦で勝ち目がないことはわかったので、寝ワザに持ち込んで関節技にいけば相手は無抵抗だとは思うが、それもルール次第ですね。アリ戦のような寝ワザ禁止ルールだと、受け入れられない。とにかくビデオを見た今の感想は、凄い奴だという一語ですよ」

このあと、8・2武道館決戦は猪木・モンスターマンだけでなく、もう一人の大物（マーシャルアーツ世界ライト級王者、ベニー・ユキーデ）を巻き込んでスケールの大きな「格闘技大戦争」に進展していったが、状況の推移を詳しく時系列で叙述してみる。

6月16日

新日本の事務所で永里高平専務、新間本部長が記者会見し、8・2決戦のルール委員を発表した。カール・ゴッチ、鈴木正文（京都日本正武館・館長）、大山倍達（極真会館・館長）、ハワード・ハンセン（ワールド・カラテ・アソシエーション＝WKA会長）、永里高平（新日本プロレス専務＝元アマレス日本選手権者）、高橋典義（東京スポーツ編集局長）、遠山甲（日本プロボクシング協会レフェリー、猪木・アリ戦のジャッジ）の7名で、モンスターマン側から要求が出ていた「3分15ラウンド」の協議は既に始まっていることを発表（実際にはゴッチ、大山の2名は協議に入っていなかった模様）。加えてモンスターマン側から、「マーシャルアーツの全米ライト級王者であるベニー・ユキーデ（167センチ、66キロ、24歳）を同行したい。日本人キックボクサーの相手を用意して欲しい」という要請を受けていることも公開された。永里専務から「ユキーデの同行は、日本のキックボクサーに挑戦してこいという内容です。日本人キックボクサーで受けて立つ選手がいないときは、ユキーデは来日しません」と説明が加えられた。これによって「日本キックボクシング対米国マーシャルアーツ」の抗争もスタート、まさにキックボクシング業界にとっては「黒船襲来」そのものとなった。
この16日、アリの結婚式（19日）に招待された猪木夫妻は、夕刻に羽田を出る日航機でニューヨーク向けに出発。早めに出発したのは、メリーランド州スチールボンドに住む猪木の実姉・千恵子さん（48歳）と26年ぶりに再会するため。千恵子さんは横浜（鶴見区）の猪木家がブラジルのサンパウロに渡る前、1951年（昭和26年）に在留米軍の軍医だったベンジャミン・ニコルソン氏に見初められて結婚し、そのままメリーランド州に渡っていた。以来、サンパウロの猪木一家とは会う機会がなかったが、アリと戦うレスラーが「カンジ・イノキ」ということで自分の弟だと確信し、ワシントンDCにある日本大使館を通じて猪木に面談を申し込んでいたものだった。猪木は11人兄弟（男7人、女4人）だったが、千恵子さんは長女で、猪木より14歳年上だったから、横浜のフェリス女学院を卒業して結婚した22歳の時には猪木は8歳、小学2年生だったという計算になる。猪木が「ほとんど記憶にない」というのも無理はなく、26年ぶりの再会ということで、両者が感激の涙を流す場面も見られた。千恵子さん夫妻、息子（二人）と水入らずの時間を過ごした後、猪木は美津子夫人とともに17日のパンナム機でロサンゼルスに向かい、日本から来ていた新聞本部長、ケン田島（通訳）と合流した。

6月19日
アリとベロニカさん（21歳＝前年の6・26時にも日本に同行）の結婚式がビバリーヒルズにある「ビバリー・ウィルシャー・ホテル」で行われた。猪木夫妻の他にもハンク・アーロン（ホームラン王）、俳優のマーロン・ブランド、ボクシング界からはジャック・デンプシー、ジョー・ルイス、ジョー・フレイジャー、ジョージ・フォアマン（全て元世界ヘビー級王者）など、錚々たる面々が列席した。21日、アリ陣営のハーバート・モハメッド、弁護士のチャールス・ローマックスを交えて猪木、新聞と4者会談が持たれ、アリとの再戦について双方から具体案が交わされた。

6月22日
午後5時10分、猪木夫妻、新間、田島の一行は日航61便で羽田空港に帰国。詰めかけた記者団に対して「アリ再戦はアメリカで開催することが濃厚で、日時もアリ側に一任することになりそうだ」と中間報告。

6月24日
大宮スケートセンターで「アジア・チャンピオン・シリーズ」が開幕（生中継）。猪木はメインの60分1本勝負でタルバー・シン（タイガー・ジェット・シン軍団）をエビ固めで破り快勝。このシリーズはタイガー・ジェット・シン、上田馬之助、ガマ・シン、モハン・シン、タルバー・シン、ジ・アシアン・テローズ（途中から覆面を脱いで素顔のブラック・ゴールドマン&エル・ゴリアスに戻る）の7選手を招聘して8月1日（埼玉・越谷市体育館）までの6週間、36興行という過密日程のロングランで、猪木は8・2モンスターマン戦が決定しているため、シリーズ中のタイトル戦登場はナシ（北米タッグとアジアタッグは坂口、S・小林組に一任。アジアヘビー級王者、T・J・

6・29大阪府立で長州と組んで、怪覆面コンビのアシアン・テローズと対戦。猪木はテローズのマスクをはぎとり、素顔を暴いた(正体はB・ゴールドマンとE・ゴリアス)

シンへの挑戦試合も坂口と小林が一回ずつ挑戦し、猪木は絡まず)。

6月26日

ニューヨークのマジソン・スクエア・ガーデンでWKA主催のプロ空手興行が開催され(観衆8000人)、メインに登場したモンスターマンは挑戦者のジョー・ヘスを4ラウンド1分10秒、TKOで破り世界ヘビー級王座を防衛。モンスターマンは3ラウンドにジャンピング・キック(カカト蹴り)で主導権を握り、4ラウンドに左右ミドルキックの乱打でヘスを戦闘不能に追い込んだ。ヘスはこの時点で30歳。189センチ、100キロの巨漢(ヘビー級ランキング1位)で、2年後(1979年)の2月6日、大阪府立体育館で覆面をかぶり「ミスターX」として猪木に挑戦予定だったが、直前の練習中に負傷した

7･15札幌でゴリアスを一蹴。モンスターマン戦を控える猪木は「アジア・チャンピオン・シリーズ」ではタイトマッチは無し

ため断念している（結局、一度も来日せず）。モンスターマンは試合後、新聞記者のインタビューに答えて「年齢は29歳（ひとつサバ読み）。16歳から空手を始めた。剛柔流の空手から入り、その後テッコンドーを経てプロ空手に転向した。4月にアリの代理人であるハーバート・モハメッドから猪木戦を打診されてOKした。猪木とアリの試合は見たが、猪木を倒す自信はある」と答えている。

6月30日

午後2時から青山の新日プロ事務所で記者会見。出席者は新間本部長の他、8・2ルール委員の鈴木正文、永里高平、遠山甲と、土屋竜夫（全日本キックボクシング事務局、岡村プロモーション営業部長）の5名。まず新間から「猪木・モンスターマン戦は3分10ラウンドとし、完全KOかギブアップで決着。頭突きとサミング、金的蹴りは禁止。モンスターマン側からは、寝技になったときの関節技も禁止とする要望が来ているが、これについては時間をかけて討議中です」との途中経過が報告された。

7月11日

7月25日、マーシャルアーツ軍団が来日し、新宿・京王プラザホテルで会見を開いた。モンスターマン（中央）、全米プロ空手世界ライト級王者ベニー・ユキーデ（左から2人目）、ベニーの姉リリー・ユキーデ（右から2人目）、全米プロ空手協会会長ハワード・ハンセン（右端）、ベニーの兄でトレーナーのアーノルド・ユキーデ（左端）が出席。モンスターマンは猪木戦で3RKO勝ちを宣言した

午後2時から新日プロ事務所でルール委員会による記者会見が行われ、委員長の鈴木正文から「3分10ラウンド、関節技は禁止、ロープブレークあり」の決定が発表された。注目されたのは関節技についてだったが、猪木がアクラム・ペールワンの肩関節を外したフィルムを見たモンスターマン陣営が「絶対に認めない」と強硬姿勢に出た、との事情も披露された。「そのかわり、アリ戦で禁止された投げ技や、スタンドでの絞め技、ヒザ、ヒジによる打撃は全てOKなので、猪木としては十分に戦えるルールだと思います」（新聞）。レフェリーについては、猪木側が「カール・ゴッチが最適任者。ゴッチがダメならばルー・テーズがいい。ジン・ラベールは、今回は適任とは言えない。（6・26の）ブレイクのタイミングに若干、不満が残ったから」と主張。モンスターマン側は「空手にも精通している

人物でないとアンフェア。プロ空手の主審であるテジョン・リー氏がいいと思うが、それは余りにも空手寄りだというならば、アリ戦を捌いたジン・ラベールが適任では?」と主張。しばし平行線をたどっていることが報告された。

7月25日

午後3時34分、羽田空港着のパンナム機（PAA3便）で、モンスターマン、ベニー・ユキーデ、リリー・ユキーデ（姉＝女子のマーシャルアーツ選手）、アーノルド・ユキーデ（兄＝トレーナー）、ハワード・ハンセン（WKA会長）の5人が来日。新宿の京王プラザホテルに旅装を解き、7時からホテル内「藤の間」で記者会見。モンスターマンは記者の一人から身長、体重を聞かれて「6フィート、225ポンド（183センチ、102キロ）」と答えている。「猪木にKO勝ちしたら、アリから10万ドル（当時の邦貨で2700万円）のボーナスが出る」と明かし、「3ラウンドでKOする」と豪語。プロレスラーとの対戦経験については「ジン・ラベールの道場で、何回もスパーリングした」と回答。具体的な対戦相手（レスラー名）には言及していない。

猪木はこの日、宮城県岩沼ショッパーズ駐車場でS・小林と組みシン、上田馬之助組にメインで反則勝ち。試合終了後に夜行列車で東京に戻ったが、26日昼、事務所宛に「あしたからの巡業は出られない。あさってには、必ず電話を入れるから、追わないでくれ」と一方的な電話（高熱による体調不良で美津子夫人、寛子ちゃんと箱根の民宿に雲隠れ）。ここからシリーズの残り7興行を欠場。28日朝まで関係者も全く連絡がつかずに「行方不明、音信不通状態」となる。

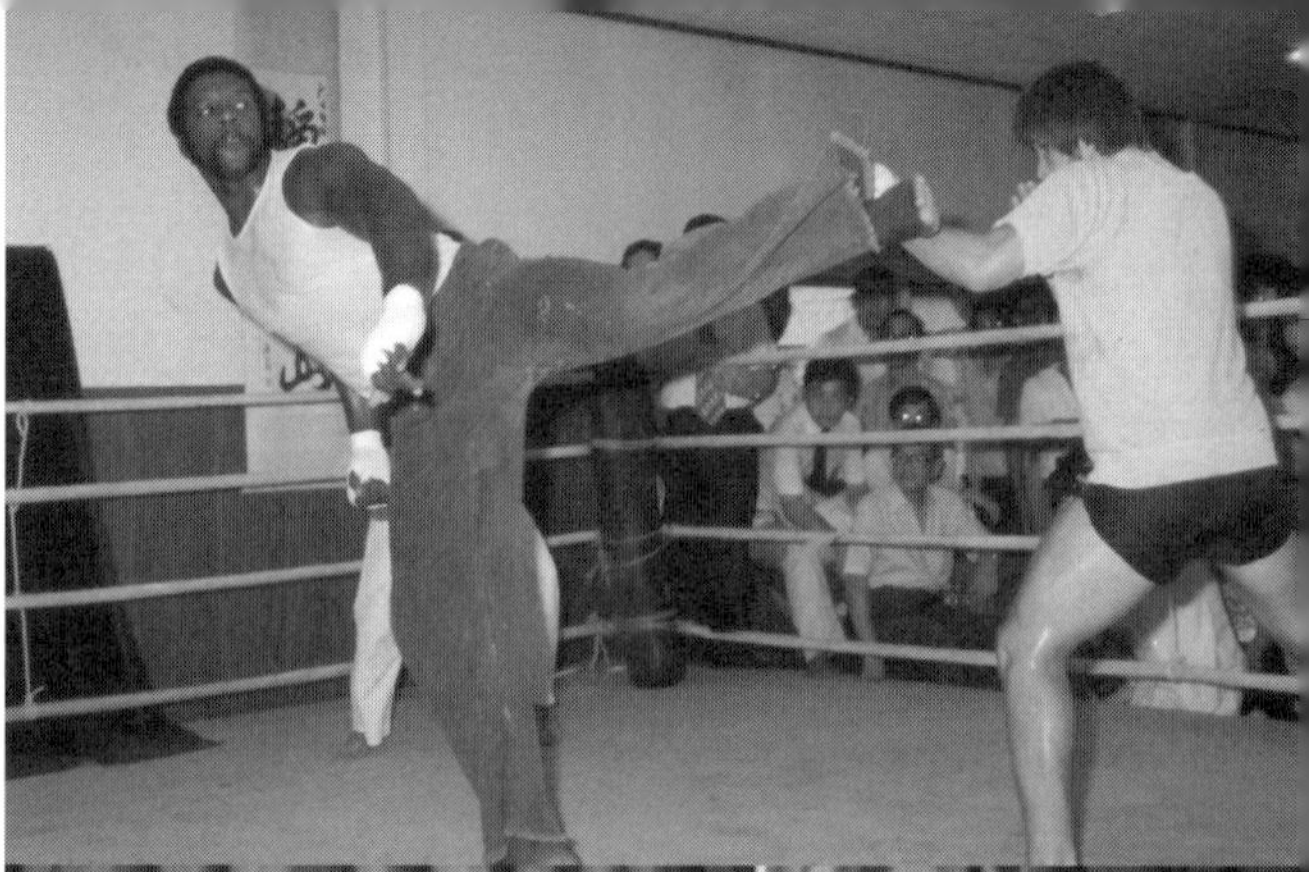

（上）7月26日、東洋パブリック・ジムで公開練習が行われ、モンスターマンが鋭いキックを披露。右はベニー・ユキーデ　（下）7月27日、京王プラザホテルで猪木vsモンスターマンの調印式を開催。しかし肝心の猪木は前日から行方不明で、調印式も欠席。新間本部長が代理を務めた。中央はアリ代理人のハーバート・モハメッド

7月26日

午後2時から、南麻布の東洋パブリック・ジム（全日本キックボクシング傘下のジム）でモンスターマンが1時間の公開スパーリング。ヘビー級のパートナーが不在だったためにサンドバッグ相手のシャドー・ボクシングとキックの披露だけだったが、猪木戦の切り札とみなされていたジャンプしてのニールキックは温存。

7月27日

午後2時から京王プラザホテル「藤の間」で調印式。「雲隠れ」で所在がつかめない猪木に代わり、

新聞本部長が代理で出席。モンスターマンからは「猪木が出ないのは失礼だ。不戦敗とすべき」というクレームも出る始末。立ち合い人となったハーバート・モハメッド氏（アリ代理人）から「（猪木が）8月1日の計量に姿を現さなかったら、フォアーフィット（不戦敗）とする」と厳しいコメント。レフェリーはルール委員の一人である鈴木正文に決定（モンスターマン側も快諾）。猪木が不在とあって会見は全く盛り上がりを欠いたが、京都・日本正武館の有段者による空手のデモンストレーションが披露されるなど、詰めかけた報道陣に精一杯のサービスがフォローされた。

7月28日
雲隠れ中だった猪木から午前10時頃、事務所宛に電話が入り、関係者はようやく安堵の胸を撫で下ろした。「東北巡業の後半、左足首に激痛が走って練習できる状態ではなく、2日間、妻と娘を連れて箱根で静養していた。もう大丈夫なので、今夜、東京に戻る」との連絡。モンスターマンは午後から京王プラザホテル周辺をランニングしたあと、渋谷の「センタースポーツ」でユキーデ兄弟と軽い練習。夕方からはテレビ朝日の招待で大久保駅前の「しゃぶしゃぶ料理」に舌鼓。

7月29日
モンスターマンから「当日はプロレスのリングでやるのだし、プロレスのマットに慣れておきたい」と要望が出たため、ユキーデ兄弟を伴って午後1時から上野毛の新日プロ道場に移動。前夜に帰京した猪木も急遽、11時頃から道場で練習をしており、二人はそこで意図せぬ「初対面」。報道陣もおり、二人は握手も挨拶もかわさず「黙視戦」。モンスターマンがリングでシャドーを始めると、猪木は練習を切り上げて足早に道場を退散。車に乗る間際、「俺より背が高いと聞いていたが、俺のほうが高いよ」と笑顔で一言。新日本本隊は九州巡業中だったが、藤原喜明、佐山聡（のちの初代タイガーマスク）の二人は東京に留まり、猪木のスパーリング・パートナーを務めたため、巡業には加わっていない。

7月30日
猪木は藤原、佐山を引き連れて道場で最終トレーニング。モンスターマンはホテル内のトレーニング・ルームで軽く汗を流したあと、鈴木正文の案内で代々木の空手道場（剛柔流）を見学。そこでも軽いシャドー・ボクシングを披露。

7月31日
猪木は藤原、佐山を引き連れて、朝の7時から多摩川べりをロードワーク。縄跳び、ベンチプレス、腕立てなどの基礎トレーニングをこなしたあと、休憩をはさんで佐山を相手に実戦スパーリング。「25日に東京へ戻ってきたときは、全く動けないくらい調子が悪かったが、ようやく8割方（調子が）戻ってきた。あさってにはベストで臨めると思う」と明るい表情。

8月1日

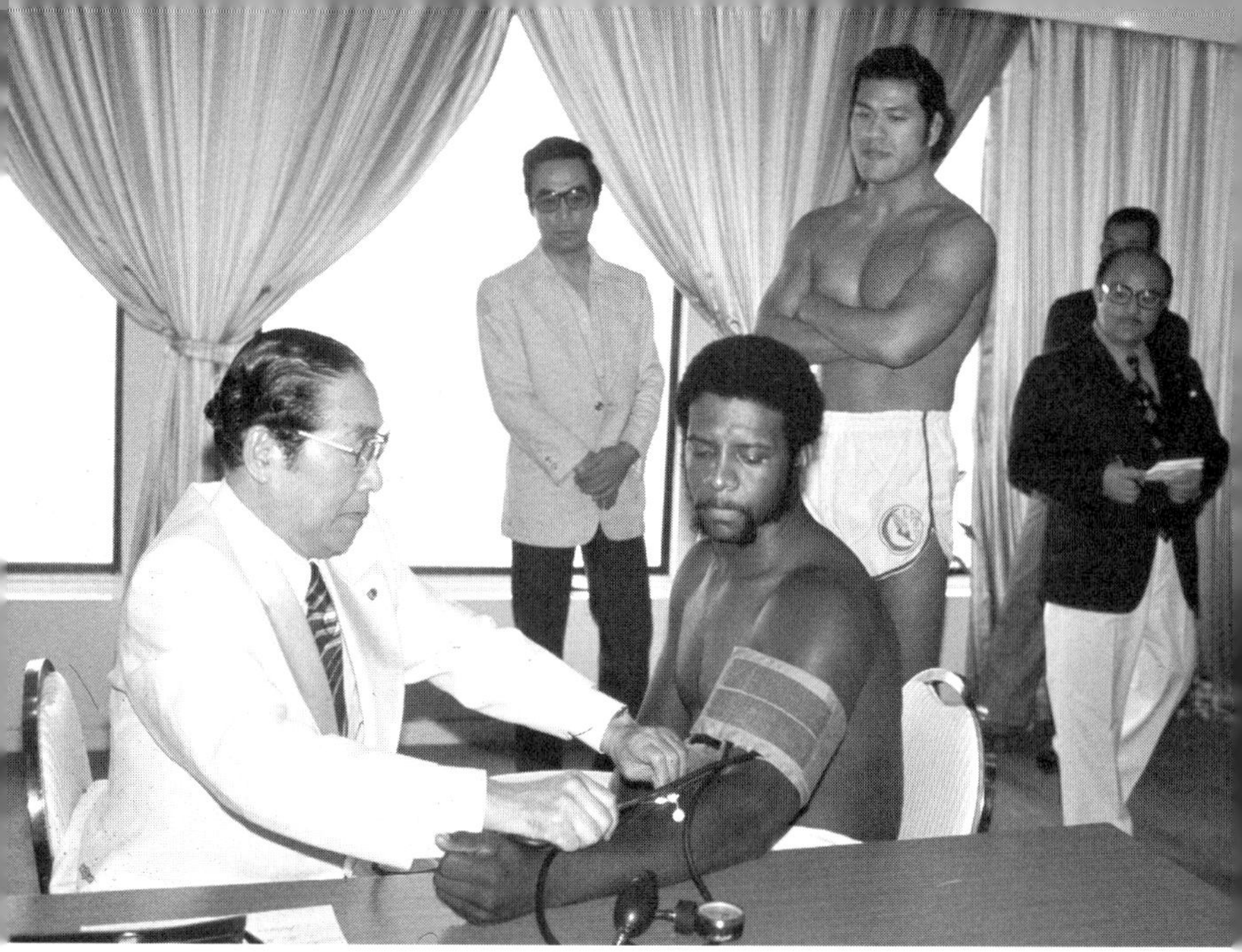

8月1日、京王プラザホテルで前日公開計量。雲隠れを続けていた猪木もやっと公の場に姿を現した

午前9時15分から京王プラザホテル「富士の間」で計量（報道陣にも公開）。猪木は103・0キロ、モンスターマンは99・9キロ。モンスターマンの胸囲と首回りも計測され、プロレスラー並みの110センチ、43センチという数字に歓声があがる（猪木は123センチ、48センチ）。

計量のあと、メイン・エベントのレフェリーに決まった鈴木正文を挟んで記者会見が行われたが、モンスターマンは猪木の握手を拒否。本隊はこの夜、近郊の越谷市体育館でシリーズ最終戦に臨んでいたが、猪木は会場に行かず自宅で静養に徹した（メインは坂口、マサ斎藤対シン、上田、セミはS・小林対B・ゴールドマンで、2300人を動員）。

「猪木の欠場は突然だったから、シリーズのラスト7興行は払い戻しも出たし、特に手打ちの会場は当日客が伸びなかった。満員マークがついた会場はなかったので、箱根から戻ってきた日に、猪木から『迷惑かけて済まなかった』と言われたのを覚えています。その分をモンスターマン戦で取り返そうと燃えたので、結果オーライだったとは思うけど、精神的にも肉体的にも、アリ戦と同じくらいまで追い詰められた闘いでしたよ」（新間）

8月2日（日本武道館）
この8・2は、後述するが生中継（90分）の視聴率29・8%という驚異的な数字で大成功を収めたが、当日の会場は8割の入り（発表は1万1000人）で、アリーナと1階は埋まっていたが2階席後方には空席もかなり目立っていた。リングサイド席は2万円で、私（当時20歳、大学2年）は夏休み前半のアルバイトで貯めた金を奮発し、1万5000円の席（アリーナ西側、20列目）で観戦した。

試合開始時間は午後6時半で、テレビの生中継スタートが7時半。ということは1時間以内に「マーシャルアーツ対キックボクシング」の2試合を終えなければならない。まず6時半に東芝EMIの宣伝部員（?）がリング上に上がり、「今日の試合から、猪木選手はテーマ曲に乗って入場してきます。曲名は『炎のファイター』です。我が社から8月20日に発売されますので、どうぞお買い求め下さい」と抜け目なくキャンペーン。この年（1977年）は3月にミル・マスカラスに対して「スカイ・ハイ」がテーマ曲としてアレンジされ（全日プロでは）大ブームとなっていたことで、新日プロとしては巻き返しを図る必要があった。その第1弾が「アリから贈られた曲＝炎の

猪木vsモンスターマン戦前、セミファイナルに"怪鳥"ベニー・ユキーデが登場。全日本キックボクシングの鈴木勝幸に6RKO勝ち。パンチ連打で鈴木をマットに沈め、場内を凍り付かせた(8・2武道館)

ファイター」だったが、区切りのビッグマッチであるモンスターマン戦からの導入開始は、非常にタイムリーだった。

6時45分からマーシャルアーツ対キックの2試合。ベニーの姉リリー・ユキーデ対立花れい子のエキシビションマッチは引き分け。続いてベニー・ユキーデ対鈴木勝幸は、ベニーが嵐のようなフックのラッシュで「場内が凍り付く」凄絶KO勝ちを収め(鈴木は意識を失い、うつ伏せ状態でテンカウント数えられた)、「マーシャルアーツ恐るべし!」を見せつけた。

7時40分、まずモンスターマンが不気味なテーマ曲に乗って入場(テレビ解説席の櫻井康雄氏は「ゴーゴーのリズムですね。似合ってますね」とレトロ風コメント)。黒く光る上半身はプロレスラー並みの見事なもので、私は70年代前半に日プロ、新日プロに来てい

モンスターマン戦に臨む猪木はテーマ曲『炎のファイター』に乗って入場。ここから猪木終生の入場テーマ曲が定着した（8・2武道館）

たアール・メイナード（ボディビルのミスター・ユニバース）を思い出していた。続いて猪木が「マンドリル」の演奏する名曲「炎のファイター」に乗って花道を入場してくる。この「マンドリル」バージョンは「アーリ、ブンバイエ、アーリ、ブンバイエ！」で始まるので、当然その部分はカット。いきなり盛り上がる部分から館内に音楽が流されたので、まだテーマ曲に慣れていない観客（私も）は、多少の違和感で猪木入場を眺めていた。猪木のセコンドには坂口、S・小林、山本小鉄、長州力、藤原、星野勘太郎、栗栖正伸という豪華布陣。モンスターマンのコーナーにはベニーの兄でトレーナーのアーノルド・ユキーデと目白ジムの中堅選手（日本人）が3名控えて、新日本コーナーに負けぬ団結力で対抗していた。

第1ラウンド
午後8時1分、決戦のゴングが鳴った。猪木がいきなり回し蹴り。モンスターマンは前蹴りでこれを牽制。猪木はプロレス流のスライディング・レッグシザース（カニ挟み）でモンスターマンを倒し、上から左のスラッピング（平手打ち）。すかさずロープに逃げたためダメージには直結せず。まずは互いに様子見で、大きな山場はなし。
第2ラウンド
いきなり猪木がドロップキックの奇襲をかけたが失敗。1分過ぎ、ロープにモンスターマンを詰めた猪木は、リバース・フルネルソンから強引なダブルアーム・スープレックス。受け身を知らないモンスターマンは「グニャリ」という感じで腰から叩き付けられたが、それほどのダメージには繋がらない。モンスターマンは左の蹴りから右のストレートで反撃に移ったが、猪木はパンチをかわして一本背負いで投げ飛ばし、グラウンドで三角絞めの態勢。モンスターマンがあわててロープに逃げたため決定打にはならなかったが、このへんからモンスターマンに焦りの表情が垣間見えた。
第3ラウンド
猪木は執拗にドロップキックを狙うが、モンスターマンはステップバックして突進をカット。ここでモンスターマンは勝負と見たか、大きくジャンプして右のカカトを猪木の左顔面にヒットさせる。温存していた切り札の「ジャンピング・カカト蹴り」爆発に、場内から「オーッ！」という歓

アリとの再戦を実現すべく、猪木はプロレスvsマーシャルアーツの異種格闘技戦に臨んだ(8・2武道館)

猪木がドロップキックを繰り出すも、モンスターマンには効果なし（8・2武道館）

2R、猪木のダブルアーム・スープレックスが炸裂（8・2武道館）

（上）モンスターマンの変幻自在のキック攻撃で猪木は何度も窮地に立たされた（8・2武道館）　（下）3R、モンスターマンのキックが猪木の後頭部にヒット。後年の猪木の必殺技「延髄斬り」のモデルとなった（8・2武道館）

モンスターマンが多彩なキックで攻め立て、猪木がプロレス技&グラウンド技で応戦…。猪木 vsモンスターマンは、猪木の異種格闘技戦史上に残るスリリングな名勝負となった(8・2武道館)

声。あわや、猪木のKO負けを思わせた素晴らしい跳躍力で、まさに「プロ空手」チャンピオンらしい一撃だった。「もう一発食ったら負ける」と思ったか、猪木はそれまで控えていたエルボーを炸裂させ、モンスターマンを棒立ちに追い込む。打撃戦なら負けないと判断したモンスターマンも左右のフックで応戦し、ものすごい乱撃戦。場内の興奮が最高潮となったところでゴング。

第4ラウンド

猪木は、いきなり腕を取ってアームバーでグラウンドに持ち込むが、ルールで逆関節技が禁止されているためブレイク。スタンドになったところで、モンスターマンの左脚をキャッチしたが、鮮やかな二段蹴りで首筋をヒットされダウン。まさに「怪鳥」を思わせるジャンプ力で猪木を蹴りまくるが、レッグシザースで転倒したあたりでスタミナ切れの様相を示し、猪木のチンロックで大きく喘ぐシーンも。最初からブレイクを狙う戦法に、セコンドの坂口がクレーム。

第5ラウンド

猪木は勝負をかけた。蹴りのタイミングを読み切った猪木は、前傾姿勢で泳いだモンスターマンめがけ、ノドを狙ってプロレス流のストンピング。これは効いた。フラフラしてきたモンスターマンをロープに誘い、右のフックをかわして足を飛ばし、モンスターマンを仰向けに転倒させた。後頭部を打ったモンスターマンはダメージが大きく、絶命寸前。ここで帯を持った猪木は強引に引きずり起こし、モンスターマンの巨体を抱え上げてパワーボム（当時はルー・テーズ流パイル・ドラ

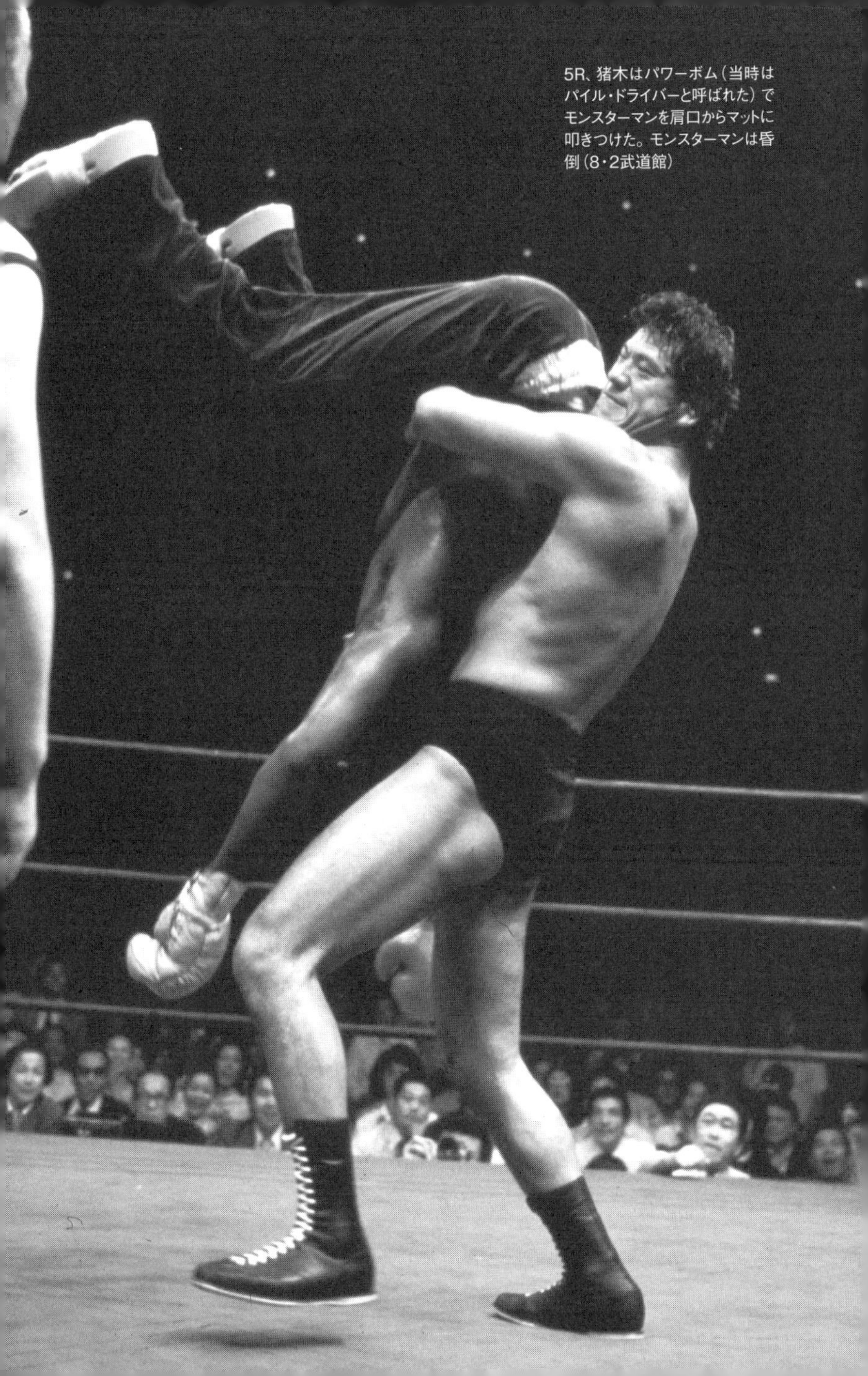

5R、猪木はパワーボム（当時はパイル・ドライバーと呼ばれた）でモンスターマンを肩口からマットに叩きつけた。モンスターマンは昏倒（8・2武道館）

パワーボムを食らってダウンしたモンスターマンにギロチン・ドロップでトドメ。モンスターマンはマットで悶絶したまま、10カウントを聞いた＝猪木の5RKO勝ち（8・2武道館）

イバーと呼称。テレビの実況アナも同様）。左肩の部分からキャンバスに叩きつけられたモンスターマンは戦意喪失。「とどめだ！」とばかり、猪木は滅多に使わないギロチン・ドロップを投下してダメを押した。カウント8で立ち上がったモンスターマンだったが、そのまま崩れ落ちてKO負け。鈴木正文レフェリーは猪木のKO勝ちを宣告したが、非常に説得力のあるフィニッシュで、場内から不満の声は全く起きていなかった。

リング上に躍り上がる新日本レスラー軍。星野、永源遙、荒川誠が作った騎馬に乗る形で歓呼に応える猪木の目には涙が光る。この一戦に賭けていた猪木の心意気が伝わる、感動的なシーンで幕を閉じた。

2日後、ビデオリサーチ社が火曜日夜、ゴールデンタイムの各局視聴率を発表した。なんと、猪木・モンスターマン戦は29・8%を記録し、テレビ朝日が堂々の首位となった。同じ時間帯のプロ野球「巨人・ヤクルト戦」（フジテレビ）が25・3%だったのだから「社長賞」ものの快挙である（当時は巨人戦のナイターが組まれたら、ウラ番組は勝ち目のなかった時代）。NHKの「特派員報告」が5・1%、TBSの「すぐやる一家青春記」が11・4%、日本テレビの「伝七捕物帳」が14・6%、東京12チャンネルの「女子ボウリング対抗戦」が1・9%だったから、まさにテレビ朝日の圧勝である。ここから、猪木の「格闘技世界一決定戦」は特別番組枠で扱われることが多くなり、新日本には一回あたり3000万円～4000万円という多額の放送料が支払われていった。アリ戦で背負った借金は（この放送料の中から）テレビ朝日に返済されていったわけだが、

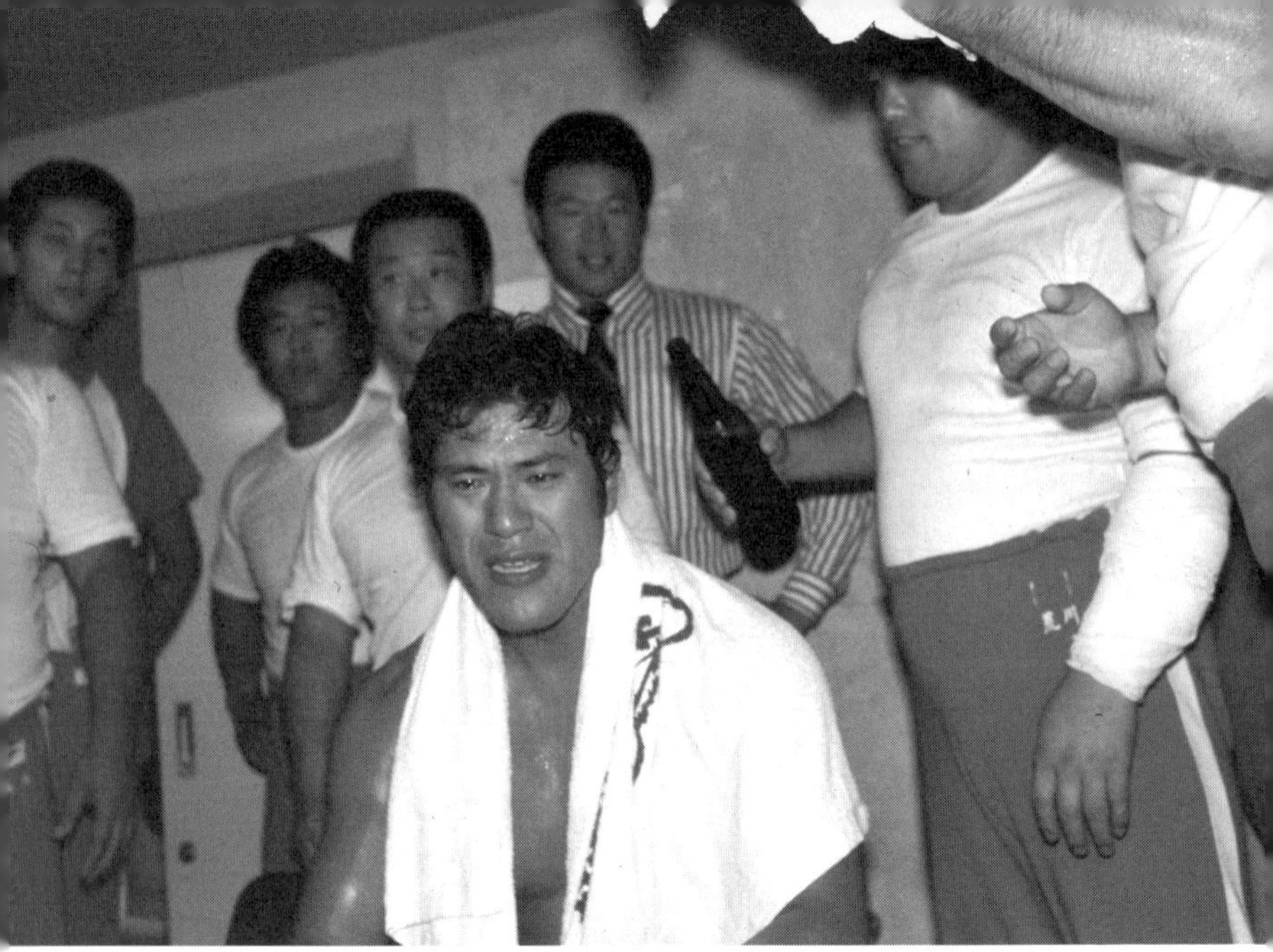

モンスターマン戦を終えた猪木は会心の試合内容、会心の勝利に思わず涙（8・2武道館）

3年後のウィリー・ウイリアムス戦で「完済した」と言われている。冒頭、「アリ戦で背負った借金は、アリ戦で一括返済」と書いたが、このモンスターマン戦の成功により「一括返済」から「ローン返済」になったとも換言できるだろう。逆に「ローン返済」で完済する見通しが立ったから、アリとの再戦をする必要がなくなったという「揶揄（悪口）」もあったが、1978年2月、アリがレオン・スピンクスに敗れて世界ヘビー級王座を失ったことが「再戦に待った」をかけたのであって、「ローン返済」とは関係のない話だった。いずれにしてもモンスターマン戦は大成功、新日本にとっては起死回生のホームランとなった。

興行面では、猪木・アリ戦で浴びせられた「異種格闘技戦は興行として成立しない」という「汚名」を晴らしたという点が特筆され

モンスターマンとの歴史的大激闘でお茶の間を興奮のルツボに叩き込んだ猪木は、アリ戦で着せられた汚名を払拭した(8・2武道館)

る。極端な史観かもしれないが、「グラップラー(組み技系格闘技選手)」と「ストライカー(打撃系格闘技選手)」のミックスト・マッチが成立(成功)し、「十分にビジネスとなる可能性を証明した」という点では、1993年にアメリカで始まったUFC(アルティメット・ファイティング・チャンピオンシップ)の原型、あるいは現在のMMA(総合格闘技)の雛形と言っても過言ではなく、まさに歴史的一戦だったと思う。

最後に、2010年9月7日、墨田区のビデオ・スタジオ「アルファ」で「猪木50周年DVD」の収録時、猪木氏本人にモンスターマン戦を振り返ってもらった時のことをご披露したい。DISC数が20枚という異例の長時間収録DVD(BOX)だったので、当然「格闘技世界一決定戦」だけを特集したディスクも作成することになっていた。当時はま

（上）8月23日～24日、新日本は全員参加の伊豆合宿を行った。合宿には7月に入門したばかりの前田日明（当時18歳）の姿もあった（右）
（下）伊豆合宿でのひとコマ。長州力（左）は海外武者修行を終えて4月から新リングネームに改名したばかり。右は前田

伊豆合宿でランニングする選手たち。猪木の後ろは藤原喜明。左が佐山聡（当時キャリア2年、デビュー1年）。佐山の左が前田

だ「猪木・アリ戦」の放送についてアリ側と合意が取れておらず、「アリ戦ヌキ」で構成しなければならなかった（猪木・アリ戦は2014年に契約成立、市販）。MCを任された私は、早朝の打ち合わせ時に、「猪木さん、このDVD－BOXは、残念ながらアリ側との交渉がまとまらず、アリ戦ヌキで構成しなければなりません。そこで、猪木さんには、『アリ戦を除いた中で、最も印象に残っている格闘技戦』というテーマでお話を伺いたいのですが、よろしいでしょうか?」と聞いた。猪木は「わかりました。アリ戦じゃなければ、文句なしでモンスターマンですよ。一回目のやつね。あれが一番しゃべりやすいし、しゃべりたい」と即答してくれた。そのとき「ああ、やはり本人的にも、あれは会心の試合だったのだな」と思ったものだった。ルスカとの試合（初戦）も語りたかったに違いないが、僅差でモンスターマン戦が頭に浮かんだのだろう。ある意味、猪木個人のランキングで言えば「我が心の名勝負・ベストワン」は、アリ戦で受けた屈辱を晴らした本稿の8・2モンスターマン戦だったかもしれない。

闘魂シリーズ

ウェップナー戦で披露した秘密兵器とは？

8月26日（群馬・桐生市体育館）から10月6日（埼玉・草加市ヤコウ・スケートプール）までの期間に34興行が開催され、スタン・ハンセン、ブラックジャック・マリガン、ロディ・パイパー、ザ・ハングマン（ニール・グエイ）、ソニー・キング、ペッツ・ワトレー、ジョン・ハリスの7選手が

ハンセンが新春シリーズに続いて2度目の参戦。猪木は9・2愛知でハンセンの初挑戦を受けて立ち、NWF王座の防衛戦を敢行。バックドロップで撃退した

招聘された。猪木は9月2日、愛知県体育館でハンセンの挑戦を受け10度目のNWF王座防衛に成功（25分13秒、バックドロップからの体固め＝生中継）。ハンセン（当時28歳）のNWF挑戦はこれが初めてだったが、持ち前のパワーで猪木を追い詰めるシーンも多く、内容的には十分に合格点の出せる試合だった。切り札のウェスタン・ラリアットのタイミングを微妙にズラされて決定打にならなかったのが致命傷だが、そこは猪木のキャリアが勝った感がある。

シリーズ中の8月29日、青山の事務所において、10月25日に日本武道館で猪木の「格闘技世界一決定戦」が行われることが発表された。相手はチャック・ウェップナー（1939年2月26日生まれの当時38歳）で、前年6月25日、シェイ・スタジアムでアンドレ・ザ・ジャイアントに敗れた相手だったことで「インパクトには欠ける人選」だったが、アリ以来の「ヘビー級ラ

かつてアリからダウンを奪ったことがあり、前年アンドレと異種格闘技戦を行ったプロボクサーのウェップナーが猪木の前に立ちはだかった（10・25武道館）。猪木は新開発のオープンフィンガーグローブを装着し、果敢にパンチ、キックで攻めていった。この異種格闘技戦は翌26日にテレビ朝日「水曜スペシャル」で放送され、裏番組を引き離す29.1％の高視聴率をマーク。猪木の異種格闘技戦路線は完全に波に乗った

CHUCK

（上）さすがに殴り合いではウェップナーに分があり、パンチで猪木が攻め込まれ、ダウンを奪われる場面も（下）6R、猪木はスリーパー・ホールド、後頭部への蹴り（のちの延髄斬り）、逆エビ固めで一気にウェップナーを仕留めた（10・25武道館）

ンキングボクサー」との対戦であり、新間本部長からは「これに勝てば、アリ再戦は確実になる。アリ側もそれは了承している」という強気のコメントが出された。

私は日本武道館の2階席の前売り券を買ってこの試合を見たが、猪木が初めて「オープンフィンガーグローブ」を着用していたことが最も印象に残っている（猪木が装着したのは、手の甲側と指の部分はグローブで覆われ、てのひらの部分のみが露出しているタイプ）。当時キックボクシングの道場に通っていた弟子の佐山聡（当時19歳）の進言により制作されたこのグローブは「拳の部分を保護し、しかも相手を掴める」という「レスラーにとっては画期的な発明」と評判が高かった。ところが、これを着用してウェップナーと対峙したときの猪木は、巨大なハンディキャップを背負ったように見えた。確かにナックルの部分は保護できるかもしれないが、「5本の指と指の間が密着しているため、素手で相手を捉えるときに十分な握力にならない」という弱点が明らかだった。これは猪木自身も試合後に控室でコメントしていたが、両方の掌をグリップするときは、グローブがあると邪魔になる。レスラーにとっては致命的で、メリットは何一つない。敢えて誤解を恐れずに書けば、レスラーにとっては「ナックルの部分は保護する必要」はない。ナックルと第二関節部分が露出しているからこそ、レスリングという格闘競技の卓越した技術が具現化できる。レスリング系の格闘技を総称する「グラップラー」とは、直訳すれば「掴む人」である。十分に掴めなければ、十分なレスラーではない。

それでも1ラウンド目から猪木は鋭いジャブでウェップナーを懐に入らせず、グローブ着用が「必ずしもハンディではない」ことを観客にアピールした。アリ戦では禁じられていたカニ挟みでウェップナーを再三ダウンさせるシーンもあったが、ウェップナーは素早くロープにエスケープ。逆にアンドレ戦では禁じられていたラビット・パンチ（相手の首を抱えて後頭部へ叩き下ろすパンチ）で猪木を何度もロープ際に追い込む「ダーティーな戦法」で一時は圧倒的な優勢に立ったが、第6ラウンドに入ってスタミナが切れてきたところにラウンドハウス・キック（まだ延髄斬りという呼称はなかった）を後頭部に食って膝からダウン。豪快な逆エビ固めで裏返しにされ、弱々しくギブアップの声を発した（1分5秒）。

会場にいたときは気がつかなかったが、翌日（26日の「水曜スペシャル」）に放送された試合のスローモーションを見ると、ウェップナーの後頭部にヒットしていたのは猪木の右足甲ではなく、左足の甲だったことがわかった。猪木が最初から「右足はフェイントで、左甲を当てるつもりだった」とは想像しづらい。素人の私から見ると「失敗」だったように見えるのだが、モンスターマンに何度も食った「二段蹴り」、すなわち片方の蹴りを囮《おとり》に見せかけて、相手の視界に入らない別な脚によるキックを成功させたのかもしれない。このあたりが猪木の天才的な格闘本能で、フィニッシュの鮮烈さだけを比較すると、8月のモンスターマン戦を上回っていたと言えるだろう。

闘魂シリーズ第2弾

パターソンの生涯ベストマッチ！　G・アントニオを「公開リンチ」

10月28日（東京・福生市体育館）から12月8日（蔵前国技館）までの期間に32興行が開催され、

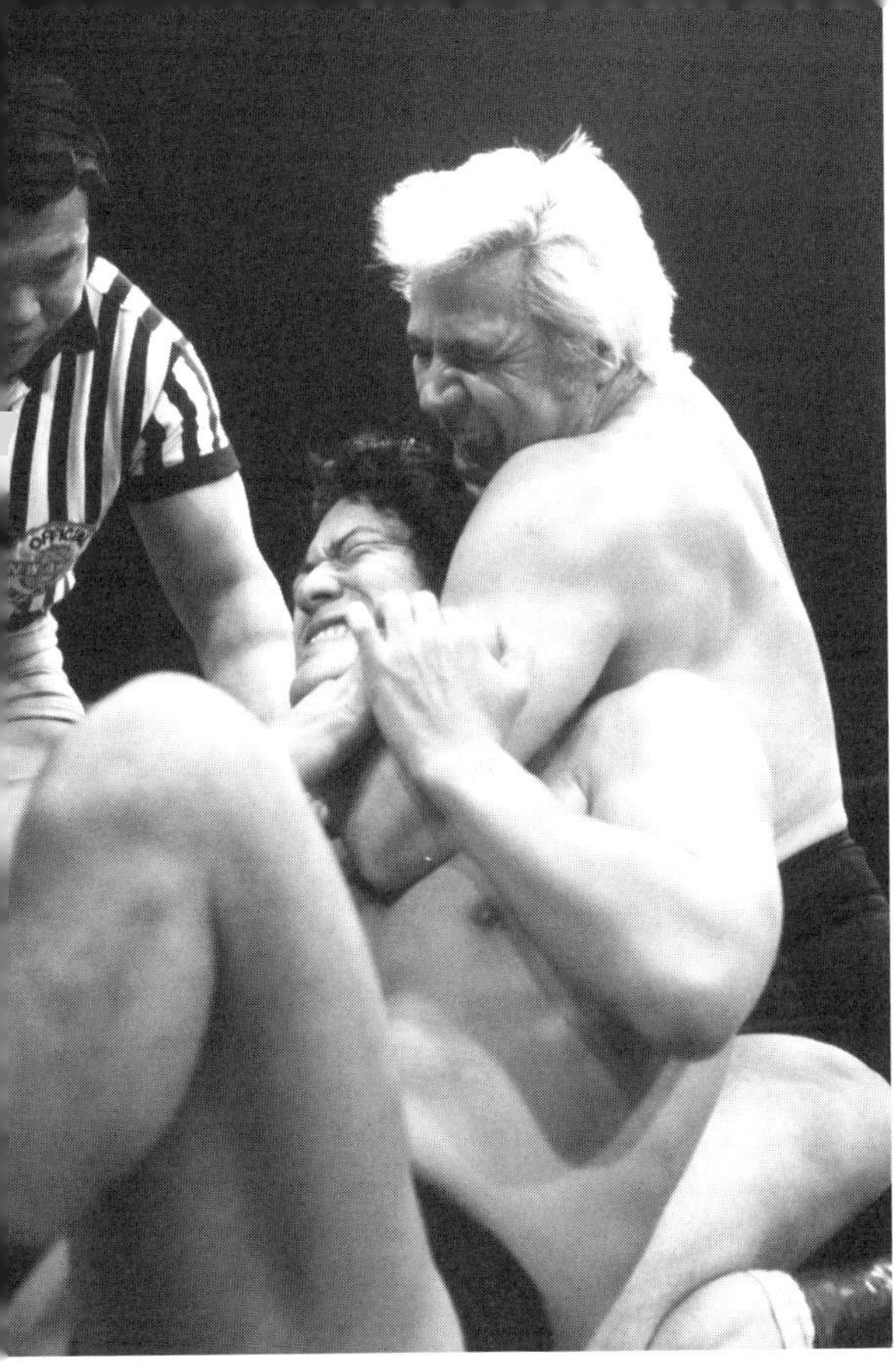
12・1大阪府立のNWF王座防衛戦でパターソンに勝利。この一戦はパターソンにとって心の名勝負となった

アンドレ・ザ・ジャイアント（開幕戦～11月17日）、パット・パターソン（11月18日～最終戦）、ウィリエム・ルスカ（11月18日～最終戦）、グレート・アントニオ（開幕戦に乱入し、11月18日から最終戦まで試合出場）、クルト・フォン・ストロハイム、ゴールデン・ファルコン（正体はフランシスコ・フローレス）、スチーブ・ライト、マーティン・ジョーンズの8選手が招聘された。この他に10月25日、日本武道館で坂口と「柔道ジャケットマッチ」を行い敗れたバッファロー・アレン（本名アレン・コージ）がプロレス転向して新日本の合宿所に入り、12月1日から所属レスラーの一人として試合に出場している（最終戦の蔵前ではルスカと柔道ジャケットマッチをやり敗戦）。

シリーズ中の12月1日（大阪府立体育館）、猪木はパット・パターソンを相手

12・8蔵前で猪木と戦うために、〝密林男〟グレート・アントニオが力道山時代以来16年ぶりに来日(新日本には初来日)。写真は10・18福生(開幕戦)に乱入してアピールするアントニオ

にNWF王座11回目の防衛戦を行い、24分1秒に卍固めで快勝している。ここまでにパターソンとは猪木とノンタイトルで両者リングアウトの引き分け（11月25日、長崎国際体育館）、タッグマッチでは4の字固めで猪木からギブアップを奪うなど実力を発揮しており（11月18日の三重・松阪市体育館の1本目。2本目も猪木はフォールを返せず、試合はストレート負け）、本番のNWF戦は中身の濃い好試合になった。この1977年における猪木の「年間2大ベストバウト」は、モンスターマン戦と、このパターソン戦だったと思う。私はパターソンと1996年3月、ロサンゼルスの「カリフラワー・アレイ・クラブ」で会って長時間インタビューする機会があり、私とパターソンのやりとりは同年9月にベースボール・マガジン社から発売された『鉄人一代』

12・8蔵前でアントニオとの一騎打ちが実現。猪木のセコンドには前田、藤原の姿が

というビデオに収録されているが、そこでもパターソンはハッキリと「私のベストマッチは、1977年12月にオーサカでやったイノキとの試合」と語っている。パターソンほどの大物が、特定のワンマッチをピンポイントで「ベストマッチ」を言及することは極めてレアであり、猪木に対するリスペクトを感じて嬉しかったものだ。

パターソン戦があった12月1日、最終戦（12月8日、蔵前国技館）の「猪木の相手」がグレート・アントニオになることが発表された。私は既に2階席の前売り券を購入していたが、少し前の『週刊ファイト』に「最終戦のみ特別参加の大物が来る」と出ていたので「アントニオ？　マジかよ！」とガッカリ。「アントニオ猪木対グレート・アントニオ」の語呂（？）は良いが、1925年10月10日生まれ、既に52歳になっていた老雄のアントニオに名勝負を期待するほうが無理な話だ。テレビ朝日は12月2日の放送ワクの中で「猪木は何分でアントニオを倒すでしょうか？　正解者には豪華プレゼントを進呈します」などとナンセンスな懸賞企画を出す始末で、こうなるとわざわざ蔵前に観戦に赴く方としては「ワクワク感」が萎む一方だった。同じ会場（蔵前）では12月15日に全日本プロレスが「世界オープン・タッグ選手権の決勝戦」開催を決めており、ザ・ファンクス対アブドーラ・ザ・ブッチャー、ザ・シーク組、ジャイアント馬場、ジャンボ鶴田対大木金太郎、キム・ドク組、ビル・ロビンソン対グレート草津の豪華カードを発表していたから、「猪木対アントニオ」では全く勝負にならないと感じた。

結論を先に書くと、猪木にとっては「そこが狙い」だった。つまり「豪華なガイジンが見たい人は全日本に行くがいい。12月8日は、俺の試合を見たい人だけ、来い。全日本では絶対に見られない凄い試合を見せてやる」という「採算度外視の残酷ショー」を最初からイメージしていたに違いない。

果たして、12月8日の蔵前は空席だらけ。発表は9000人だったが、どう多く見積もっても館内には5000人くらいしかおらず、新日本の蔵前としては久しぶりのガラガラで、「全日本との蔵前12月興行戦争」は完敗だった（全日本は1万2000人の満員）。

猪木は最初から「アントニオの顔面に、キックを放つ機会」をうかがっていた。1954年12月22日、同じ蔵前国技館で力道山が木村政彦と対戦したときに、「顔面にガチンコで張り手を飛ばすエクスキューズ（言い訳）を模索していた」姿が思い出された。木村が何気なく力道山の股間付近を（爪先で）「チョコン」と蹴ったとき、力道山は「よしきた！　ここだ！」とばかり、木村の顔

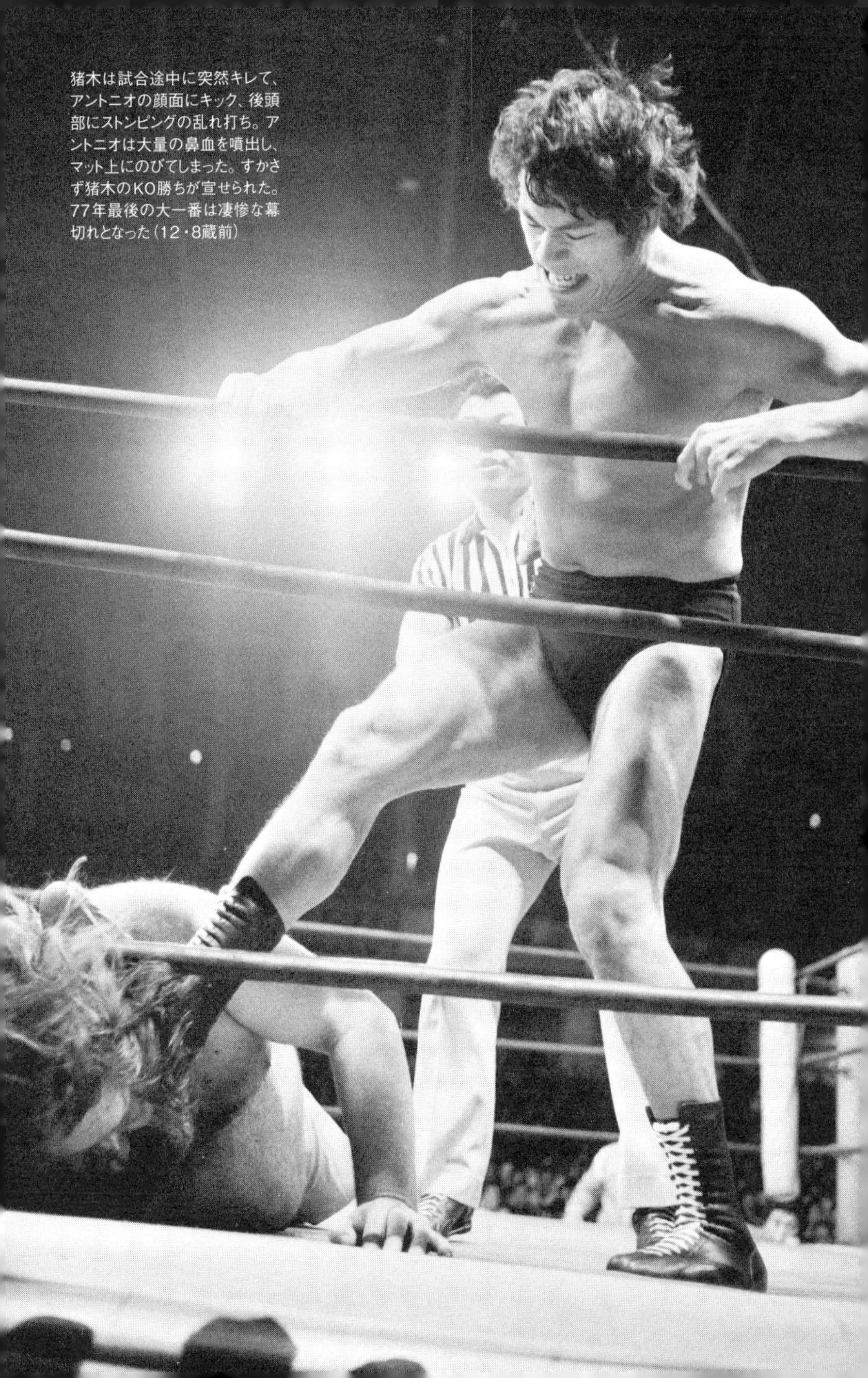

猪木は試合途中に突然キレて、アントニオの顔面にキック、後頭部にストンピングの乱れ打ち。アントニオは大量の鼻血を噴出し、マット上にのびてしまった。すかさず猪木のKO勝ちが宣せられた。77年最後の大一番は凄惨な幕切れとなった（12・8蔵前）

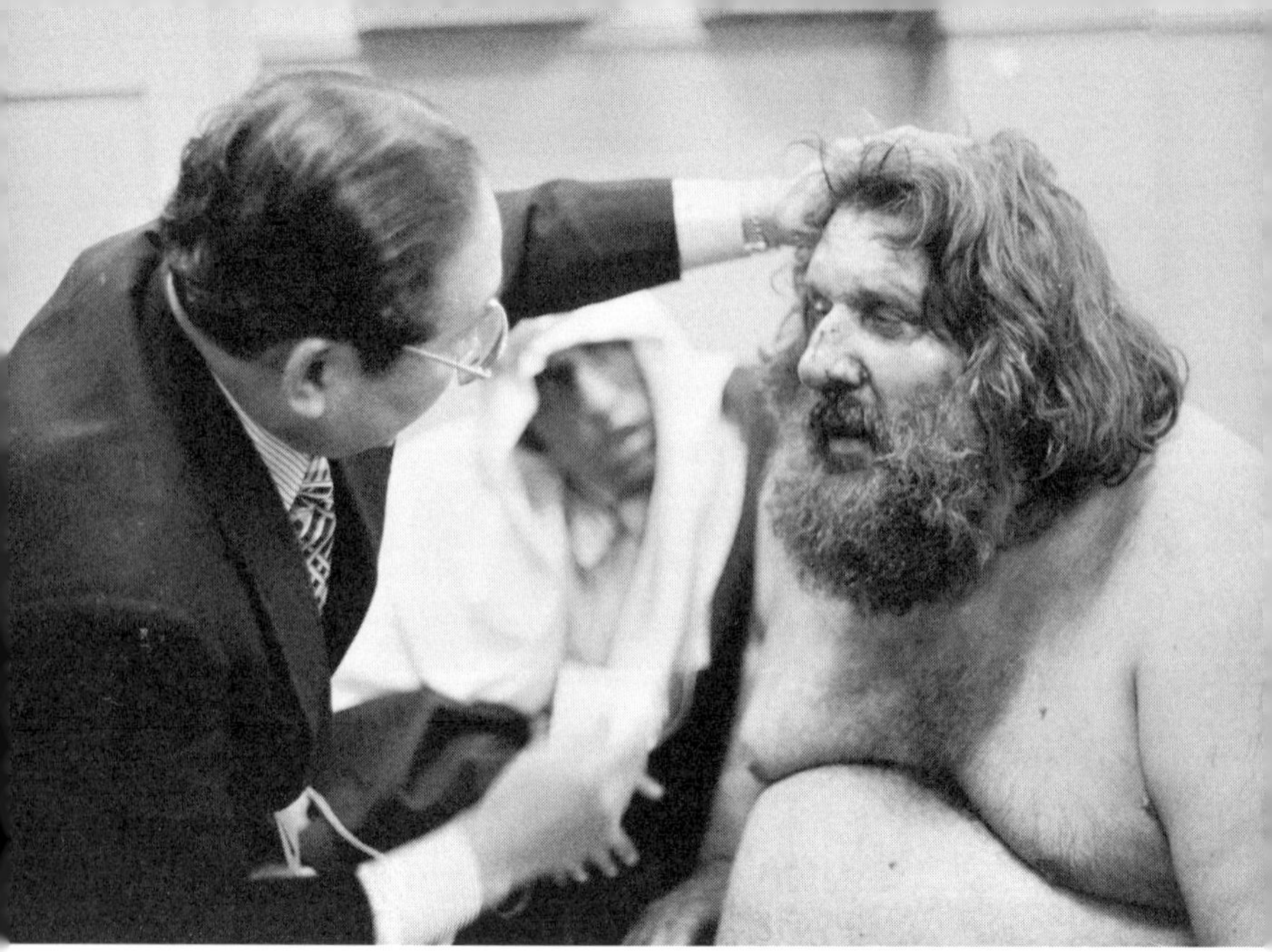

アントニオは鼻骨骨折のダメージを負った。写真は控室でドクターに折れた鼻を診てもらうアントニオ。奥で心配そうにのぞき込んでいるのはマネージャーのディッパー・ゴード（12・8蔵前）

面めがけて左右の張り手でラッシュし木村をKOしたが、そのときの「爪先チョコン」のタイミングを探していたのだ。アントニオは3分過ぎ、猪木をロープに飛ばし、自分の巨大な腹部にヒットさせて猪木を転がした。そのとき、猪木は「無様な恰好で」キャンバスに尻からダウンしたが、ここで表情が変わった。「ブザマなダウン」が「顔面キックを繰り出すための絶好のエクスキューズ」になったのだ。サッとアントニオの両脚をすくって前方に倒した猪木は、アントニオの顔面を思いっきり下から蹴り上げた。最初のワンステップは空振りしたが、2発目からは鼻骨に正確にヒットし、アントニオの鼻からはおびただしい量の血がドクドクとあふれ出した。顔面がマットに着いている状態なのに、後頭部にストンピングを落とした異常なシーンもある。場内は異変を感じて歓声も罵声も出ず、凍り付いたような雰囲気になった。レフェリーのミスター高橋が3分49秒、ＫＯを宣告したあとも猪木の怒りはおさまらず、アントニオのマネージャーについていたディッパー・ゴード（ディーパック・マサンド）が体を張ってアントニオの顔面を防いでいなければ、鼻骨骨折だけでは済まなかったろう。

猪木のセコンドの一人としてこのシーンを至近距離で見ていた前田日明（入門半年＝18歳）は、１９８７年11月に長州の顔面をキックして眼底骨折の負傷を負わせ「出場停止ペナルティ」（結局そのまま新日本を追放）を食った際、「俺のは意図的じゃない。猪木さんがグレート・アントニオの顔面を意図的に蹴ったときに比べれば、全然大したことがない」というニュアンスの発言をしたが、私も正直、そう思う。前田はよく「猪木さんなら、何をやっても許されるのか？」というセリフを発したが、まさにこのアントニオ戦の光景が脳裏から離れなかったのだろう。

グレート・アントニオ、本名アントニオ・バリチェビッチはこの試合から26年後の２００３年９月７日、モントリオールの病院で心臓疾患のため亡くなった。77歳と意外な長寿を全うしたが、友人から何を聞かれても、この猪木戦のことは一切口にしなかったという。

猪木が少ない観客を前に見せた「公開リンチ」。ベストバウトとか好勝負のランキングには全く入らない試合であるが、ある意味「最も猪木らしい試合」はこれだった気がする。

1978年（昭和53年）

バックランドと世代闘争、地獄のヨーロッパ初遠征

新春黄金シリーズ

警察も眉をひそめた、上田との釘板デスマッチ

1月6日から2月8日までの期間に29興行が開催され、WWWFヘビー級王者のスーパースター・ビリー・グラハム（2月6日から8日までの特別参加）、タイガー・ジェット・シン、ジェリー・ブラウン、バディ・ロバーツ、ベニー・マクガイヤー、ビリー・マクガイヤー、サイレント・マクニーの7人が招聘された。フリーとして1月13日から上田馬之助が参加し、上田はこのあと、スポットのレギュラーとして多くのシリーズに参戦するようになる。2月9日の東京体育館では「ファンの集い」としてチャリティ興行が行われ、猪木は坂口と組んでブラウン、ロバーツ組に快勝した（シン、グラハムらは出場せず）。

猪木は2月3日、札幌中島スポーツセンターでシンの挑戦を受けNWFヘビー級王座12度目の防

2・8武道館で上田を相手に史上初の「釘板デスマッチ」を敢行

衛に成功（21分13秒、リングアウト勝ち）。さらに8日の日本武道館では上田と「釘板デスマッチ（ネールマッチ）」を敢行し、11分2秒、上田の左腕を脱臼させてKO勝ちを収めた。それまで「デスマッチ」と言えばイコール国際プロレスの「金網デスマッチ」を指したが、猪木はリングの周りを五寸釘の板で囲み「転落したら全身血だらけ」という「ホラー映画顔負けの舞台」で危険な一騎打ちに臨んだ。試合前に警察から注意があったという。さいわい猪木、上田共に場外転落をすることはなく（無事に）終わったが、このデスマッチは（新日本の興行では）二度と実現することはなかった。私も当日の武道館興行にいた一人だが、正直「天下のアントニオ猪木が、こんな残酷ショーまがいの試合に手を染めたのは情けない」と感じながら、かなり白けた気分で見ていた。一番印象に残っているシーンは、試合開始間もない段階で猪木と上田がコンタクトした瞬間、上田が目にもとまらぬ素早さで猪木の左腕をフックし、ダブル・リストロックでマットに転がせたときである。「ガチンコの馬ちゃん」と呼ばれていた日本プロレス時代の凄みが、その動きに集約されていた。やられた猪木も「上田、やるじゃないか。衰えていないな」と、やられながらも心地よい気分だったに違いない。

ビッグ・ファイト・シリーズ

凱旋した藤波が「猪木に次ぐ看板スター」となる

3月3日（群馬・高崎市体育館）から3月30日（蔵前国技館）までの期間に21興行が開催され、マスクド・スーパースター、イワン・コロフ、エル・カネック、ロン・スター、ロベルト・ソト、マスクド・カナディアン（ロディ・パイパー）、グレート・マレンコの7人が招聘された。ニューヨークのマジソン・スクエア・ガーデン（ＭＳＧ）でドラゴン・スープレックスを初披露してＷＷＷＦジュニア・ヘビー級王者に就いたばかり（1月23日）の藤波辰巳（辰爾）が2年9カ月ぶりに凱旋帰国し、「ドラゴン・ブーム」を巻き起こしたシリーズとして有名だが、ここから「猪木に次ぐ看板レスラーが現れた」、「猪木の重圧が軽減されていった」という観点からみると、間違いなく「猪木ヒストリー」の中で重要な節目になった大きな分岐点と言える。

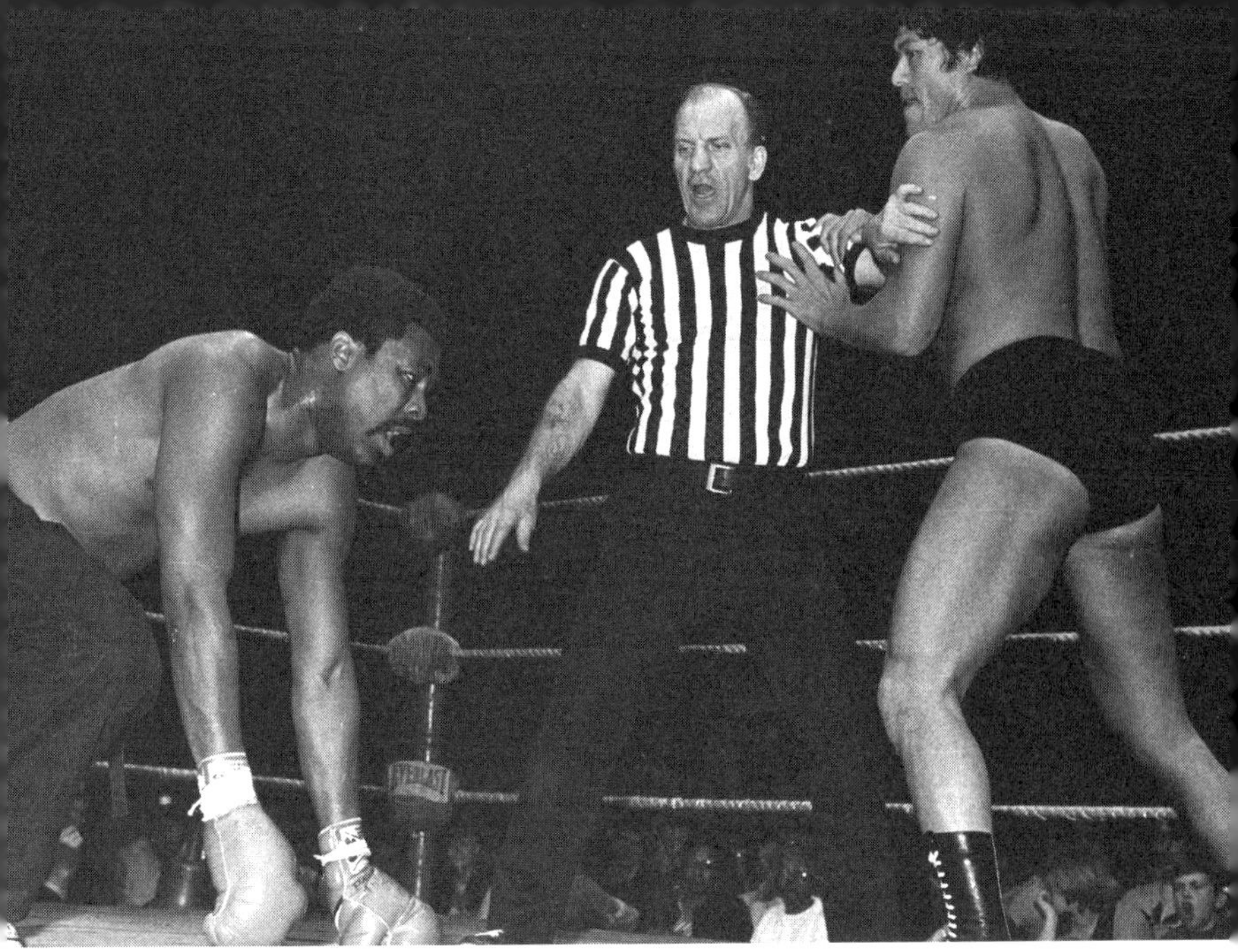

4・4フィラデルフィアでマーシャルアーツのランバージャックにKO勝ち

猪木は最終戦、3月30日の蔵前でM・スーパースターの挑戦を受けNWF王座13度目の防衛に成功(24分28秒、卍固め)。この日は(大学3年になる前の)春休みだったので私も2階席で観戦したが、藤波の凱旋によって少年ファン、女性ファンの割合が一気に3倍くらいになった感じで、「プロレス興行って、雰囲気がこんなに明るかったっけ?」と驚いたものである。語弊を承知で書くが、それまで私が経験してきた「入り口に怖いお兄さんがいて、館内に入ると再び怖いお兄さんが席に案内してくれて、リングサイドには水商売の派手な年配の女性多数」みたいな風景が、このシリーズから変わっていったと思う。別な言い方をすれば、藤波の出現で、少年や女性にとって、「プロレス興行の敷居が低くなった」のである。

猪木はシリーズ後の4月4日、フィラデル

フィア・アリーナ（当時のＷＷＷＦのテレビマッチ収録会場）に遠征してマーシャルアーツのランバージャック・ジョニー・リーと対戦し、３ラウンド1分19秒にＫＯで快勝した。これは同地のプロモーターでビンス・マクマホン・シニア（ＷＷＷＦ代表）の右腕でもあったフィル・ザコの要請に応じたもので、セミファイナルではザ・モンスターマンが坂口征二にＫＯ勝ち。その前の試合ではストロング小林がバッファロー・アレンにギブアップ勝ちするなど、新日本のビッグ・スリーが東部地区で存在感をアピールした（テレビ朝日の90分特番で録画放送）。

第1回マジソン・スクエア・ガーデン・シリーズ

ＷＷＷＦ王者バックランドとの60分フルタイム戦が名勝負に昇華しなかったわけ

前年まで４回にわたって開催されてきた「ワールドリーグ戦」に代わり、この年から〝春の本場所〟は「ＭＳＧシリーズ」という名称にチェンジされた。名称通り、「新日本とＷＷＷＦの蜜月、完全提携状態」を具現化したシリーズであり、ニューヨークの「マクマホン・ランド」をサーキットしていた選手が大挙来日し、従来通り「リーグ戦のポイントを競って優勝者を決めるスキーム」は踏襲された。５年後の１９８３年から始まる「ＩＷＧＰ」の「雛形《ひながた》」、「基本フォーマット」になったシリーズとしても重要な位置を占める。

記念すべき第１回は４月21日（蔵前国技館）から６月１日（日本武道館）までの期間に35興行が開催され、ＷＷＷＦヘビー級王者ボブ・バックランド（５月26日から最終戦まで）、アンドレ・ザ・

ジャイアント（5月4日から最終戦まで）、バグジー・マグロー、ニコリ・ボルコフ、チーフ・ジェイ・ストロンボー、バロン・シクルナ、コロッソ・コロセッティ、ピート・リーブス、ウィリエム・ルスカ、レイ・スチール、マーティン・ジョーンズ、アーノルド・スコーラン（アンドレのマネージャー）の12人が招聘された。ワンシリーズ招聘人数的には史上最多で、それまで前座第4試合くらいまでは日本人（若手）同士の対戦が当たり前だったが、このシリーズは「第2試合からガイジンが出る」ことが珍しくなくなった。ヤングライオン同士の激闘を楽しみにしていたマニアも多かったが、私は「2試合目からガイジン」の

（上）第1回MSGシリーズ公式戦で長州と初対決（5・17栃木）　（下）WWWFジュニア王者となりドラゴン・ブームを巻き起こした、日本プロレス時代からの愛弟子・藤波との初対決も実現（5・20秋田、第1回MSGシリーズ公式戦）

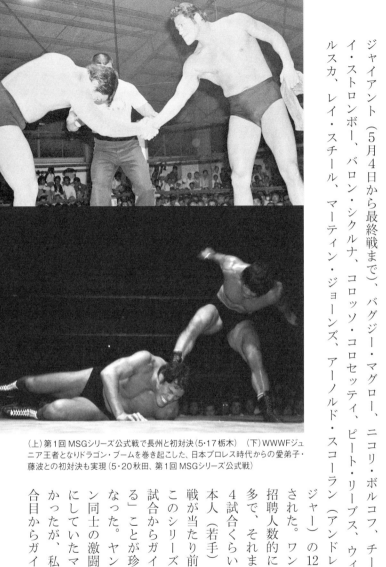

ほうを歓迎する一人だった。

猪木がらみのリーグ戦で注目されたのは長州力（5月17日、栃木県体育館）、藤波辰巳（5月20日、秋田県体育館）との初対決である。猪木にとって藤波は「日本プロレス時代からの付き人」、長州は「団体設立後にスカウトした初の大物アマチュア・レスラー」であり、直接対決となると、まだまだ「格の違い」を明確に示す必要があった。共にノーテレビだったが、後者（藤波戦）はのちに竹内宏介さん（当時の『ゴング』編集長）が撮影した8ミリのフィルムが公開されたことがあり（確か水道橋の「アイウエオ会館」という貸会議場）、目を皿のようにして見たものだった。長州には8分43秒にコブラツイスト、藤波には11分43秒にジャーマン・スープレックスで快勝したが、猪木としては「将来の新日本は、この二人が背負って立つ」的な手応えを感じた2連戦だったように思う。

リーグ戦の決勝は5月30日、大阪府立体育館で猪木とアンドレの決勝戦となり、猪木が16分32秒、リングアウトで辛勝し初優勝を果たした。

5月26日から特別参加したボブ・バックランドは１９７４年から75年にかけて全日本プロレスに3度来日しており、この新日本初参加時は4度目の来日だった。2月20日にＭＳＧでスーパースター・ビリー・グラハムを破りＷＷＷＦヘビー級王座を獲得したばかり、28歳（１９４９年8月14日生まれ）の若武者といったフレッシュ・ムードに溢れており、年齢的に7歳上の猪木（35歳）との対決を、私は「世代抗争」という観点から大いに注目した。

もう一つ興味があったのは、バックランドという「コテコテのベビーフェイス王者」がアメリカ

WWWFヘビー級王者バックランドが新日本初参戦。NWFヘビー級王者・猪木はダブルタイトルマッチで迎え撃った（6・1武道館）

で誕生した背景である。当時のNWA王者とWWWF王者には「向き」、「不向き」が明らかに存在し、特にNWA王者にはヒール（っぽい）キャラクターが多方面で必要とされていた（当時の王者はハーリー・レイス）。日本プロレスがジャイアント馬場、猪木の二大エースで潤っていた頃（1960年代後半から70年代前半）でさえ、NWA王者となって間もない童顔のドリー・ファンク・ジュニアには父親のファンク・シニアが帯同し、ジュニアのセコンドについて観客のヒート（熱狂、騒乱、罵声）を買っていた。ドリーの試合ぶりそのものは典型的なベビーフェイス・モードであり、「シニアの介入なし」では客席が盛り上がらなかったことが大きな理由だったろう。だからこそ、日本プロレスは「シニア付き」で初来日させたのだ（2度目の来日ではテリー・ファンクが同じ役目）。

これまたドリーに負けないくらいの童顔、バックランドに「悪徳マネージャー」をつけたところで不釣り合い、単なる茶番劇のようになってしまう。NWAの各メンバーは当然、「自分のテリトリーを潤わせてくれる世界チャンピオン」を所望する。そうなるとバックランドよりも、ハーリー・レイスのほうが（NWA王者として）適役だと考える勢力がマジョリティ（多数派）だったということだ。レイス時代のあと、役目を忠実に引き継いだのがリック・フレアーだったが、これまたNWA会員プロモーターの要求を満たす最大公約数の選択と言えた。

それだけに、1978年2月、「本来はNWA王者向き、正統派」のバックランドがWWF王者となったことで、「NWAに加盟していながら、政治的な理由でNWA王座には挑戦できなかった」猪木がWWWF王者と対戦することは、非常に新鮮で興味深いものがあった。具体的なレスラー名でいうと、猪木はジャック・ブリスコ、テリー・ファンク、ハーリー・レイスが王者の時代に、一度もＮＷＡ王者への挑戦を許されていない。ここでバックランドを倒せば、ＮＷＡで主流派と呼ばれていたグループ、特に馬場に対しても無言の圧力となる構図が必至だった。

猪木とバックランドは、このあとも１９８１年４月にかけて、日本のみならずメキシコ（メキシコシティ＝ＵＷＡ）、フロリダ（マイアミビーチ）でもＷＷＷＦ（ＷＷＦ）タイトルを賭け何度も対戦したが、最もヒートアップしたのはこの１９７８年夏だったと思う。

６月１日に日本武道館で行われたＷＷＷＦヘビー級、ＮＷＦヘビー級のダブルタイトルマッチ（61分３本勝負）は、猪木が１対０のスコアでバックランドに勝った。１本目は猪木が場外で

カール・ゴッチよろしくキーロックを決めた猪木を片腕でリフトアップするバックランド。定番のムーブだった（6・1武道館）

猪木とバックランドの初対決（61分3本勝負）は、61分戦い抜いて1対0で猪木が勝利

バックランドにバックドロップを放ち、40分8秒にリングアウト勝ち。2本目はそのまま61分時間切れとなって、WWWFルールにより王座の移動はナシ。バックランドはWWWF王座を、猪木はNWF王座を防衛した。

ちなみに、猪木はレスラー生活38年の中で8回（国内のシングル戦で）「60分フルタイム」という試合をやっているが、中でも2度、60分やった相手はドリー・ファンク・ジュニアとバックランドしかいない（残る4戦はジョニー・バレンタイン、ビル・ロビンソン、ブルーザー・ブロディ、藤波）。しかしドリーとのNWA世界ヘビー級タイトルマッチ2連戦の高い評価に比較すると、バックランド戦には「名勝負だった」という評価は下っていない。私も会場で2試合とも生観戦していたが、残念ながら広い武道館に「息詰まる」雰囲気が漂っていなかったのが致命的に思えた。

終始、先輩の猪木が「胸を貸す」というムードが支配しており、「ＷＷＷＦ王座を奪取してやろう」という野望が見えなかったのは事実だった。ただ、バックランドからすると、パワー、テクニックを存分に繰り出してケレン味なく試合をやれた相手は当時のニューヨーク（ＷＷＷＦ）地区には皆無で、日本遠征時の猪木だけだったかもしれない。畢竟、防衛戦というよりも、挑戦者の気分でリラックスした試合になっていた感もある。それが試合の緊張感を削ぐ結果に直結していた可能性は高いだろう。言ってみれば、名勝負にならなかった「責任」は双方にあった気がする。

1　「猪木側」の責任

１９７６年２月からスタートした「格闘技世界一決定戦」シリーズにより、それ以前にやっていた試合のリズムが大きく変わってしまっていた。アリキックの多用はもちろん、バックランド戦に関していうと、唐突にバックランドの顔面にヘッドバットを叩き込んで鼻血を出させたことや、フィニッシュに繋がる大技を返されたあと、おもむろにキーロックを仕掛けるなど、「技の繋ぎがメチャクチャになったなあ」と思わせる場面が幾つかあった。バックランドは「ＮＷＡ王者候補時代」を思わせるクラシックな攻撃を見せたのだが、猪木に（それを）さばき切るだけの容量が欠如していた感もあった。私も含め、会場に来たファンが求めたものは、簡単に言うと「対ドリー戦の再現」だったが、残念ながらドリー時代の猪木の試合リズムは失われていた。繰り返しになるが、格闘技戦のもたらした影響で最も大きいのは、このプロレスの試合リズムの乱れだったと思う。プロレスの試合と格闘技戦の試合を「両立」するのは、さしもの猪木にとっても無理だったということだ。

この時期の猪木は「中途半端な超一流プロレスラー」になってしまっていた。

2　「バックランド側」の責任

デビューしてからWWWF王者になるまでの間が「4年半の最短コース」だったことで、まだ「世界王者として戦い方」をマスターする時間をもてないまま、猪木と当たってしまった。試合中に独特の低い声で「ワウ、ワウ、ワウ」と掛け声をかけながら技を仕掛けるのだが、「童顔をカバーするため、プロとしての迫力を出すために、無理して変な声を出しているんだろうなあ」みたいな同情をしてしまう。あるいはダブルアーム・スープレックスやジャンピング・パイルドライバーで猪木を叩きつけたあと、不自然に自分から大の字になってカバーにいこうとしないのも「グリーン(青い)」という印象を持った。かつてのNWA世界王者に対してこういう印象を持った記憶はなく、試合中に何度も「やっぱりキャリア不足だなあ」と落胆させた。日本のリングでありながら、猪木がヒール役にならないと試合が盛り上がったものにならない。本来であれば「ニューヨークの帝王」が貫録でヒール役を引き受けるべき試合なのに、その役を完璧に猪木に委ねてしまっている。その点では、猪木が重荷を背負った相手だった。

ただ、猪木戦が名勝負でなかったとはいえ、本拠地ニューヨーク地区でテレビ放送されたわけではない。バックランドにとっては、「WWWF王者として進化する過程の勉強」と割り切っていたかもしれない。日本で名勝負を生むことより、毎月のMSGを満員にすることのほうが、何倍も大きな使命だったのだから。

猪木は試合には勝利するも、WWWFルールにより王座移動はなし。バックランドはWWWF王座を、猪木はNWF王座を共に防衛（6・1武道館）

福岡初の異種格闘技戦でモンスターマンと再戦。猪木は博多どんたくの神輿に乗って登場した(6・7福岡)

バックランドの戴冠は、ほぼ同時期にWWWFジュニア・ヘビー級王者となった藤波辰巳と共に「WWWFの新時代」を感じさせ、それまで「怪力、マッチョマンの大木が多い」という悪評だったWWWF地区は、この二人によって一気にフレッシュ・アップされていった。ここからWWWFは「NWAのワン・テリトリー」ではなく、6年後の「全米侵略」に繋がる「巨大な独立帝国化」していったとも俯瞰できる。バックランドと藤波の「二人三脚」はまさに「ニューウェイヴ」、日米プロレス史に最大限の変革をもたらしたと思う。

シリーズ6日後の6月7日、福岡スポーツセンターでザ・モンスターマンの挑戦を再び受けた「格闘技世界一決定戦」が行われ、猪木がバックドロップ、ブレーンバスター、コブラツイストなどの大技を連発して7ラウンド1分58秒、KOで返り討ちに成功した。グ

モンスターマンの再挑戦を受けた猪木はグラウンド・コブラツイストでKOに追い込んで返り討ちにした(6・7福岡)

ラウンド・コブラツイストで絞められながらモンスターマンが弱々しく「ゲブアップ（ギブアップではなく、ゲブアップ）」と発したフィニッシュ・シーンは印象的で、この場面は1978年秋に公開された映画『格闘技世界一・四角いジャングル』（梶原一騎監督作品）に収録されている。

サマー・ファイト・シリーズ

バックランドとの再戦で体力の衰えを痛感

6月23日（埼玉・大宮スケートセンター）から7月27日（日本武道館）までの期間に35興行が開催され、ボブ・バックランド（最終戦のみ）、ペドロ・モラレス、ピーター・メイビア、チャボ・ゲレロ、ヘイスタック・カルホーン、ラリー・ズビスコ、ハン・リー、フレッド・ブラッシー（メイビア、カルホーンのマネージャー役）の8人が招聘された。

猪木は7月24日の広島県立体育館でモラレスの挑戦を受けNWFヘビー級王座15度目の防衛に成功したが（22分44秒、逆さ押さえ込み）、ハイアングルのバックブリーカーで背骨を痛打され大きなダメージを受け、ホウホウのていで控室に運びこまれた。そのために3日後のバックランド戦（このときはWWWF王座のみが賭けられた）は最悪のコンディションで、1本目を卍固めで先制したものの（20分22秒）スタミナはそこまで。2本目以降は防戦一方となって、劣勢が目立ち随所にグダグダもある凡戦になってしまった（2本目は16分15秒にバックランドがアトミック・ドロップで返し、3本目は61分時間切れ引き分け）。試合終了時、私は武道館の客席で「猪木がスタミナ負けする試合は、久しぶりに見た。モラレス戦の負傷がなければ、こうはならなかったはずだ」という感想を持ったが、それは単なる「贔屓目《ひいきめ》」だった。仮にベストコンディションでも、バックランドの驚異的なスタミナに対抗するのは無理だったかもしれない。今思うと、私的に、猪木に「明らかな肉体的衰え」を感じ始めたのが、この真夏の武道館だったと思う。

ゴールデン・ファイト・シリーズ

大阪府立史上最大のヒット興行「シン対上田」のレフェリーを務める

8月25日（新潟・長岡厚生会館）から9月25日（茨城県境町体育館）までの期間に31興行（オフは1日だけ）が開催され、タイガー・ジェット・シン、ジンバ・カーン、ジョニー・マンテル、ピー

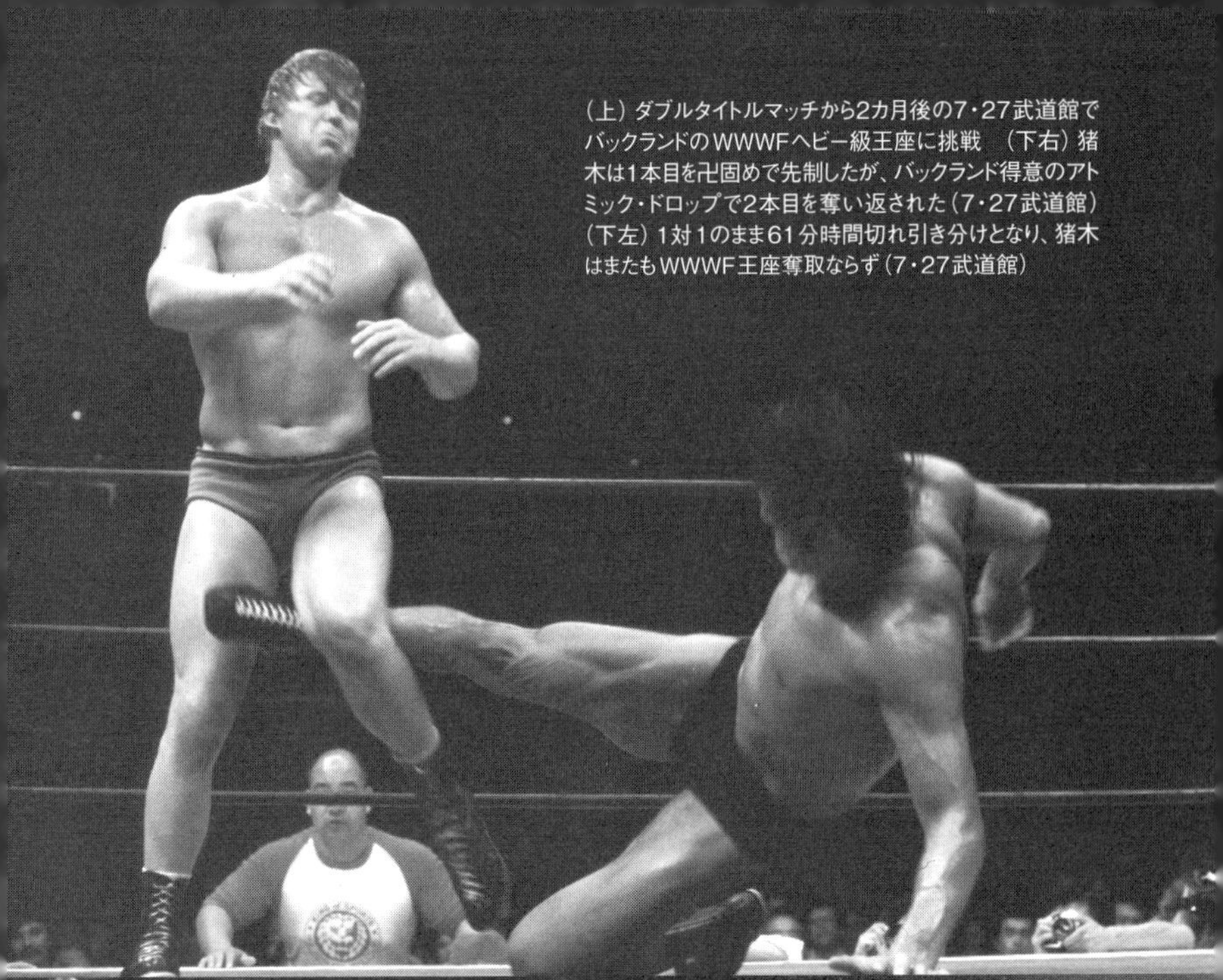

（上）ダブルタイトルマッチから2カ月後の7・27武道館でバックランドのWWWFヘビー級王座に挑戦　（下右）猪木は1本目を卍固めで先制したが、バックランド得意のアトミック・ドロップで2本目を奪い返された（7・27武道館）（下左）1対1のまま61分時間切れ引き分けとなり、猪木はまたもWWWF王座奪取ならず（7・27武道館）

仲間割れしたシンと上田の一騎打ちを猪木が裁くという異色のシチュエーションに浪速っ子も大熱狂（9・19大阪府立）

ト・ロバーツ、ジョー・ロッシーの5選手が招聘された。猪木は9月21日、品川スポーツランド・ゴールドホールでシンの挑戦を受けてNWF王座16度目の防衛戦を行い、25分37秒にバックドロップ一発でフォール勝ちした。シリーズの山場となったのは9月19日の大阪府立体育館で、この日はメインでシンと上田がシングルで対戦、猪木がレフェリーをやるという異色の試合が組まれた。発表は950 0人の超満員で、のちに『週刊ファイト』の井上義啓編集長が「府立でやった興行で、最も入った興行」としてこの日を挙げていた。

シリーズ前、渡米した木村健吾（健悟）がロス地区で上田とタッグを組んでいたことに対して、シンが「猪木の弟子であるキムラとコンビを組むのは許せない。しばらくウエダとはコンビを組まない」と一方的に通告しての「一時的な仲間割れ」だったが、「猪木が

猪木は日本プロレス時代の宿敵マルコフとNWF戦で対決（11・1愛知）

レフェリーになることで、二人がかりで猪木を攻撃するのが目的の、フェイク仲間割れ」という噂も流れ、大阪府立は「何が起こるか予測不能」の前評判で札止めの大観衆を飲み込んだ。結果はシンが暴走して14分45秒、上田が反則勝ちとなったが、懸念された「ダブルで猪木を攻撃」というシーンはなく、このあと二人は仲直り。翌年2月のシリーズから再度コンビを結成している。

闘魂シリーズ

日本プロレス時代のマルコフとの名勝負再現ならず

10月6日（新潟市体育館）から11月1日（愛知県体育館）までの期間に23興行が開催され、クリス・マルコフ、キラー・カール・クラップ、ブルート・バーナード、ジ・エクスキュースナー、トニー・ロコ、チャボ・ゲレロの6選手が招聘された。猪木は最終戦の名古屋でマルコフの挑戦を受けNWF王座17度目の防衛に成功（11分41秒、卍固め）。日本プロレス時代の「第11回ワールドリーグ戦」決勝で対戦した両者による名勝負再現が期待されたが、40歳のマルコフは腹の肉がダブついて「吊りパン」で隠蔽しており、往年の動きを望むべくもなく完敗を喫した。

欧州世界戦シリーズ

ボック戦に至る地獄の18戦を戦い切った猪木の超人ぶり

猪木はシリーズ後、藤原喜明と新間寿を同行して初の欧州遠征に赴いた。これは西ドイツでプロモーターも兼ねていた強豪、〝墓堀人〟ローランド・ボックの招聘に応じたもので、11月7日のラーベンブルグ（西ドイツ）から29日のリンツ（オーストリア）まで、地獄のような過密日程で組まれた18試合を消化した。相手になったのはボック（全3戦）、ウィリエム・ルスカ、ウィルヘルム・ディートリヒ、オイゲン・ウィズバーガー、チャールズ・ベルハースト、オットー・ワンツ、ジャック・ラサルテーズなどの一流どころばかりで（全てシングルマッチ）、2戦目にボックと初対決した際（11月8日、デュッセルドルフ、猪木の反則勝ち）に（スプリングの効いていない）固いマットに左肩を叩きつけられた猪木は、亜脱臼というアクシデントに見舞われた。猪木はそれでも欠場することなく、最後まで興行日程を全うしたのだから凄い。ツアー中には格闘技戦も行われ（11月9日、フランクフルト）、かつてモハメッド・アリの世界ヘビー級王座に挑戦してダウンを奪ったことの

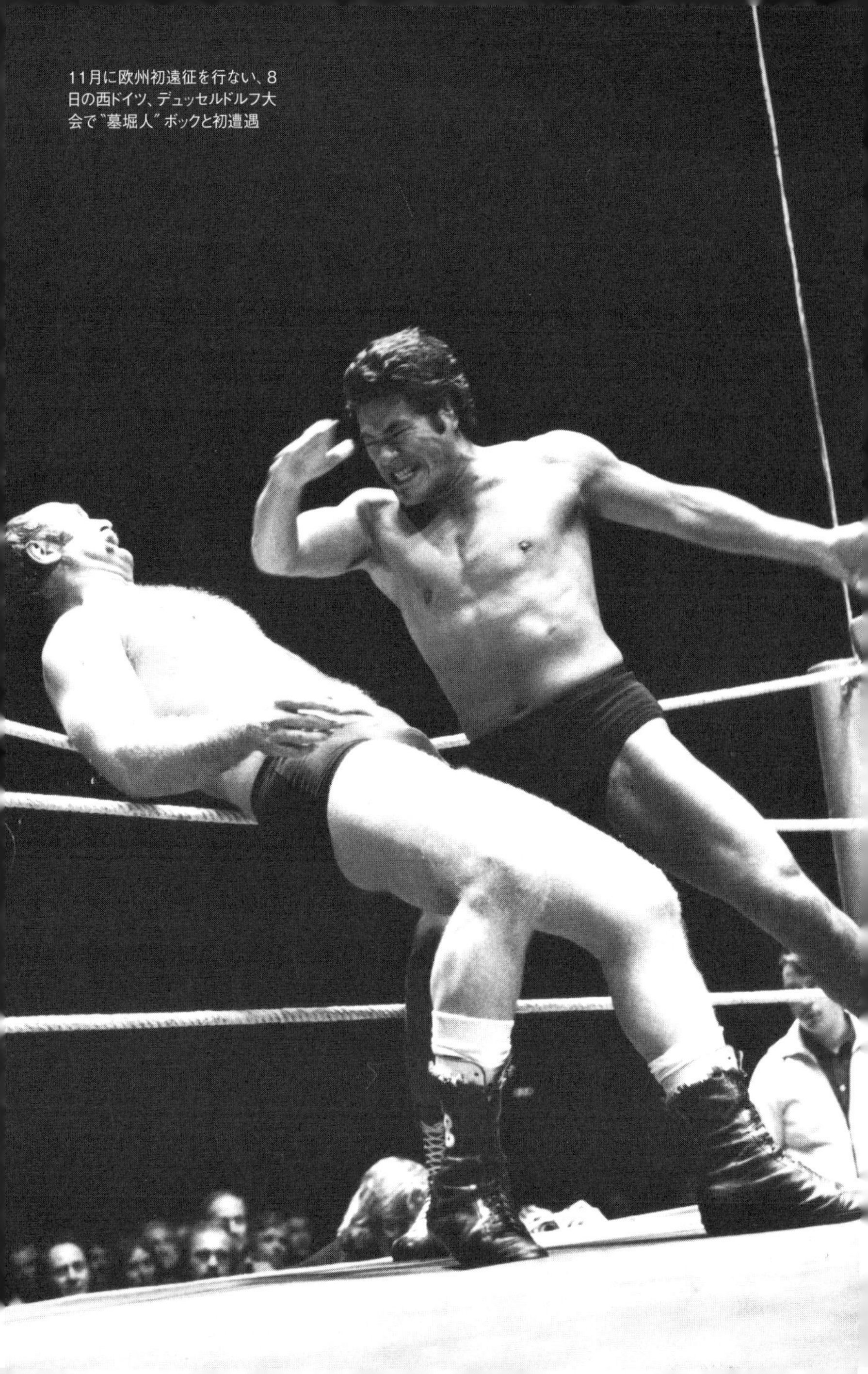

11月に欧州初遠征を行ない、8
日の西ドイツ、デュッセルドルフ大
会で"墓堀人"ボックと初遭遇

（上）猪木は試合中に左肩亜脱臼のダメージを負いながらも、ボックをケンカ殺法で追い込んだ（11・8デュッセルドルフ）（下）鉄柱攻撃で額を叩き割られたボックがレフェリーの制止を無視して暴走したため、猪木は反則勝ちを拾った（11・8デュッセルドルフ）

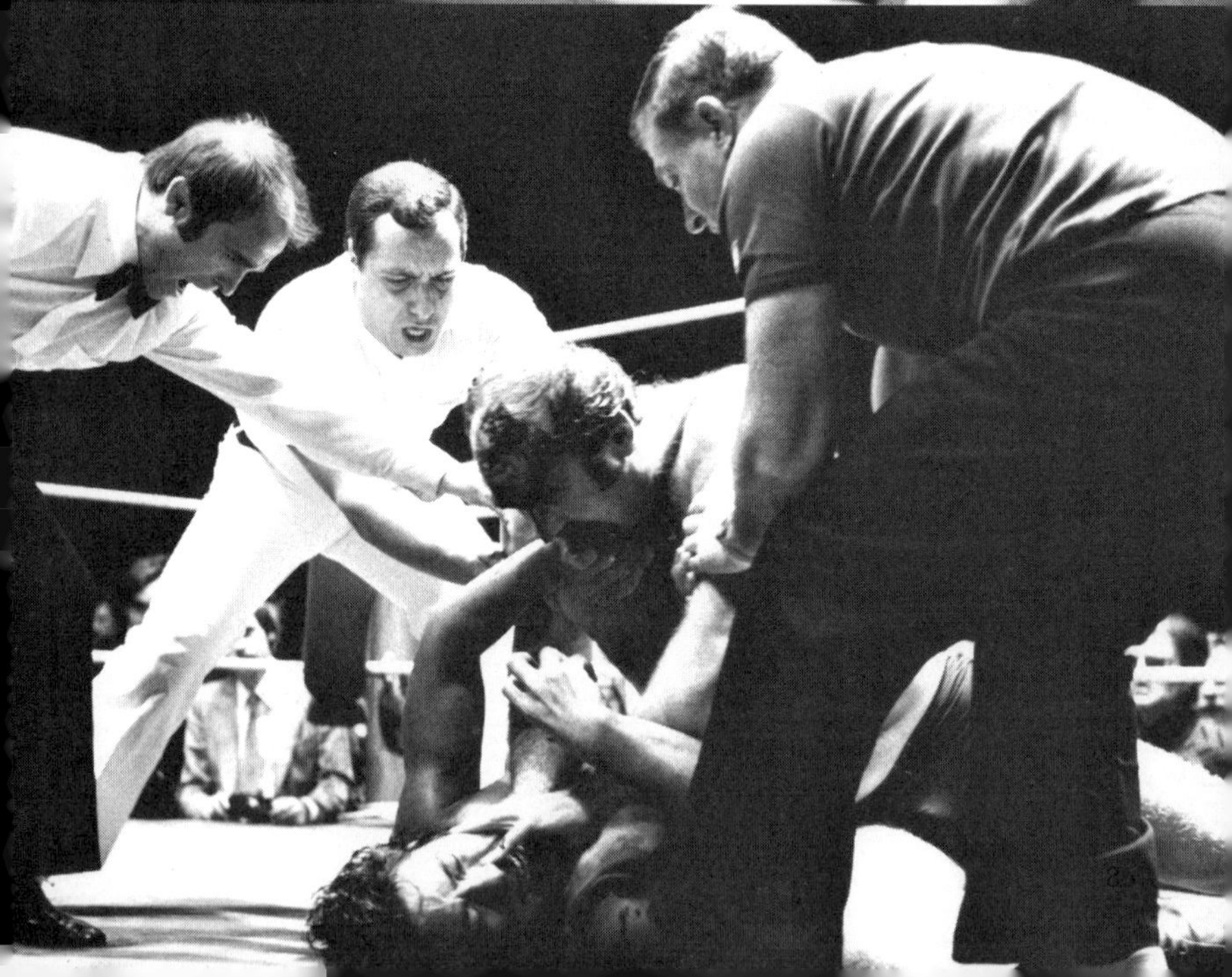

欧州遠征中には異種格闘技戦も行われ、ボクサーのミルデンバーガーに辛勝（11・9西ドイツ、フランクフルト）

あるヘビー級ボクサー、カール・ミルデンバーガーを相手に「ボクシング・グローブ」着用ルールで対戦。ストレートとボディ攻撃で4度のダウンを奪われたが、4ラウンド1分15秒、延髄斬りから逆エビ固めを決めて逆転勝ちをおさめた（テレビ朝日で録画中継）。

欧州ツアーのハイライトはボックとの第3戦（11月26日、シュツットガルト）で、それまでの2試合で反則勝ち、両者リングアウトと決着がついていなかっただけに、満身創痍の状態とはいえ、王者・猪木としては「格の差」を見せつけておきたいところだった。結果は4分10ラウンドを戦い抜いてボックの判定勝ちに終わり、猪木にとっては屈辱の初黒星をつけられた形になった（12月29日にテレビ朝日がノーカット録画中継）。のちに「シュツットガルトの惨劇」と称され、猪木が一方的にやられたかのように伝えられているが、

猪木は11・26西ドイツ、シュツットガルトでボックと三たび対戦し判定負け。この一戦によりボックは〝猪木を苦しめた伝説の外国人レスラー〟と化した

実際には、内容的にボックが優勢になる場面が多かったものの、要所要所では猪木がガッチリと逆関節を取る場面もあり、圧倒的な負けという試合ではなかった。とはいえ、異国の地（ドイツ）で猪木が「まだ見ぬ強豪」に敗戦を喫したことは確かにショッキングであり、ここからボックは「欧州ナンバーワンの実力者」あるいは「ガチンコでやらせたら一番強いのでは？」という評価をゲット、不気味な存在としてクローズアップされていく。

プレ日本選手権

マツダとの名勝負を残すも、念願の「日本選手権」は実現せず

11月17日（後楽園ホール）から12月16日（蔵前国技館）までの期間に23興行が開催され、ボブ・バックランド（12月14日のみ）が招聘

12・14大阪府立でバックランドの保持するWWWFヘビー級王座に3度目の挑戦を果たすも、消化不良のリングアウト勝ち(王座移動なし)

された。シリーズ名通り「日本選手権」を争う資格を持つ日本人レスラーによるリーグ戦を軸としたシリーズなので、新日本プロレス所属以外のフリーランスとしてはヒロ・マツダ、上田馬之助、マサ斎藤、サンダー杉山、剛竜馬の5選手が参戦した。

猪木は欧州遠征のためにシリーズ前半を欠場したため(予選トーナメントは不参加)、第14戦(12月5日、福岡九電記念体育館)の決勝トーナメント初日から登場し、星野、S・小林、斎藤を破って決勝進出。もう一つのブロックで上田(不戦勝)、坂口、藤波を破って決勝に進んだマツダと、12月16日に蔵前国技館で優勝を争った。

この決勝戦は観客こそ少なかったが(発表は7000人)内容の濃い名勝負で、今でも佐山サトル氏(初代タイガーマスク)が「あれこそ達人同士のプロレス」と絶賛する有名

日本人レスラーのリーグ戦「プレ日本選手権」決勝で、日本プロレス時代の兄弟子に当たるマツダを撃破し優勝（12・16蔵前）

な一戦である。最後は猪木の卍固めが決まって23分6秒、猪木が優勝を果たしたが、馬場との対戦を迫っていた4年前（１９７４年暮れ）に比べると「誰が実力日本一なのか？」という議論はすっかりトーンダウンしており、結果的に「プレ日本選手権」の続編であるべき「日本選手権」が実現することはなかった。

決勝戦の2日前（12月14日、大阪府立体育館）、ワンマッチのみの契約でバックランドが来日し、猪木の挑戦を受けてＷＷＷＦヘビー級王座の防衛戦を行った（翌月に団体名称がＷＷＦに変更となったので、日本でＷＷＷＦの呼称でタイトルマッチが行われたのはこれが最後）。欧州遠征の疲労と肩のダメージが残る猪木は精彩を欠き、「今度こそ王座奪取か？」という期待には程遠い内容で、最後は狼軍団（マツダ、上田、杉山、斎藤、剛）がリング下に乱入して猪木とバックランド双方に襲いかかり、21分12秒、先にリングに上がった猪木が勝利を収めた（ルールによりタイトル移動はナシ）。蔵前のマツダ戦を見据えての乱入ではあったろうが、「わざわざＷＷＷＦ王者をワンマッチで呼んでおいて、この結末かよ」という気分にさせられたことは事実だった。

マツダ戦から２日後の12月18日、猪木にはニューヨークのＭＳＧに出場するという殺人的なスケジュールが組まれており、ここでは赤覆面のテキサス・レッド（正体はレッド・バスチェン）と対戦。猪木は試合前、ＷＷＷＦから「初代ワールド・マーシャル・アーツ・チャンピオン（格闘技世界ヘビー級王者）」に認定されており、このレッド戦が初防衛戦という形になった（16分27秒　ダブルアーム・スープレックスからの体固めで猪木が勝利）。当日は藤波、バックランドもそれぞれＷＷＷＦジュニア（対ホセ・エストラーダ）、ＷＷＷＦヘビー（対ピーター・メイビア）の防衛戦を行ったが、猪木の試合と共に翌１９７９年元日の正月90分特番としてテレビ朝日から録画放送された。このあとも、テレビ朝日の正月90分プロレス特番は１９８４年まで６年連続で継続したが、１９９２年から「１・４東京ドーム」が定着するまでは、この「テレビ朝日の正月90分特番」が「１年のスタート」的な風物詩になっていたと思う。

1979年（昭和54年）

プロレスラーとして絶頂を極めた「栄光の1970年代」に幕

新春黄金シリーズ
ウガンダのアミン大統領との対決を表明！　猪木にしかできない芸当

1月5日（東京・大田区体育館）から2月2日（札幌中島スポーツセンター）までの期間に22興行が開催され、ボブ・ループ、ジョニー・パワーズ、クルト・フォン・ヘス、トニー・ロコ、トニー・セント・クレアー、カルロス・エストラーダ、ヘクター・ゲレロ、グレート・マレンコ（ループのマネージャー）の8人が招聘された。1月12日の川崎市体育館でNWFヘビー級選手権が行われ、それまでの常連だったパワーズを差し置いてループが挑戦権をゲット。マネージャーのマレンコが乱入したため27分2秒、猪木が反則勝ちしたが、内容的にはループが押していた大苦戦の防衛となった（18度目）。

シリーズ中の1月25日、猪木はプロモーターの康芳夫《こうよしお》が京王プラザホテルで開いた記者会見に列

Ugandan President Idi Amin, a former boxer, may fight Japan's popular wrestler Antonio Inoki next June with world heavyweight champion Mohammed Ali as referee. A Tokyo promoter is in Uganda to arrange the fight.

...and offers amnesty

Ugandan President Idi Amin is offering unconditional amnesty to all Ugandans who fled the country since he came to power in January 1971, Radio Uganda reported, and has ordered Cabinet ministers to ensure that they are given government jobs.

UPI PHOTO

Ugandan President Ida Amin (center) may fight Japan's popular wrestler Antonio Inoki (right) next June in Uganda. If things work out, Muhammad Ali (left) will act as referee.

JAPANESE WRESTLER PLANS TO BOX BIG DADDY'S EARS

IDI AMIN: Comeback for boxer turned butcher?

Idi Amin vs. Inoki?

TOKYO (UPI-Special) — Ready for this?

Ex-boxer Idi Amin, now holding a regular job as Ugandan boss-for-life, is planning a ring comeback.

Word came yesterday that Amin may fight Japan's popular wrestler Antonio Inoki next June with world heavyweight champion Muhammad Ali as referee.

Hisashi Shinma, manager for the Japanese wrestler, said promoter Yoshio Ko of Tokyo is in Uganda to arrange the Amin-Inoki fight.

The match would take place in Uganda, Shinma said. He said a formal announcement will be made in January.

Amin, a former Ugandan heavyweight champion, reportedly expressed interest originally in fighting Ali. But the champion declined and suggested the African dictator fight the 35-year-old Inoki.

The rules of the match would be "flexible," with Amin fighting as a boxer and Inoki fighting as a wrestler, Shinma said.

In 1976, Inoki fought Ali in Tokyo in what was billed as the "world martial arts championship."

Inoki, on his back, moved around the ring like a crab from the opening bell until the end of the 15th round, occasionally kicking Ali in the left leg.

Ali threw only a few punches and the match drew unfavorable reviews. Inoki said later he regretted the fight ended in a draw, but explained he was restricted by the rules of the bout.

Despite the unpopular fight, Ali and Inoki have become good friends.

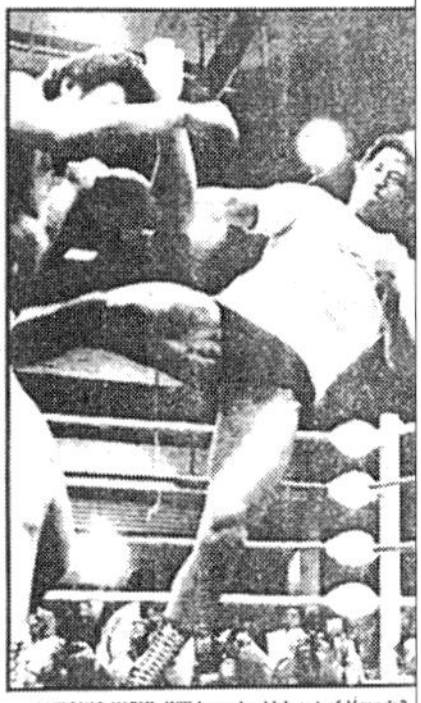

ANTONIO INOKI: Will he get a kick out of Uganda?

ウガンダのアミン大統領との対戦を会見でぶち上げた翌日（1月26日）、アメリカの一般紙『ニューヨーク・タイムズ』に掲載された記事。アミン大統領との試合は、国内のみならず海外でも話題になった（結局、試合は実現せず）

席した。席上、康から「6月10日、ウガンダのカンパラで、アントニオ猪木とウガンダのイディ・アミン大統領の試合を開催します。レフェリーはモハメッド・アリで、アリはアミン大統領と同じ回教徒なので、即座にレフェリーを快諾してくれました。アリのギャラは100万ドル（当時の邦貨で約2億円）、猪木さんのギャラは50万ドル（同約1億円）、アミン大統領は公人なのでギャラはなく、収益の50％は国庫に納めることに同意しています」という具体的な発表がなされ、詰めかけた100人を越す報道陣を驚かせた。

この記者会見は翌日の一般新聞（朝日、読売、毎日など）にも大きく報道されたが、なにしろ相手がアミン大統領である。当時のアミンは、1971年にクーデターで握った独裁政権を長期化させており、その間に数十万の反対派を粛清（虐殺）したことから「ブラック・ヒトラー」と呼ばれていた、いわば「世界一の札付きリーダー」だった。その人物と猪木がリング上で対峙するというのだから穏やかではない。私は新聞記事を読んだときに、「リングに上がったら猪木の命が危ない。アミンの命を狙うスナイパーのピストルで撃たれる。絶対にやめるべきだ」と思ったが、プロレスファンの気持ちは同じだったと思う。私はこの新聞記事が掲載された1月26日、京橋にあった事務所で田鶴浜弘氏（プロレス評論家で日本テレビの解説者、私の師匠）と終日一緒にいたが、師匠が「猪木君は、こういうスタンドプレーが本当に巧いよね。馬場君には絶対にできない芸当だ」と苦笑していたのを鮮明に覚えている。当時73歳（1905年、明治38年8月生まれ）の師匠は定期的に馬場さんと食事している関係者の一人だったが、八田一朗氏（アマレス協会の会長）の大親友でもあり、性格的にはかなりの〝武闘派〟だったと思う。よく「猪木君の格闘技戦は賛成。もっとボクサーと頻繁に戦って欲しい」と言っていたものである。

余談を一つ。2010年11月16日、私はIGFの関係者から依頼されて、新宿の「バルト9（ナイン）」という映画館ステージでキャンペーン企画（猪木デビュー50周年記念の10万円DVDボックス販売促進。かつての名勝負を集めた60分の記録映画）の司会をやったことがあった。壇上に猪木さん本人を呼び込み、そこで猪木さんに散々イジられて冷や汗をかいたのは良い思い出だが、その控室で私が田鶴浜師匠について言及したとき、猪木さんは「あ、そうなの？　俺は昔、ブラジルに渡る前に田鶴浜さんが出していた『ファイト』という月刊誌を何回も読んだ記憶が残っているよ。アントニオ・ロッカとドン・レオ・ジョナサンが表紙のやつだったね」と感激の述懐をしてくれたことがあった（1955年6月号）。「ああ、猪木さんもまた、少年時代は熱心なファンの一人だったんだな」と思ってウルッときたものだった（「それ、自分で本屋さんに買いに行ったんですか？」と聞いておけば良かったと後悔）。

猪木・アミン戦の話に戻ると、記者会見のわずか10日後、ウガンダ国内の反体制派組織（民族解放軍）がアミンの大統領官邸を襲撃する事件が勃発したため、6月の試合はアッサリと中止になってしまった。今思えば、猪木はそのへんを最初から想定していたに違いない。「記者会見やって話題になれば、それでよし」というのが本音だったろう。

新春シリーズ4日後の2月6日、猪木は大阪府立体育館でミスターXと名乗る覆面カラテ家と「格闘技世界一決定戦」で対戦し、3ラウンド50秒に腕ひしぎ十字固めでギブアップさせ快勝した。当初は全米プロ空手のトップ選手であるジョー・ヘスに覆面を被せる予定だったらしいが、ヘスが直

2・6大阪府立で覆面カラテ家のミスターXと対決。猪木の異種格闘技戦史上に残る凡戦だったが、テレビ視聴率は高かった

前に契約に応じなかったため、「素人に毛が生えたレベルの巨体の黒人空手マン」に中身をスリ替えたようだ。リングに上がったXが、「道着の帯」をまともに締めていない姿を見た関係者の多くは「ダメだこりゃ」と頭を抱えたが、何よりリング上の猪木本人が終始、怒り心頭の表情だったのが印象深い。ただ、翌日に90分特番の「水曜スペシャル」で放送されたときの視聴率が18・2%と予想外の好数字を挙げたため、内容的には最悪だったが「結果オーライ」という総括で事なきを得た。

ビッグ・ファイト・シリーズ

〝奇人・怪人〟デイトンと格闘技戦好勝負

2月23日（千葉公園体育館）から4月5日（東京体育館）までの期間に37興行が開催され、

タイガー・ジェット・シン、スタン・スタージャック、サイレント・マクニー、ジョニー・マンテル、ハン・リー、ペロ・アグアヨ、ベビー・フェース、ヒロ・マツダ（3月23日から最終戦まで）の8人が招聘された。猪木はシリーズ中に急遽、格闘技戦が入ったが（後述）、NWFヘビー級王座のほうは最終戦でシンの挑戦を受け、20分26秒に体固めで完勝して19回目の防衛に成功した。

4月3日に福岡で行われた「格闘技世界一決定戦（対レフトフック・デイトン）」については、私が2016年にムック『日本プロレス事件史 Vol．30 黄金時代の衝撃』（ベースボール・マガジン社）に書いた文章を再現させていただく。

●

猪木の「格闘技世界一決定戦」シリーズ第12戦（1979年4月3日＝火曜日）は、「発表から開催までのリードタイムが4週間以下」という異例の速さで実現した。これはテレビ朝日の都合によるもので、2月中旬に「4月3日に放送予定だった特番枠『火曜スペシャル』の企画がダメになった」ことに端を発した。当時のテレビ朝日にはゴールデン・タイムに「火曜スペシャル」と「水曜スペシャル」枠（共に90分）があり、1977年8月2日の猪木・モンスターマン戦（火曜）を皮切りに、何度かこの枠で「格闘技世界一決定戦」が放送されて高視聴率を稼いでいたことから、局サイドから「困った。猪木は空いてないか？」となったものだ（1977年10・25猪木対チャック・ウェップナー戦は水曜スペシャル枠で、視聴率は時間帯ナンバーワンの29・1％）。この枠は通常90分でスポンサー数も多く、新日本への放送料もレギュラー枠より高く設定されていたから、新日本のフロントにとっては、急なオファーであっても断る手はない。テレビ朝日に対する（猪木・アリ

戦の）借金返済は順調に進んでおり、「あと3〜4回、スペシャル枠で格闘技戦をやれば完済」と

いうレベルになっていたから、「やりましょう! 受けます」とOKを出しておいてから、「さて、

相手は誰にしようか?」となったものだった。つまり、「テレビ放送が先に決まって、相手探しが

後回しになった唯一のケース」である。

一つ、問題があった。既に2月から4月にかけての「ビッグ・ファイト・シリーズ」興行日程が決定して発表済みであり、猪木の予定は4月5日の最終戦（東京体育館、NWFヘビー級選手権、猪木対シン）までビッシリ詰まっていたこと（4月3日は宮城県亘理町で興行）だ。加えて前回の相手になったミスターX（ロスの覆面空手家）がレベル的に最悪だったことで、2回続けてショッパイ相手となると「格闘技世界一決定戦」の暖簾《のれん》を汚してしまうことになる。猪木、新間コンビにとっては、ある意味「背水の陣」とも言える相手選びを強いられた。

新間寿（営業本部長）が、新日本のレスラーがロスに遠征するたびに道場として使用させてもらっているジムのオーナー、ジョージ土門に相談したところ、真っ先に出てきた名前が「マイク・〝レフトフック〟・デイトン」だった。当時私は、デイトンという名前を「洋書店の雑誌コーナー」で（立ち読みだが）何度も目にしていた。発表された名前を聞いたとき、「え? ひょっとして、あのデイトンか?」と咄嗟に思ったものだった。デイトンは、当時のアメリカで発行されていた月刊カラテ・武術雑誌「Black Belt」やボディビル専門誌「The Bodybuilding」で毎号のように登場しており、少なくとも西海岸の武術界、ボディビル界では結構なセレブリティだった（ボディビル界の最高権威、1967年のミスター・アメリカでもティーンエイジ部門で優勝。成人してからのコン

テストでも何度も入賞実績あり）。1977年10月に開催された「世界一の力自慢決定戦」、「ワールド・ストロンゲスト・マン・コンテスト」に出場したことも当時の誌面で大きく扱われており、7位に入賞していたのだから、プロレスラー並みの怪力ぶりも証明されていた（1位はブルース・ウィルヘルム、3位がAWAの試合を欠場して参加したケン・パテラ）。マスクもいいし、当然のことながらボディは筋肉モリモリ、ビジュアル的には最高だ。28歳と若いし、182センチ、104キロとサイズも合格だ。問題は「ボクサーでもキックボクサーでもマーシャルアーツでも柔道でもレスリングでもない。じゃあ、競技として何をやっているの？」という点だった。

新間は、ジョージ土門から手渡されたデイトンを写した数枚の写真の中に「首吊り」をやっている一枚を発見し、即座にOKを出したという。

「あの当時は、WKA（ワールド・カラテ・アソシエーション）のハワード・ハンセンという会長さんとかベニー・ユキーデとか、アメリカの格闘技関係者が頻繁に来ていた時期だから、猪木の相手になる候補は結構いたんですよ。ただ、ミスターXの件があったばかりだし、さすがに我々も慎重になった。ロサンゼルスに行って土門さんに『誰か面白いの、いないですか？』と言ったら、デイトンの写真が出てきた。サンフランシスコの生まれとかで、ゴールデンゲート・ブリッジだったか、ベイブリッジだったか忘れましたが、大きな橋に吊るした太いロープに首を吊って、それに耐えているような写真だったと思う。それを見て即決でしたよ。こういう、ショッキングなインパクトがある相手じゃないと面白くない。首吊りに耐えられる奇人、怪人ですよ。猪木の必殺スリーパーが通じない相手。そこに目をつけましたね」（新間）

この「首吊り」は、プロレス界では古くから存在する「タフマン・ギミック」の一つであった。「ギミック」といっても、キンキラキンのガウンを着たり口から火を噴くという「子供騙し」ではなく、この場合は「マジ」で、素人がやったら一発で即死の危険なものだ。

「私が覚えている限りで5人が挑戦して、全て途中でギブアップした。もちろん、実際に立ち会ったわけじゃないが、皆、口を揃えて『死ぬところだった。二度とやらない』と言っていた。一番リアルだったのは、ルディ・デューセックという先輩の思い出話を聞いたときで、『首の筋肉には絶対の自信があったが、筋肉の強さで出来るもんじゃない。縄で、頸椎を骨折しそうになった』と聞いたときは怖かった」（ルー・テーズ）

ルディ・デューセック（1901～1971年）はテーズの師匠だったエド・ルイスやアド・サンテルとライバル関係にあった超一流の強豪で、引退後はニューヨーク地区北部のプロモーターをやっていた関係で親しい間柄になったそうだが、テーズをして「正直、デューセックの話を聞くまでは、私も一回はトライしてみたいと考えていた」と言わしめていたのだから、ある意味、首吊りは「きわもの」ではなく、「プロレスラーにとっては憧れの、最高級のギミックだった」と評価するのがフェアかもしれない。「猪木でも出来ない」スーパー芸当をやってのける男、新聞はそこに試合のテーマを見出した。

デイトンには「カンフー・マスター」という肩書があって、一応はキックボクシング風のパンチ、蹴りの基礎を持っていることは確認できた。だが、生半可なキックボクシング技術が猪木に通じるはずもない。しかも4・3にはキック王者の藤原敏男をはじめ、全米最高レベルのマーシャルアーツ選手も（セミファイナル以下に）出場が決まっていた。素人に毛が生えた程度のパンチ、キックでは観客の失笑を買う。新間が「首吊りを日本で実際に公開し、センセーションを巻き起こしていこう。それしかない」と考えたのは、まさに巨大なリスクを含んだ英断、大きな博打《ばくち》だった。デイトンはジョージ土門に同伴され、3月22日に日航機で来日した。決戦12日前、通常では考えられない早い来日だが、テレビを始めとするマスコミで徹底的なキャンペーンを打つために、新間が決断したものだった。

来日早々、新間の発案により、京王プラザホテルで数々のデモンストレーションが公開された。

ボディビルダーのデイトンが得意とするパフォーマンスが「首吊り」。デイトンは格闘家としては実績に乏しかったが、この強靭な肉体は猪木の異種格闘技戦の対戦相手として絶大なインパクトがあった（写真は3月22日、京王プラザホテルで開かれたデモンストレーション会見）

まず最もインパクトのある得意の首吊り。これだけでも十分だったが、これ以外にも、太いロープを首に巻いて両方から（複数の）マスコミ関係者に引っ張らせてみたり、50円玉、１００円玉を握り潰して「二つ折り」にしたり、『ゴング』誌の竹内宏介編集長のベルトに小指をフックし、小指だけの力で頭上に差し上げ

4月2日、決戦前日の調印式でデイトンと顔を合わせた（京王プラザホテル）

たり、テニスボールを握り潰したり、もう一個のテニスボールは「縫い目部分を歯で食いちぎりパンクさせる」など、プロレスラーというよりも「世界ビックリ人間」、「奇人、変人」のノリで詰めかけた報道陣をアッと言わせた。3月26日にはテレビ朝日の人気昼オビ番組「川崎敬三アフタヌーンショー」に出演して上述のデモンストレーションを再現し、「4月3日の試合では、イノキのチョーク攻撃をOKする。もし、私を絞め落とすことが出来たら1万ドル（当時の邦貨で約200万円）を進呈する」と宣言させた。当然、これも新聞の考えたアイデアだった。

「京王プラザでね、一応パンチ、キックのシャドーはやらせましたが、今一つ迫力がない。やはり、首吊りに耐えられる超人、『スーパーマン』というのを売りにしないと盛り上がらないと判断したね。福岡の決戦前日まで、とにかくテレビや新聞社やらを徹底的に回らせましたよ。猪木には情報を入れたが、今のように手軽に動画に撮影して見てもらうという時代じゃない。あのとき、猪木はずっと地方巡業だったので東京には戻っていなくて、前日の調印式に出るまで、デイトンは写真でしか見ていなかったと思う。4月5日に東京体育館でシンと（NWF選手権を）やることも決定していたから、急に決まったデイトンとの対戦は、肉体的に厳しい日程でした」（新間）

猪木は4月1日の秋田・鷹巣町体育館の試合後、藤原喜明、永源遙、木戸修、ジョージ高野の4人を引き連れ、決戦前日の4月2日に福岡入りした（2日の岩手・千厩町大会と3日の宮城・亘理町大会は欠場し、残りの本隊のみで決行）。新日本が同じ日に「二派」に別れて（違う場所で）興行を打つのは旗揚げ以来これが初めてだったが、「猪木抜き」でも本隊に坂口、藤波、長州、S・小林、マサ斎藤、ヒロ・マツダらが揃っていたのだから、「選手層の厚さ」という点では史上最高の時期だったろう。

（福岡特別興行）
4月3日、福岡スポーツセンター（試合開始6時30分＝観衆6200人）
格闘技世界ヘビー級選手権（3分10ラウンド）
アントニオ猪木（TKO　6回1分29秒）レフトフック・デイトン

この夜の福岡スポーツセンターは6200人の発表だったが、8分の入り。前年6月の猪木・モンスターマン戦（再戦）は超満員（8500人）だっただけに、大塚直樹部長をはじめ営業部隊も渋い顔だった。やはり宣伝期間が余りにも短く、さすがの猪木をもってしても簡単に満員にできる器ではなかったということだろう（翌月も同所でNWFヘビー級選手権を開催し、猪木対ジャック・ブリスコで5800人を動員したが満員ではない）。

この試合は私が監修した『喧嘩マッチ烈伝』というDVDにノーカットで収録されているので、開始から終了までの様子を詳しくレビューすることが可能だ。猪木のセコンドには藤原と永源（永源は試合には出ずにセコンドに専念）、デイトンのセコンドにはタンク・ウォーレスとネイビー・ハリケーンが同行してきた黒人のトレーナーがついた。デイトンは黒いマーシャルアーツ風のパンタロンを着用。猪木はレスリング・シューズではなく、ランニングの時に使用しているような底の浅い白いシューズを着用していたが、おそらくヘッドバット連発を想定し、靴底のギザギザ（滑り止め）が深いもの（踏ん張りが効くもの）を選んだ可能性が大きい。レフェリーはジョージ土門で、サブレフェリーにはカール・ゴッチの娘婿、ミスター空中が付いた。

1ラウンド開始のゴングと同時に奇襲攻撃を仕掛けたデイトンは、2ラウンドには怪力で猪木をトップロープ越しに「ヒョイ」という感じで放り投げるシーンも見せ、観客席から「ホーッ」という歓声も起こさせた。カンフーで鍛えた（?）パンチ、キックも一応サマになっており、ミスターXが早々に露呈してしまった「ボロ」は一切、見せることなく優勢に試合を進めていった。2ラウンド終了間際にはデイトンに馬乗りになった猪木がスリーパーの体勢に入ったが、デイトンはグッと肩に力を入れると、ヒジを使って猪木を振り払うようにエスケープ。「俺を絞め落としたら1万

4・3福岡の異種格闘技戦においてデイトンは持ち前の怪力、パンチ、キックで善戦。猪木はプロレス技のヘッドバット乱打、バックドロップ連発でデイトンを黙らせた

ドル」の公約が大言壮語でなかったことを証明して、猪木を呆然とさせた。3ラウンドに入ると猪木はアリキックでデイトンをグラつかせ、背後に回って電光石火のバックドロップ。肩で受け身を取ったデイトンのダメージはそれほどでもなく、逆に猪木の左アゴめがけてストレートをヒットさせて逆襲に出た。デイトンはオープン・フィンガー・グローブを着用しており、それを利用してのチョーク攻撃はプロレスラー顔負けの迫力を出していた。3ラウンドまでは、「この男、結構やるな！」と思わせ、テレビが生中継だっただけに、「ひょっとしたら」も感じさせていた。ラウンドが終わるたびに、ニュートラル・コーナーの鉄柱下で見ていた新間がリングに駆け上がり、ジョージ土門と会話を交わす（「土門さん、こいつ結構やりますな？」という感じ）。

デイトンを下し防衛に成功した格闘技世界ヘビー級ベルトを腰に巻いて勝ち名乗りをあげる猪木（4・3福岡）

「そろそろ本気を見せてやるか」とばかり、4ラウンド目から猪木が「キラー」の本性を剥き出していった。不用意に組みにきたデイトンの髪の毛を掴んだ猪木は、「ガーン！」という感じでデイトンの額にヘッドバットを叩き付けた。思わぬ攻撃に腰から砕けるデイトン。さらに引きずり起こして3発の追い打ちをかけると、デイトンの額は大きく割れて流血となり、ここで戦意が極端に失せていった。猪木は1974年10月10日、大木金太郎のヘッドバットを耐えてバックドロップで逆転勝ちした試合後の控室で、「俺は、実は頭が固い。大木さんほどではないが、やろうと思えば武器になるくらいの固さだ」とカミングアウトしていたが、実戦で連発したのはこのデイトン戦が初めてだった。5ラウンドに入っても猪木のヘッドバットは続き、なんと11連発。デイトンは泣きそうな顔をしながら後退を繰り返すばかりで、決死のパンチも空を切る。5ラウンド終了時点で合計32発。やっている猪木のほうにも相当のダメージは残っただろう。6ラウンドに入ると猪木は再びヘッドバットの4連発。そのあとはデイトンの左の懐に飛び込んで、バックドロップで大きく投げた。首が強いとはいえ、受け身を熟知しているわけではない。なんとか立ち上がったところに2発目のバックドロップが放たれた瞬間、デイトンのコーナーからタオルが投入されて1分29秒、猪木のTKO勝ちに終わった。

試合後、リング上のインタビューでは余裕の笑みが見られると思っていたが、意外にも猪木は怒りを爆発させた。「あの野郎、体じゅうに油を塗っているから、全く掴めない。こういう汚いことをされるとは思っていなかったから、頭にきましたよ。1ラウンドに、あいつの蹴りを捌いたとき、左手の親指を突き指してしまって力が入らなかった。焦りましたが、ヘッドバット一発であいつの額から血が出たので、ここはチャンスだと思って連発した。首絞めが効かないといっても、ヘッドバットは防げないでしょう。思ったよりも強敵だったが、スタミナはなかったですね」

翌日は東京スポーツのみならず、朝刊の『デイリースポーツ』も一面で報道したが、試合後の猪木コメントとして「28歳と聞いたとき、若い挑戦者は嫌だな、と思った。今回は急に決まった格闘技戦ということで、今日、会場に入って藤原にグローブをつけさせて目を馴れさせるまで、全くスパーリングをやる時間もなかった。本当は頭突きなんかで勝ちたくはなかったが、俺も恰好つけていられない」という「本音」を載せているのが興味深い。「その気」になれば、1ラウンド開始と同時にアリキックでダウンを奪い、アキレス腱固めか逆片エビ固めで楽勝できた相手だったかもしれないが、猪木は最後までデイトンの「強靭な首」に拘った。「首を攻めて勝つ。そうでなければ意味がない」。新聞マネージャーが設定した「テーマ」を、猪木があらかじめインプットされていたわけはない。新聞に大きく掲載された京王プラザホテルにおける「首吊り」の写真を見ながら決断したものだったろうが、まさに「阿吽《あうん》の呼吸」である。NWF戦とは差別化した「格闘技世界ヘビー級王者」ならではの見事なフィニッシュは、まさしく猪木・新聞コンビの生んだ最高のコラボレーションの結晶だった。

第2回MSGシリーズ
レスラー仲間に衝撃を与えた、ブリスコ戦後の「札束バラまき」

4月27日（横浜文化体育館）から6月7日（蔵前国技館）の期間に38興行が開催され、アンドレ・ザ・ジャイアント（5月18日から最終戦まで）、ジャック・ブリスコ（開幕戦から5月10日まで）、スタン・ハンセン、ラリー・ズビスコ、トニー・ガレア、ピーター・メイビア、ビクター・リベラ、エル・カネック、チャボ・ゲレロ、エル・ソリタリオ（5月10日〜16日）、フレッド・ブラッシー（マネージャー）の11人が招聘された。

猪木はシリーズ前にニューヨーク地区とメキシコに遠征し、2度のNWF王座防衛戦をこなしていた（4月17日にペンシルベニア州アレンタウンでニコリ・ボルコフ、22日にメキシコシティでカネックを破り連続防衛）。帰国早々のシリーズ突入はコンディション調整的に厳しいものがあり、シリーズ前半（5月10日まで）は全てタッグマッチ、6人タッグマッチで体調を徐々に整えていく

（腹心の坂口に、シングルを組まないよう指示していたのだろう）。5月10日、ジャック・ブリスコとのNWF防衛戦（福岡スポーツセンター）を、私は「久しぶりにNWA保守本流の大物を挑戦者に迎えた」という点で大いに注目した。「久しぶりに」と言うより、「新日本旗揚げ以来はじめて」と書いてもいい。それまでドリー・ファンク・ジュニア、ハーリー・レイス、テリー・ファンク、ディック・マードック等のビッグネームが全て全日本に独占されていたので、「猪木はようやく一人、獲得できたな」というのが本音だった。

日本プロレス時代の好敵手にして、元NWA世界ヘビー級王者のブリスコにNWFヘビー級王座防衛戦で勝利（5・10福岡）

ブリスコは当時38歳。NWA世界ヘビー級王座から降りて3年半が経過しており、ややピークを過ぎた感はあったが、実力的にはまだまだ超一流レベルをキープしていた。ブリスコは必殺の足4の字固めを狙って試合前半から猪木の左脚に攻撃を集中。猪木は単発的にスープレックスを放ちペースを変えようとしたが成功せず、ワンチャンスを狙う作戦にギアチェンジ。16分過ぎ、ブリスコが得意のレッグブリーカーから足4の字固めにきた一瞬のタイミングを捉えて自分の左脚をブリスコの首に巻きつけ、鮮やかなエビ固めでスリーカウントを奪取した（16分49秒）。

この試合はブリスコの提案により1万ドル（当時のレートで約2００万円）が賭けられており、勝者・猪木にはリング上で「1０００円札の束で約2０００枚」が手渡された。なんと、猪木はそ

（上）ブリスコに勝利後、試合に賭けられた200万円分の札束を猪木は客席にバラまいた。観客の頭上に1000円札が舞い落ちる

の札束を「ムンズ」と掴んで、それをリング上で放り投げたのだから「パニック」なんてものではない。慌ててエプロンにいた若手やリング上の新間マネージャー、倍賞鉄夫リングアナらが1000円札を必死に掻き集めたが、時すでに遅し。翌日の『デイリースポーツ』1面によると、既に60万円分の1000円札が、リングサイドに群がったファンの手に渡ってしまっていたという。

私は1999年にスタン・ハンセンの自伝を翻訳したが（双葉社から発売された『魂のラリアット』）、その原文の中で、ハンセン（通路の奥からこの光景を見ていた）がこのように書いている。「イノキがリング上で札束をスキャッター（拡散する）シーンを見て、信じられない思いだった。団体のリーダーである彼が、なぜ、あのような馬鹿げた行動に出られたのだろうか？　ニュージャパンにいた時代に、イノキに対する信頼が一気に崩れたとすれば、あのときだった。2年後にオールジャパンに移る直接の理由だったとは言えないが、動機、契機はあれだったと思う」

奇しくも、2004年にアメリカで自伝（Crowbar Press刊『Brisco』）を出したブリスコも、日本での思い出の章で、ハンセンと全く同じニュアンスの文章を書いている。この「バラ撒き」については、「猪木さんらしい」、「60万円で伝説を作ったんだから、猪木さんにしたら安い投資だった」というふうに語り継がれている部分もある。しかし、何でもかんでも猪木さんがやったことを肯定する気にはなれない。あれはハンセン、ブリスコのみならず、自分の抱えていたレスラー、関係者、スタッフ一同に莫大なる不信感を与えた「経営者として最悪の衝動的なミステーク」だったと思う。

一方、猪木はMSGシリーズ公式リーグ戦では長州力に卍固め（5月29日、福島・郡山）、藤波に不戦勝（6月1日、香川・高松）、坂口に卍固め（6月6日）と無難に勝利ポイントを重ねて6

月7日（蔵前国技館）の決勝に進出。もう一人の大本命だったアンドレが、坂口相手に両者リングアウトで失点する間隙をつき、「あれよあれよ」という間に決勝に出てきたハンセンとの間で優勝決定戦が行われ、9分3秒に体固め（コーナーポスト最上段からのフライング・ボディシザース）で快勝し連続優勝を果たした。内容的には乏しい決勝戦だったが、セミファイナルのWWFジュニア戦（藤波対カネック）が壮絶な好勝負だったことに救われた感があり、会場にいた私は「藤波とカネックの試合が実質的にはメインだったな」と感じざるを得なかった。

6月14日、東京プリンスホテル「紅梅の間」で猪木（新日本プロレス社長）、馬場（全日本プロレス社長）、吉原功（国際プロレス社長）、東京スポーツ新聞社（本山社長、高橋局長）の4社によっ

（上）第2回 MSGシリーズ決勝リーグで長州とシングル対決し、前年に続き連勝（5・29福島・郡山）（下）第2回 MSGシリーズ決勝リーグで坂口に卍固めで勝利（6・6愛知）

て共同記者会見が行われ、8月26日に3団体が出場する「夢のオールスター戦」の開催が発表となった。これは東京スポーツ新聞社（1960年4月1日創刊）の創立20周年記念事業として行われるもので、席上では、まだカードや参加レスラーの具体的な概要は発表になっていない。ここから8月26日当日まで、日本のプロレスファンの話題はこれ一色となり、私も早速、翌週の前売り開始と同時に2階席の切符（1万5000円席）を購入した。毎日夕方に発売される東京スポーツには「8・26最新情報」が毎日更新されるようになったから堪らない。私にとっては大学4年の夏休みで、慣れない背広姿で就職活動（会社訪問）をしながら駅の売店で東京スポーツを手にする時間が、1日の中で最高のリフレッシュメント・タイムだった。

第2回 MSGシリーズ優勝戦でハンセンをコーナー最上段からのフライング・ボディシザースで押さえ込み2連覇達成（6・7蔵前）

サマー・ファイト・シリーズ

究極の「一夜の夢」～BIコンビ復活

6月29日（埼玉・大宮スケートセンター）から8月2日（品川プ

6月14日、全日本の馬場、国際の吉原社長と共に会見を開き、3団体参加の「夢のオールスター戦」（8・26武道館）の開催を発表

リンスホテルゴールドホール）までの期間に33興行が開催され、タイガー・ジェット・シン（最終戦のみ）、シーン・リーガン（7月21日から最終戦まで）、クレージー・レロイ・ブラウン、ウィリエム・ルスカ、ジョージ・スチール、ウルトラマン、トニー・ロコの7選手が招聘された。当初は最終戦の品川でローランド・ボックが猪木のNWFに初挑戦する注目の大一番が発表されていたが、試合前日に「ボックは交通事故に遭遇したため来日不能、代打はシン」という発表がなされた。前売り券を購入していた私はガッカリ、「またシンかよ」という気持ちにさせられたが、前述したように8月26

日のオールスター戦の切符も買ってあったので「楽しみは26日に取っておこう」と気を取り直した（シンとのNWF戦は猪木が額を大きく叩き割られて大流血となり、17分59秒で無効試合。連続防衛記録は22のまま）。

そのあと猪木は8月10日にロサンゼルス（オリンピック・オーデトリアム）でシンと両者リングアウト、17日にカナダ、カルガリーでスタン・ハンセンを体固めに下し、NWFの防衛記録を24まで伸ばした。ロサンゼルス経由で22日に帰国した猪木は、体調を整える間もなく26日の日本武道館決戦に出陣。メインエベントで馬場と8年ぶりに「BIコンビ」を復活させ、アブドーラ・ザ・ブッチャー（当時、全日本の外国人エース）、シンの凶悪コンビと対戦し、最後は13

「夢のオールスター戦」で馬場&猪木はブッチャー&シンの凶悪コンビを撃退（8・26武道館）

日本プロレスで袂を分かって以来8年ぶりに実現した「BIコンビ」だったが、試合後、猪木が馬場に対戦を迫ったため、再び冷戦状態となった両者が同じリングに立ちことは2度となかった（8・26武道館）

分13秒、シンのブレーンバスターを空中で切り返して鮮やかな逆さ押さえ込みでスリーカウントを奪取、伝説の興行の掉尾を飾った。この日は日曜日だったので地方からも多くのファンが〝密航〟していた。私は興行の余韻を味わうために（最寄りの九段下駅ではなく）総武線の市ヶ谷駅まで歩いて帰ったが、その帰途に耳に入った「関西弁のイントネーションによる〝猪木絶賛〟」が、44年経った今でも脳裏（耳裏？）に残っている。猪木はリング上でマイクを握り馬場に対戦を迫り、馬場も一応これに応じたが、この日以降、両者の対決ムードが盛り上がることはなかった。まさにワンナイト・スタンド、これに勝る「真夏の夜の夢」に巡り会ったことはない。

ブラディ・ファイト・シリーズ

シン戦でオイルまみれになったあと、韓国でブーイングを浴びる

8月28日（三重・松阪市スポーツセンター）から10月4日（蔵前国技館）までの期間に36興行が開催され、タイガー・ジェット・シン、マスクド・スーパースター、ジェリー・ブラウン、バディ・ロバーツ、ガマ・シン、ジョー・ロッシの6選手が招聘された。猪木は最終戦の蔵前でシンの挑戦を受けてNWF王座防衛戦を行い（両者の体にオイルを塗り、掴みにくい状態で戦うインディアン・デスマッチ・ルール）、20分22秒に無効試合（防衛記録は24のまま）。NWFを賭けてシンと対戦するのはこの年4回目とあってマンネリ感は如何ともしがたく、試合中にレフェリーが猪木、シンにオイルをふりかけ「ヌルヌル・ボディにする」という行為も改めて見ると意味不明で白けた。「猪

10・4蔵前でシンとインディアン・デスマッチを敢行。写真はセコンドの前田日明らによって全身にオイルを塗りたくられる猪木

木の10月・蔵前」は名勝負が恒例だったが、この年は残念ながらハズレだった。

シンと対戦した翌日の10月5日、猪木は韓国に移動。ソウルの奨忠体育館でウィリエム・ルスカを相手に「格闘技世界一決定戦」を行い、15分6秒に弓矢固めでギブアップを奪い快勝した。この試合は10月19日に「ワールドプロレスリング」枠で録画中継されたが、オリンピック金メダリストだったルスカ人気が韓国では異常に高く、猪木に（韓国風の）ブーイングが飛ぶシーンが多かったのは意外だった。3年前のパク・ソン戦（NWF戦）、4年前の大木金太郎戦（インターナショナル戦）に比べると客席に空席が目立ち、韓国のプロレス人気が下降線にあることを印象付けた。猪木の韓国遠征にテレビ朝日が同行したのもこれが最後となる。

10・5韓国、ソウルでルスカと通算3度目の異種格闘技戦（弓矢固めで3連勝）

闘魂シリーズ

達成感なきWWFヘビー級王座奪取

10月26日（後楽園ホール）から12月6日（蔵前国技館）の期間に35興行が開催され、ボブ・バックランド（11月30日から最終戦まで）、ダスティ・ローデス（前半戦特別参加）、パット・パターソン（前半戦特別参加）、タイガー・ジェット・シン（後半戦特別参加）、ジョニー・パワーズ（後半戦特別参加）、ペドロ・モラレス、ニコリ・ボルコフ、グレッグ・バレンタインの8選手が招聘された。猪木は11月1日の札幌中島スポーツセンターでローデスに反則勝ち、12月4日の大阪府立体育館でモラレスに勝ってNWF王座を連続防衛し、防衛記録を26に伸ばしたほか、11月30日には徳島市立体育館でバックランドを破りWWFヘビー級王座の奪取に成功（28分16秒）。試合の最後にシンの乱入（その隙に猪木がバックランドをバックドロップで投げてフォール）があったことで「グダグダ感」は拭えず、「日本人初のWWF王座奪取」ではあったとはいえ、感激は極めて薄いものになった。翌週の12月6日、蔵前でリターンマッチが行われ、またしてもシンの乱入によって同様のグダグダが繰り返された結果、27分19秒に無効試合。猪木もおそらく「もう、やってらんねえ。WWFベルトなんていらねえ」と思ったに違いなく、試合後にタイトルを返上した。

11・30徳島でバックランドのWWFヘビー級王座に挑戦し、バックドロップで勝利

猪木はバックランドに勝利し日本人初のWWFヘビー級王者となったが、シンの乱入によるドサクサにまぎれての王座奪取劇だったため、もろ手を挙げての祝福ムードとはならず（11・30徳島）

私の評価では、前年（1978年）のバックランド戦（6月、7月、12月）の満足度を100とすれば、この年末の2連戦はせいぜい70程度で、仮にシンの乱入がなくても「名勝負」にはなっていなかったと思う。当時は「猪木は夏から異常な過密日程だったから、仕方がない」と同情的な見方をしていたが、今改めてこの徳島WWF戦をビデオで見返すと、猪木に往年の「無尽蔵のスタミナ感」が

WWF王者として、挑戦者バックランドとのリターンマッチに登場（12・6蔵前）。この試合で王座防衛に成功したものの、またもやシンの乱入による無効試合という結果に納得のいかない猪木はベルトを返上

全く感じられず、明らかにバックランドにコンディション負けしている。猪木が蔵前の試合後にWWF王座を返上したのは、そのあたりを自ら悟っての行動だったかもしれない。

　このあと猪木は12月13日に京都府立体育館でキム・クロケイド（カルガリー地区でカラテ・キッドを名乗り活躍していた中堅レスラー）と格闘技世界一決定戦（格闘技世界ヘビー級選手権）を行い、3ラウンド58秒にギロチン・ドロップでKO勝ち。17日にはニューヨークに遠征し、MSGでグレート・ハッサン・アラブ（アイアン・シーク）の挑戦を受けてNWF戦。14分59秒に延髄斬りからの体固めで破り27度目の王座防衛に成功したが、さすがに強行日程のせいか疲労困憊の極致といった感じで精彩を欠いた。この

12・13京都でカラテ経験のある現職警察官、クロケイドに異種格闘技戦で快勝

アラブ戦は翌1980年元日にテレビ朝日の正月特番で録画中継されたが、試合後に控室に戻る途中のバックステージでインタビューを受けた猪木が（ゼイゼイと）荒い息を吐きながら「もうとにかく、館内の空気が乾燥しきっていて、呼吸が苦しくて大変でした」と中腰で語るシーンは、悲壮な印象さえ受けたものだった。

こうしてアントニオ猪木の「栄光の1970年代」は終わった。年齢でいうと26歳から36歳。もちろん、1960年代も若さで押しまくった躍進の10年だったが、やはりプロレスラーとして最も輝いていたのは1970年代だったと思う。

1980年（昭和55年）

波乱万丈の猪木にとっては珍しい「凪《なぎ》」の1年

新春黄金シリーズ

猪木からスリーカウントを奪うことに執着したハンセン

1月4日（後楽園ホール）から2月8日（東京体育館）までの期間に31興行が開催され、スタン・ハンセン、ロッキー・ジョンソン、スチーブ・カーン、ダイナマイト・キッド、スキップ・ヤング、バッドニュース・アレン、ウィリエム・ルスカの7人が招聘された。

猪木はシリーズ最終戦の2月8日（金曜日＝テレビ生中継）、東京体育館でハンセンの挑戦を受けてNWFヘビー級王座の防衛戦を行ったが、私はこの日の早朝からガイジン勢の宿舎、新宿の京王プラザホテルにいた。何日か前にヒロ・マツダ（フロリダからNWAの大物プロモーター、エディ・グラハムの付き添い的な役割で来日中）とのインタビューのアポイントを取ってあったためだが、そのインタビューを終えてフロントに戻ったところ、ハンセンの姿を見かけた。「ダメもと」でインタビューを申し込んだところ、意外にも即答でOKが出た。自分の部屋に私を招き入れて、第一声、「聞いてくれよ。俺はきのう、サッポロの刑務所にいたんだよ（アイ・ワズ・イン・ジェイル）。客の一人が椅子を投げたから突き飛ばしただけなのに、警察が来て投獄された。冗談じゃないよ、俺は正当防衛をやっただけだよ。今夜のタイトルマッチに備えてグッスリ眠るつもりが、一睡もできなかった」と一気にまくしたてた。

この「札幌逮捕事件」は、のちに被害者がハンセンとの間で和解を成立させ、以降はハンセンと大の親友になってスポンサー的な存在になったそうだが、この時は「もう日本人なんて誰も信じられない」とでも言いたげな不信感に満ち、ハンセンの「愚痴の聞き役」に回ることが私の役割だった。一通り事件についての話が終わり、少し落ち着いたところで「ところで、今夜のタイトルマッチについてですが」と話題を変えたところ、ここでもハンセンは即答、こう言った。「俺は今まで、イノキからスリーカウントを一度も取ったことはない。ワン、ツー、スリー。今夜、それを達成したいんだ」。ノンタイトルの試合で何度もラリアットをクリーンヒットさせ、失神状態に追い込んだことはあったが、確かにハンセンが猪木からスリーカウントを奪ったことは一度もなかった。NWFタイトルそのものよりも「スリーカウント」に拘泥するハンセンを見ながら「さすが、新日本でトップを目指すガイジンだ。これくらいの執念がないと、単発の来日で終わるのだろうな」と感心させられた。

このあと午後にはスチーブ・カーン（セミで藤波辰巳のNWAインターナショナル・ジュニア王座に挑戦。左手の中指を骨折していて、中指が紫色に腫れあがっていた）にもインタビューできたので、その夜の東京体育館はハンセンとカーンに感情移入してしまい「アンチ猪木&藤波」的な気分で2大タイトルマッチを見守った。

結果、カーンは藤波にストレートで完敗し王座奪取は成らなかったが、ハンセンはエプロンで棒立ちになっていた猪木の側頭部に横殴りのラリアットを叩きつけて、17分12秒、リングアウト勝ちでNWF王座を奪取した（猪木は28度目の防衛に失敗）。ホテルで口にしたスリーカウントこそ達

（上）エプロンでハンセンのラリアットを浴びてリングアウト負けを喫し、NWF王座から転落（2・8東京体育館）（下）ハンセンはシンに次いで、「猪木からNWFを奪った男」になった（2・8東京体育館）

成できなかったが内容的にも堂々たる勝利で、この19日後（2月27日）に極真空手のウィリー・ウィリアムスを迎えて格闘技世界一決定戦が決まっていた猪木陣営には暗雲が垂れこめた。

このあともハンセンは新日本のトップとして翌年（1981年）の12月まで活躍したが、結局、猪木からのスリーカウント、ギブアップは一度も奪っていない。猪木からすれば「あいつにだけは、絶対にピンフォールを取らせない」という意地を剥き出しにした結果だったのだろうが、穿った見方をすると、「将来、あいつは馬場さんのところに移るんじゃないかな？」という予感と共に、「まあいいさ。あいつは、俺からは一回もスリーカウントを取ったことがないじゃないか」という「捨て台詞」を用意していたのかもしれない。いずれにせよ、この日からハンセンはシンを超え、完全に「新日本のガイジン・エース」の座に踊り出た。

格闘技世界一決定戦

異様すぎたウィリーとの「最後の異種格闘技戦」

猪木と極真空手家の〝熊殺し〟ウィリー・ウィリアムスは、前年（1979年）の8月27日（夢のオールスター戦の翌日）に京王プラザホテルで顔合わせ行い、「来年早々に実現」というニュアンスで対戦発表そのものは行われていた。その会見をアレンジしたのは『巨人の星』『あしたのジョー』『タイガーマスク』『空手バカ一代』など数々の名作を生み出した劇画作家の梶原一騎と黒崎健時（日本格闘技連盟副会長）で（2人とも会見に列席）、主役であるべき猪木は「頼まれて座っ

前年8月27日に行われた猪木vsウィリーの会見。極真会館の顧問を務めていた劇画作家・梶原一騎、黒崎健時両氏の立ち合いのもと、対戦構想が明かされた

ていただけ」という感じだった。猪木はウィリーと握手し、カメラマン用の「対決を煽るための絵作り」には応じたものの、なんとなく乗り気でないことは表情から明らかだった。正式に日時が発表されたのは年が明けた1月14日で、新間本部長と黒崎氏が青山の新日本事務所で会見。猪木はその発表を受けて東京スポーツの単独会見に応じ、そこで「格闘技戦は一区切り、これを最後にする」と重大なコメントを残している。

1976年2月6日のルスカ戦から始めた「格闘技世界一決定戦」に4年の歳月を費やし、猪木の中で「使命を終えた」という実感が湧いてきたのだろう。モハメッド・アリとの再戦はアリ自身が世界チャンピオンのまま引退したことで実現不可能となり（のちにカムバックしたが）、目標を失ったことが一番大きな原因だったかもしれない。いずれにせよウィリーとの対決については、猪木には終始「やらされている感」がつきまとっていた印象がある。間もなく37歳を迎える猪木に、28歳のウィリー（1951年4月14日生まれ、201センチ、130キロ）の若さ、体力を警戒する気持ち、「正直やりたくないな」的な気持ちも、当然あったに違いない。

当日（2月27日）は午後から大雨だった。私は蔵前の2階席の指定券を前売りで購入して早々と会場に向かったが、既に入り口は極真会館の黒いジャンパーを着た多くの門下生が集合しており、異常な物々しさだった。警備員に「所持品を見せてください」と言われて、パンフレットを入れるために用意していた紙袋の中身を出したが、プロレス会場に入る前に「身体検査」をやられたのは、あの日が初めてだったと思う（アリ戦の時もなかった）。

テレビ朝日の「水曜スペシャル」で夜7時半からの生中継だったために時間調整タイムが長く、7時10分頃に倍賞鉄夫リングアナが「プログラムに記載してあります星野勘太郎、山本小鉄対エル・グレコ、エル・セルヒヨのタッグマッチは、メインエベントのあとに行います」とアナウンスしたときに、観客席からドッと笑い声が起きた。あれは「メキシコのオネエ系コンビ」（これが初来日）がトリを取ることで、大一番を迎える緊張感が弛緩されたからだろう。このタッグマッチは猪木・ウィリーが早く終わったために8時45分くらいから始まったが、ヤマハ・ブラザーズが最初から喧嘩腰で殴る、蹴るの乱闘を仕掛け、わずか3分24秒でメキシコ・コンビが反則勝ち。猪木・ウィリー戦の消化不良を見事に「中和」している。私の中では、あれこそ「日本プロレス史上、最高の〝逆取り〟」だ。

2・27蔵前で極真空手の"熊殺し"ウィリーと対戦。新日本陣営、極真陣営の双方がにらみ合う一触即発ムードの中、ウィリーのパンチ、キックに応戦

猪木対ウィリーは、ウィリーとの戦いというよりは、極真空手陣営との戦いという様相を呈した。とくに極真陣営が殺気立ち、「何かあったらタダでは終わらない」という一触即発の異様なムードが館内に充満していた。猪木とウィリーの体格差は数字ほど感じなかったが、とにかくウィリーは脚が長い。第1ラウンドから回し蹴り、横蹴りを連発して猪木のタックルを阻止し、グラウンドに持ち込まれる隙を与えない。第2ラウンドに両者はエプロンで攻防がもつれて場外に転落し、そのまま両者リングアウトの裁定が下されたが、ここで立会人の梶原一騎がリングに上がり、マイクで「この一戦は、こんなことで終わる試合ではありません！　私の権限で続行します」と越権行為のアピール。当然、場内は沸いたが、私は正直「続行しなくていいじゃん。もう終わってもいい」と思った。リング

サイドに何十人も取り囲んでいた極真陣営の雰囲気が異常で、「猪木が勝ったら、生きて帰さない」という決意が明らかに見えたからだ。これは私がプロレスファンだったから持った感情だったが、余りにも試合の雰囲気が暗くてネガティブな気持ちを持ったことが大きい。もちろん「猪木が負けるのが怖い」という弱気もあったのだが、プロレスファンという立場からすると、あの夜に関してはリングサイドの極真会館門下生に「嫌悪感」を感じたというのが本音だった。

(上) 猪木とウィリーは2Rに一度は両者リングアウトになったものの試合続行となり、4Rにまたも場外転落。極真陣営が介入し、猪木陣営と乱闘に。両者のダメージを鑑み、これ以上の試合続行は危険と判断して両者ドクターストップの裁定が下った(2・27蔵前) (下) 場外でついに極真勢が乱入し猪木に攻撃を加えたため、猪木は左ワキ腹を押さえるという痛々しい姿でウィリー戦を終えた(2・27蔵前)

試合が再開されたあとは、3ラウンドに猪木が豪快な腰投げでウィリーを投げ、腕ひしぎ十字の態勢に入ったが、ウィリーが猪木の額めがけて足の甲を叩きつけるキックでエスケープというスリリングな攻防が見られた。第4ラウンドは再度場外にもつれて（というより、猪木が意図的に場外に戦場を求めた）、場外の安全マットの上で腕ひしぎ十字固めの態勢に入ったが、極真側の一人が猪木の頭部をキックしてこれをリリース。結局は1分24秒、両者ドクターストップという引き分け裁定に終わった。猪木はウィリーのヒザ蹴りで痛めたアバラを押さえてロープに腰をかがめ、苦しそうな表情を見せていたが、ウィリーも腕ひしぎのダメージで右腕を押さえ苦悶。誰の目から見ても「引き分けが妥当」という結末で、再戦を求める声は起こらなかった。猪木とウィリーが控室に戻ってから約5分後、星野、山本がメキシコのオネエ系コンビをコテンパンに叩きのめす試合が始まったときには、観客の半分くらいは席を立ってしまっていた。ウィリーと極真を支持する空手ファンが、客席の半分くらいを占めていたのかもしれない。

ビッグ・ファイト・シリーズ

シングルマッチの試合時間「20分の壁」

2月29日（後楽園ホール）から4月4日（川崎市体育館）までの期間に29興行が開催され、スタン・ハンセン（後半戦特別参加）、マイク・グラハム（後半戦特別参加）、アイアン・シーク、スーパー・デストロイヤー（正体はドン・ジャーディン）、バッドニュース・アレン、エル・グレコ、エル・セルヒヨ、ベビー・フェイス、アーマンド・ゲレロ、アンヘル・ブランコの10選手が招聘された。

ウィリー戦でアバラを痛めた猪木は開幕戦（後楽園）を欠場したが、2戦目からは出場。4月3日に蔵前国技館でハンセンのNWFに挑戦（2月8日のリターンマッチ）し、12分55秒にブレーンバスターからの体固めで王座奪還に成功している。

ウィリー戦の疲労、ダメージから十分に回復していないような印象があり、シングルマッチにおける試合時間も滅多に20分を超えることがなくなっていた。もちろん「試合時間が長ければよい」というものではないが、1968年1月から欠かさず猪木を見てきた私にとっては、体力、スタミナの衰えを（寂しいが）現実として受け止めざるを得ない時期にきていた。

この3日後（4月6日＝日曜日）、新日本プロレスと全日本プロレスは所沢の西武球場で対抗野球試合を行っている。これは東京スポーツ新聞社が主催するチャリティ企画だったが、猪木と馬場も試合に出場し、22対5で新日本が圧勝。「猪木と馬場の対戦を望むムード」が全く消えていたことを証明する行事として強く記憶に残っている。「馬場さん、逃げるな！」と挑戦モードを保っていた1974年から1977年くらいまでだったら、いくらお遊びの草野球とはいえ、猪木がこのような「全日本との懇親企画」に賛同することは絶対になかっただろう。個人的には、かなりショッキングな出来事だった。

このあと猪木は4月13日、メキシコのエル・トレオでタイガー・ジェット・シンの保持するUWA世界ヘビー級王座に挑戦し、2対1で勝って新王者となった（3本目は反則勝ちだったが、UW

（上）4・6所沢・西武球場で新日本 vs 全日本のソフトボール大会（「プロレス・オールスター野球大会」）が行われた。猪木は投打で大活躍し最優秀選手賞に輝いた　（下右）猪木と鶴田（全日本）のツーショット。リング上では絶対に見られない光景（4・6西武球場）　（下左）猪木、長州の師弟は共にホームランを放ち試合に貢献（4・6西武球場）

（上）元読売巨人軍投手の馬場も登板。新日本勢を相手に力投（4・6西武球場）　（下）ソフトボールでの団体対抗戦は22対5で新日本の圧勝。リング外での夢のオールスター戦だった（4・6西武球場）

Ａルールでは反則でも王座は移動）。16日にはフロリダのマイアミビーチ・コンベンション・センターでバックランドのＷＷＦヘビー級王座に挑戦し反則負け（バックランドをトップロープ越しに投げたため、ローカル・ルールに抵触）となったが、ＮＷＦに加えてＵＷＡという権威あるシングルを獲得、「三冠王」となって新たな重責を担うこととなった（ＷＷＦ認定の格闘技世界ヘビー級王者としての肩書は存続したが、ウィリー戦が最後になったため、事実上封印）。

第3回MSGシリーズ

全日本を圧倒する超豪華外国人勢の中で、専らハンセンと闘争

4月25日（後楽園ホール）から6月5日（蔵前国技館）までの期間に37興行が開催され、ボブ・バックランド、アンドレ・ザ・ジャイアント、ダスティ・ローデス、ハルク・ホーガン（以上4選手は後半戦特別参加）、スタン・ハンセン、チャボ・ゲレロ、ジョニー・パワーズ、ティト・サンタナ、バッドニュース・アレン、スチーブ・トラビス、ウィリエム・ルスカ、フレッド・ブラッシー（ホーガンのマネージャー）の12人が招聘された。

スタン・ハンセンが自伝の中で、「１９８０年の春、ニュージャパンのツアーに呼ばれたアメリカのレスラーはトップクラスばかりで、毎日、バスに乗るたびに〝こんなギャラの高いレスラーを、よくも一度に呼べるものだなあ〟と感心していたものだった」と書いている。確かにその通りで、新日本がマクマホン・シニアのＷＷＦと提携していた１９７４年から１９８４年にかけてのシリー

4月にハンセンからNWF王座を取り戻した猪木は5・9福岡でハンセンを下し王座初防衛

ズで、質・量とも全日本（の同じ時期のシリーズ）を完全に上回ったのは、この1980年だったと思う。「新日本のガイジンは弱い」と言われていた時代は遠い過去の話となり、このあたりから毎シリーズ、全日本と全く遜色ないメンバーが揃えられていく。

猪木はシリーズ中の5月9日、福岡スポーツセンターでハンセンの挑戦を受けてNWF王座の初防衛戦。かつてNWF王座の初防衛戦は2回（パワーズから奪取後の1974年のストロング小林と、シンから奪回後の1975年のルー・テーズ）あったが、3度目のこの福岡に関していうと、シリーズ中盤を盛り上げるため単に「なし崩し的」に組まれた感じで、タイトルの権威を貶めた印象があった。試合内容も淡泊で、猪木がハンセンの攻撃を一方的に受けて見せ場を作れないまま、ハンセンの暴走に助けられた形で17分30

第3回 MSGシリーズはハンセンを破った猪木が3連覇を達成（6･5蔵前）

秒にアッサリと反則勝ち。

そもそも、王座奪還から1カ月しか経過していない段階で同じ相手（ハンセン）を挑戦者にセレクトしたことに問題があるとは思ったが、猪木自身の中で「NWF王座へのこだわり」がシュリンクしていったことを痛感させられ、寂しい思いがした。

MSGシリーズ決勝戦は前年に引き続き猪木とハンセンの顔合わせとなり、ホーガンが（ハンセンの）ブルロープを持ち込んで乱入しハンセンに加勢したため、猪木が7分49秒に反則勝ちで優勝した（3連覇）。私も会場にいたが余りにも無味乾燥の試合にガッカリで、セミファイナルに組まれたバックランドと藤波の好試合（ノンタイトル、12分3秒でバックランドが回転足折り固めで勝利）がなかったら、それこそ館内が「暴動騒ぎ」になっていたかもしれない雰囲気だった。

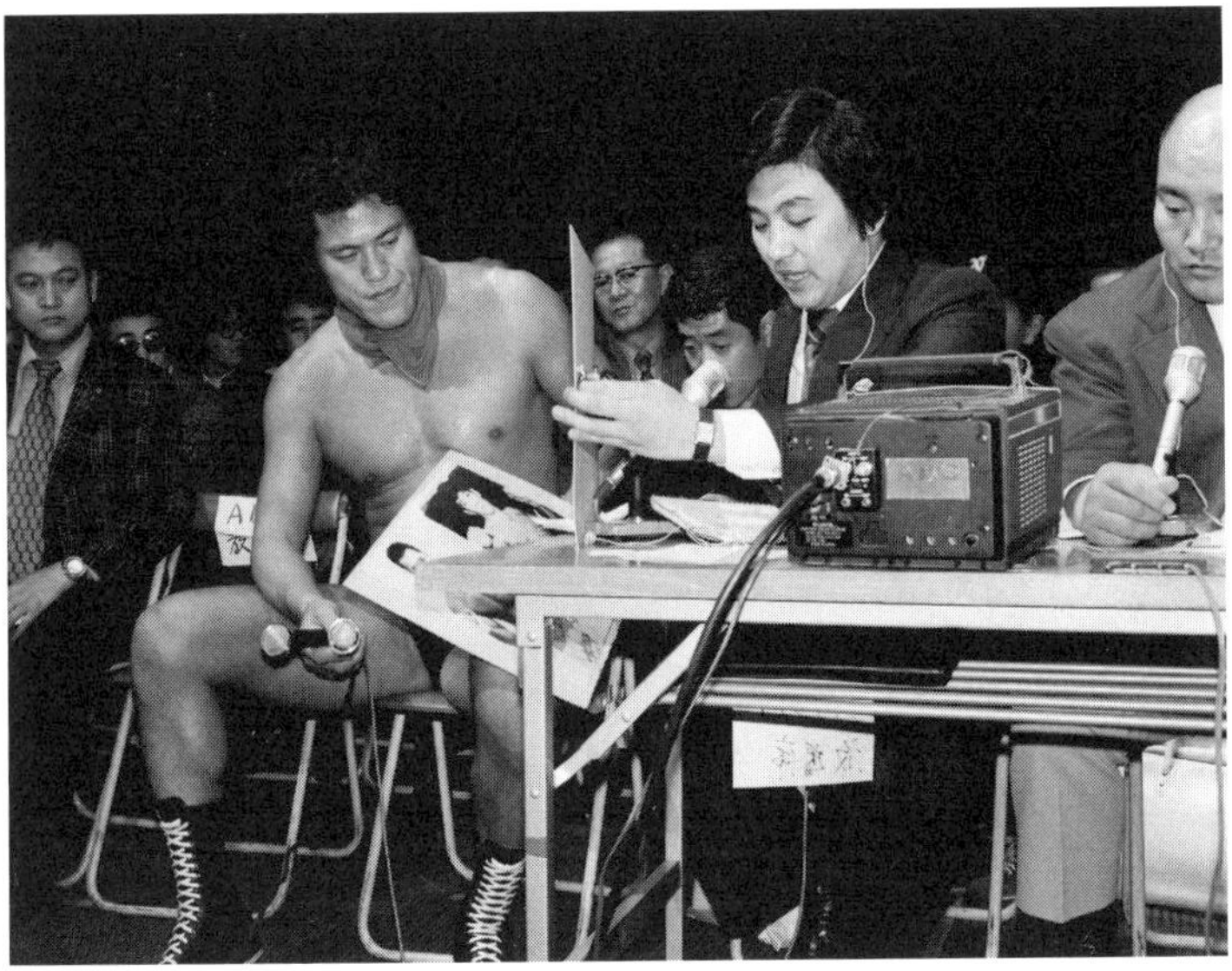

「ワールドプロレスリング」の実況席に駆けつけ、古舘アナとやり取りする猪木。第3回MSGシリーズから山本小鉄もレギュラー解説者として定着（写真は5・2佐賀大会）

なお、このシリーズから「ワールドプロレスリング」のレギュラー解説者として山本小鉄が加わった。山本は前年2月から準・レギュラー的な頻度で解説していたが、このシリーズから毎週、櫻井康雄との「解説二枚看板」となり、実況の古舘伊知郎アナとのトリオでテレビ中継を盛り上げていった。

サマー・ファイト・シリーズ

シンと東京における最後のタイトルマッチ

6月19日（群馬・高崎市体育館）から7月25日（岡山・倉敷市営体育館）までの期間に33興行が開催され、タイガー・ジェット・シン、バッドニュース・アレン、ゲシュタポ（正体はリック・オリバー）、キース・ハート、ブレット・ハート、ジョニー・マンテルの6

シンに勝利しUWA世界ヘビー級王座初防衛に成功。WWFジュニア王者の藤波も祝福（7・17蔵前）

人が招聘された。シリーズの山場は7月17日の蔵前国技館で、猪木はシンの挑戦を受けてUWA世界ヘビー級王座の初防衛戦。12分2秒にコーナーポスト最上段からのミサイルキックを叩きつけて体固めで勝利した。

この日は平日（木曜日）で、私は会社の残業が長引いたため、セミ（藤波対キース・ハートのWWFジュニア、藤波が8分20秒で勝利）の直前にやっと着席できたが、猪木の試合と合わせても20分くらいしか試合を見られなかったのでガッカリだった。館内は7割くらいの入り（発表は8000人）で、もはや猪木とシンのカードで蔵前国技館を埋めるのが困難になっていることを示しており、実際、この日が東京地区における猪木・シンのラスト・タイトルマッチになった。猪木はシリーズ後にニューヨークに遠征し、8月9日にシェイ・スタジアムでラリー・シャープの挑戦を受けてNWFヘビー級王座の防衛戦。9分41秒に延髄斬りで楽勝し2度目の防衛に成功したが、シャープのような低ランクの挑戦者では、正直なところ防衛しても意味がない。2度目の王座期間までであれば、猪木は間違いなくシャープという「論外の相手」を拒否していただろう。

8月9日にはニューヨークのシェイ・スタジアムに登場。WWFのビッグマッチでL・シャープに快勝

ブラディ・ファイト・シリーズ

ハンセンに〝逆ラリアット〟の奇手を放つ！　久々に猪木らしさ爆発

8月24日（品川プリンスホテル・ゴールドホール）から9月25日（広島県立体育館）までの期間に29興行が開催され、ボブ・バックランド（前半戦特別参加）、スタン・ハンセン、バッドニュース・アレン、ジョニー・ロンドス、ピート・ロバーツ、トニー・ロコ、ラリー・シャープの7人が招聘された。猪木は開幕戦の品川でバックランドのWWFヘビー級王座に挑戦して20分31秒にリングアウト勝ち。最後はハンセン、シャープの二人が乱入して場外乱闘となり、バックランドがカウント20以内にリングに戻れずに猪木のリングアウト勝ちと

9・25広島でハンセンに奇策の逆ラリアットを放ち、逆さ押さえ込みで3カウントを奪ってNWF王座防衛

なった。前年同様、ＷＷＦ戦の「乱入によるグダグダ・フィニッシュ」パターンは変わっておらず、夏休みを取得して生観戦に赴いた私をしっかり落胆させてくれた。ＮＷＦ王座のほうは９月11日（大阪府立体育館）と25日（広島県立体育館）の二度にわたってハンセンの挑戦を受け、前者は17分47秒にリングアウト勝ち、後者は10分49秒に逆さ押さえ込みでスリーカウントを奪い連続防衛に成功。後者のほうは、ハンセンにロープに振られてラリアットを食う寸前にビッグ・ジャンプ。「逆ラリアット」でカウンターするという奇手を見せてペースを掴んだシーンが出色で、試合時間こそ短かったが、久しぶりに猪木らしい巧者ぶりを発揮した好試合となった。

この5日後の9月30日、日本武道館で「ファン感謝スーパーファイト」と銘打たれた単発興行が打たれて（発表で）７５００人の観客を動員（私もいたが、実数だったと思う）。猪木はケン・パテラ（この日だけに出場するため来日）の挑戦を受けてNWF王座防衛戦（5度目）。これを卍固めでギブアップさせ（14分53秒）、「世界一の怪力レスラー」を豪語していたパテラ相手に「まだまだ卍固めの神通力は衰えていない」ことを見せつけ完勝した。この夜はNWF戦以外にも3つのタイトルマッチ（木村健吾対チャボ・ゲレロのNWAインター・ジュニア、藤波対ロン・スターのWWFジュニア、バックランド対ハンセンのWWFヘビー）が組まれていたが、武道館、国技館、都体育館といった大会場において「猪木のNWF戦のピンで勝負する」という往年のパターンはなくなり、「3大メイン」、「4大メイン」の興行がすっかり常態化していた。食事に喩えて言えば、猪木対パテラの前に組まれた3つのタイトルマッチで、かなり「お腹いっぱい」になっており、NWF選手権は「極上のデザート」という感じだった。このメニューに慣れてくると

9・30武道館で怪力パテラに完勝

「食後感」は決して悪くはないのだが、かつての「猪木ピンの時代」を知る私としては「前菜もデザートも不要。メインディッシュだけで満足させて欲しいな」という気持ちにもなった。

闘魂シリーズ

発展途上のホーガンに「大化け」の予感

10月10日（後楽園ホール）から11月6日（三重・津市体育館）までの期間に24興行が開催され、タイガー・ジェット・シン、ハルク・ホーガン、ポール・オーンドーフ、チャボ・ゲレロ、ロン・スター、スチーブ・カーン、ジム・ガービン、フレッド・ブラッシー（ホーガンのマネージャー）の8人が招聘された。

猪木は10月24日に沖縄・奥武山《おうのやま》体育館でシンの挑戦を受けてUWA世界ヘビー級王座2度目の防衛戦を行ったが、暴走して11分46秒に反則負け。4月の王座奪取時も反則勝ちによるタイトル移動だったので「これで、おあいこ」という感じになり、メキシコUWAのベルトは再びシンの腰に戻った。NWFヘビーのほうは11月3日に蔵前国技館でホーガンの挑戦を受け、こちらはブレーンバスター一発でフォール勝ち（13分19秒）。この日は「文化の日」で休日だったので、私は第1試合からじっくり観戦することができた。NWF戦の前に長州対オーンドーフ、藤波、坂口対シン、上田、木村対チャボ（NWAインター・ジュニア戦）の豪華カードが組まれており、「NWF戦が極上のデザート」状態であることは9月30日と一緒だったが、まだまだホーガンは「巨体だけが売り物の発展途上」時代の真っ最中で、マネージャーのブラッシーがエプロンで騒ぎ立て、観客の罵声を浴びなければ（内容的には）プアな凡試合でしかなかった。ホーガンが猪木の手腕によって徐々に鍛えられていくのは次の年末シリーズからだったが、おそらく猪木はこのNWF戦で「うまく育てれば、大変な大物になるかもしれない」という強い確信を得たに違いない。

10・30熊本では初来日のオーンドーフを軽く料理。前評判の高いオーンドーフも猪木の前では形無しだった

　シリーズ開幕前は、このシリーズが初来日だったポール・オーンドーフ（1949年生まれ、当時31歳）に大きな期待がかけられていた。開幕戦の生中継で藤波を、次週の生中継でも長州を破り「ひょっとしたら、蔵前ではホーガンに代わってNWFに挑戦するのかな？」と思わせたが、10月30日の熊本市体育館でノンタイトル（60分1本勝負）で猪木と対戦し、7分43秒に延髄斬りからの卍固めで完敗となった（31日に録画中継）。

　ホーガンに比べるとアマチュア・レスリングの基礎をしっかりと持っており、ルックスも文句なし。このシリーズで上手く売り出していたら「次の来日ではエース」は間違いないところだったが、早い段階で「芽を摘んだ」のは非常に惜しかったと思う。新日本は全日本に比べて、この

この年5月に初来日を果たしたばかりのホーガンをNWF戦で一蹴（11・3蔵前）。この時はまだホーガンは猪木の敵ではなかった

「早い段階で将来のエースとなれるガイジンの芽を摘む」というケースが昔から多かった。馬場との比較で言えば、猪木は「ガイジン・レスラーに対する大局的な見方」が劣っていたかもしれない。猪木にしてみたら「そこまで考えていられない」というのが本音だったろうが、シン、ハンセン、ホーガンの3選手だけが別格だったということになるのだろう。この3人は、猪木という相手が存在していなかったら、その後の躍進は到底考えられない。

第1回MSGタッグリーグ戦

バックランド、ローデス…外国人とタッグ結成の良し悪し

11月21日（横浜文化体育館）から12月13日（東京体育館）までの期間に23興行が開催され（オフ

年末の第1回 MSGタッグリーグ戦には新日本が誇る一流外国人が大挙登場。猪木&バックランド組にとって難敵となる、ハンセン&ホーガン組も出場した（写真は11月20日の前夜祭）

は1日のみ）、ボブ・バックランド（後半戦特別参加）、ダスティ・ローデス（後半戦特別参加）、アンドレ・ザ・ジャイアント、スタン・ハンセン、ハルク・ホーガン、タイガー・ジェット・シン、ジョニー・パワーズ、オックス・ベーカー、ザ・ハングマン（ニール・グエイ）、ウィリエム・ルスカ、バッドニュース・アレン、レネ・グレイの12選手が招聘された。春の「MSGシリーズ」とほぼ同様の顔触れだったが、まさに「新日本の一流ガイジン勢ぞろい」という感じで、壮観の一語に尽きる陣容である。それまで年末のタッグリーグ戦は（1977年から）全日本の独占企画だったが、この年から新日本が参入して「日本マットの年末シリーズはタッグリーグ」というのが恒例となった。当時は「全日本のほうも幾つか生で観戦に行きたい。わざわざ同じ時期に対抗する必要はないのになあ」と思ったものである。猪木はバックランドとの「帝王コンビ」（古舘アナが命名）で出場し、12月10日（大阪府立体育館）に決勝でハンセン、ホーガン組を破り

年末の第1回MSGタッグリーグ戦は猪木&バックランドの「帝王コンビ」がハンセン&ホーガンを下して優勝（12・10大阪府立）

優勝（猪木がホーガンを逆さ押さえ込みでフォール）。フィニッシュ寸前にハンセンが猪木に放ったラリアットは強烈なんてものではなく、「あの一撃を食ってもKOされなかったのだから、まだまだ猪木は凄い」と感心するしかなかった。

私は開幕戦（11月21日）と最終戦（12月13日）の会場に行ったが、開幕戦の館内がフル・テンションだったのに比較すると最終戦の特別興行（東京体育館）は盛り上がりを欠いた（館内も7割の入りで、発表は7500人）。最終戦では猪木がローデスと夢のタッグチームを初結成して、これまた初の合体となるハンセン、シンのコンビと対戦したが、20分46秒に4選手が入り乱れて簡単に両軍リングアウト。バックランドがパートナーになるときもそうだったが、猪木がガイジンと組むというのは何となく無理があった。バックランドやローデスには、パートナーが坂口、藤波、長州のときのように、「なんとか猪木さんをカッコ良く登場させなければならない」という〝滅私奉公〟の精神がないので、タッチをするときに感情が入っていない。猪木に

12・13東京体育館の特別興行ではローデスとドリームコンビを結成。ハンセン&シンと引き分けた

しても「ん？　ここは、俺が引き立て役をやるべき場面なのかな？」的な困惑が表情に出ることがあり、日本人コンビの時に比べると大幅に緊迫感を欠いた。このあと猪木はホーガンとも頻繁にコンビを結成することになるが、やはりパートナーは日本人のときのほうが格段に良かったと思う。

シリーズ後には恒例のニューヨーク遠征があり、猪木は12月29日のＭＳＧ定期戦でボビー・ダンカンを破りＮＷＦヘビー級王座防衛に成功（７度目）。この一戦は３日後の元日夜に90分特番枠で録画中継されたが、同じ枠内でキラー・カーンの巨体をジャーマン・スープレックスで叩きつけて豪快にＷＷＦ王座を防衛したバックランドの強さが光った。

１年を通してみると「ＮＷＦ王座をハンセンに取られて、奪回」と「ＵＷＡ世界王座をシンから反則勝ちで取って、反則負けで転落」と「ウィリーと最後の格闘技戦をやって引き分け」という記録以外には大きな異変がなく、波乱だらけの「猪木ヒストリー」の中では最も平穏な１年だったと総括できる。

1981年（昭和56年）

輝けるNWF王者時代の終焉〜猪木の転換点

新春黄金シリーズ

インフルエンザによる高熱を押してパテラと渡り合う

1月9日（茨城県古河市民体育館）から2月12日（後楽園ホール）までの期間に29興行が開催され、タイガー・ジェット・シン（後半戦特別参加）、ボビー・ダンカン（後半戦特別参加）、ケン・パテラ、ザ・サモアンズ（ザ・サモアン1号＝アファ・アノアイ、ザ・サモアン2号＝シカ・アノアイ）、ジ・エンフォーサー、トム・プリシャード、バッドニュース・アレンの8人が招聘された。猪木は2月4日に大阪府立体育館でパテラの挑戦を受けNWF防衛戦を行い、12分37秒にバックドロップからの体固めで勝利。この日、猪木はインフルエンザによる39度の高熱にうなされていたが強行出場し、観客からも「明らかな異変」が感じられるほどのバッド・コンディションだったが、まさに団体の屋台骨を支える意地、責任感によってパテラの怪力を凌ぎ切った感じだった。決して内容的に優れた試合ではなかったが、私の中ではズッシリと重く残っている名勝負の一つである。

前年12月13日、新間本部長により東京体育館のリング上で「世界統一」構想が明らかにされたばかりであり（まだＩＷＧＰという具体的名称は使用されていなかったが、世界に乱立するチャンピオンの一本化を実現し真の世界一を決める、ワールドワイドなリーグ戦構想）、猪木は「そのプランの初っ端から足踏みできない」と腹を括っていたのだろう。２日後の２月６日は札幌中島スポーツセンターでシンのＵＷＡ世界ヘビー級王座に挑戦し、12分13秒で反則負け。この日も体調が全く戻っておらず、なんとか反則負けで「体面だけ保った」という内容に終わっている。

高熱を押してNWF防衛戦に臨み、パテラに辛勝。団体の看板エースとしての猪木の責任感の強さがひしひしと伝わった一戦（2・4大阪府立）

WWFビッグ・ファイト・シリーズ第1弾
NWF王座封印の大バクチに打って出る！

３月６日（茨城・勝田市総合体育館）から３月26日（静岡・清水市鈴与記念体育館）までの期間に19興行が開催され、ハルク・ホーガン（前半戦特別参加）、タイガー・ジェッ

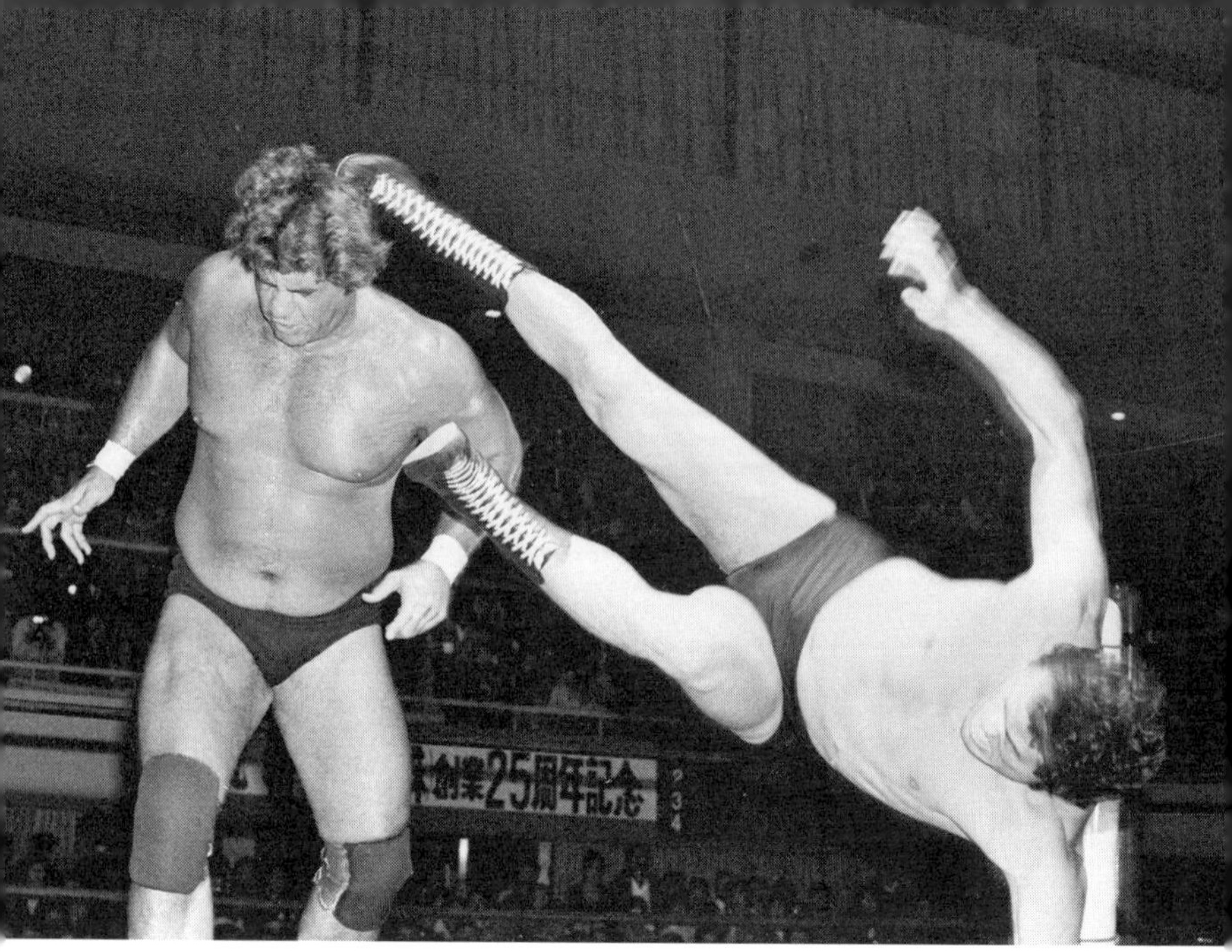

新日本初参戦のムラコを延髄斬りで一刀両断（3・13広島・福山）

ト・シン（後半戦特別参加）、ドン・ムラコ、ペロ・アグアヨ、フィッシュマン、アニバルの6選手が招聘された。猪木がらみのタイトル戦はなかったが、MSGでバックランドと60分フルタイム引き分けで評判になっていたムラコ（新日本には初参加）との絡みが注目された。ムラコはシリーズ中、坂口の保持する北米ヘビー級王座に挑戦して両者リングアウトの引き分けに持ち込んでおり（3月9日、愛知県体育館）、NWFへの挑戦資格を与えてもおかしくないように思えたが、猪木は3月13日の広島・福山市体育館でメインの60分1本勝負でムラコとノンタイトルで対戦。8分18秒に延髄斬りからの体固めで完勝した。前年のポール・オーンドーフのときにも書いたが、猪木は「アメリカで売り出し中、伸び盛り」の相手には愛想がない。ムラコあたりを巧く育てていけば「中期的に」面白い存在になったと思うが、逆に言うと、そのあたりの教育方針が馬場とは正反対だった。

シリーズ中のオフである3月18日、青山の事務所で新間本部長が驚愕の記者会見を行った。NWF王座の封印である。日本にプロレスが定着してから、団体が看板タイトルを返上し、そのまま封印してしまった最初の例だった。現在の新日本に置き換えれば、IWGP世界ヘビー級選手権、IWGP・USヘビー級選手権、IWGPタッグ選手権を同時に封印してしまうようなもので、興行会社としては、とても考えられない〝大暴挙〟としか言いようがない。

会見席上、新間本部長は猪木の代理として、NWF封印の理由を集まったマスコミ陣にこう発表した。「現在の世界のプロレス界には、あまりにもチャンピオン、タイトルが乱立し過ぎている。ひいては、それがプロレスの権威を低下させる原因にもなっている。いまこそ真の世界チャンピオンを決めるときだ。従って、私は次のシリーズで自分の保持するNWFヘビー級王座を防衛し、そのまま返上する」。これに同調した坂口征二も自身が保持していた北米ヘビー級王座と北米タッグ王座（パートナーは長州力）の返上を表明したが、猪木が保持していた「ワールドマーシャルアーツ選手権」と藤波が保持していたジュニア・ヘビー級王座は、認定団体がWWFだったために存続となっている。

「賭けに出た」なんて生易しいものではない。タイトルマッチ抜きでシリーズを構成することの困難さは、誰よりも猪木が一番知っていたことだった。後楽園ホールからスタートし、日本列島を縦断。40戦前後の興行をこなして、シリーズ最終戦は蔵前国技館か東京体育館で華麗にフィナーレ。このような従来のビジネスモデルをも、自ら破壊していくような信じられないプランである。

当時の私は、この記事を見て仰天した。「マジか？　何を考えているんだ？　次のシリーズからは、IWGPの予選リーグが始まる？　予選でシリーズが組めるわけがないだろ！　そもそも誰がIWGPに出るのか発表もないし、ガイジン・レスラーをどう絡めていくつもりなんだ？」。

ところが、これを強引に推進してしまったのが新日本の凄いところである。幸運にも次期シリーズ最終戦にタイガーマスク（初代）を登場させたことで興行的にも大きな目玉になり、3大タイトルを封印したことによるデメリットを完全にオフセット（というより、それ以上の効果）。それまで猪木が一人で担っていた「最終戦を満員にして、黒字でシリーズを乗り切る」ことや「ゴールデン・タイムのテレビ視聴率を落とさずにキープする」ことも問題なく達成されていった。結果論ではあるが、このタイトル返上策は大成功となり、このあと2年余り、新日本プロレスの黄金時代到来の大きな契機となった。IWGPのプランニングは猪木の作戦参謀だった新間寿氏の快挙だったが、まさに「過激な仕掛け人」と呼ばれていた同氏の面目躍如たるホームランとも言えただろう。

1968年から欠かさず猪木を見続けてきた私としては、このNWF返上を「猪木の時代は終わった」とも感じた。NWF返上による重圧からの解放は、38歳になっていた肉体的な負担を大幅に軽減し、レスラー寿命は長引かせたかもしれない。しかし、それは7年5カ月に亘ってNWFを死守してきた黄金時代の終焉をファン、関係者に巧く「誤魔化してウヤムヤ」にしたように思えたからだ。2年後（1983年6月2日）の「舌出し失神事件」は、事実上、この記者会見の過激なエンディングでしかなかったように思う。

WWFビッグ・ファイト・シリーズ第2弾

ハンセンと好勝負を展開しNWFの歴史に幕

4月3日（後楽園ホール）から4月23日（蔵前国技館）までの期間に17興行が開催され、タイガー・ジェット・シン（前半戦特別参加）、ボブ・バックランド（中盤戦特別参加）、スタン・ハンセン（後半戦特別参加）、ケン・パテラ、エル・カネック、ダイナマイト・キッド、リック・マグロー、ザイール・ピコの8選手が招聘された。

猪木は4月17日と23日にハンセンとNWF2連戦を行った。当初は17日にバックランド、23日にハンセンと対戦する予定だったが、バックランドがアメリカのスケジュールの都合で帰国が早まり、ハンセンとの2連戦に変更となった。17日（鹿児島県立体育館）は、最後のNWF戦に勝ってベルトを封印しようとする猪木に対して、挑戦者のハンセンも「カウボーイ・ハットと衣装のローハイドを賭ける」と意気込みを見せるも、13分24秒、フェンス外で両者の場外乱闘が続いて没収試合、タイトルはコミッション預かりに（テレビ生中継）。23日に仕切り直しの王者決定戦が行われ、最後は猪木がコーナーポスト最上段から右足の甲でハンセンの後頭部をキックし、仰向けにダウンさせたところに再度ポスト最上段からのニードロップを落下させて文句ないスリーカウントを奪取（12分56秒）。公約通り有終の美を飾って、NWFの歴史に幕を閉じた。

この日は私も会場にいたが満員にはなっておらず（約8割の入り＝発表は8500人）、大事なラストNWF戦にしては寂しかったが、セミファイナルに組まれたタイガーマスク対ダイナマイト・

IWGP開催に向けてNWF王座返上を宣言した猪木が宿敵ハンセンを相手に最後のタイトルマッチに臨んだ（4・23蔵前）

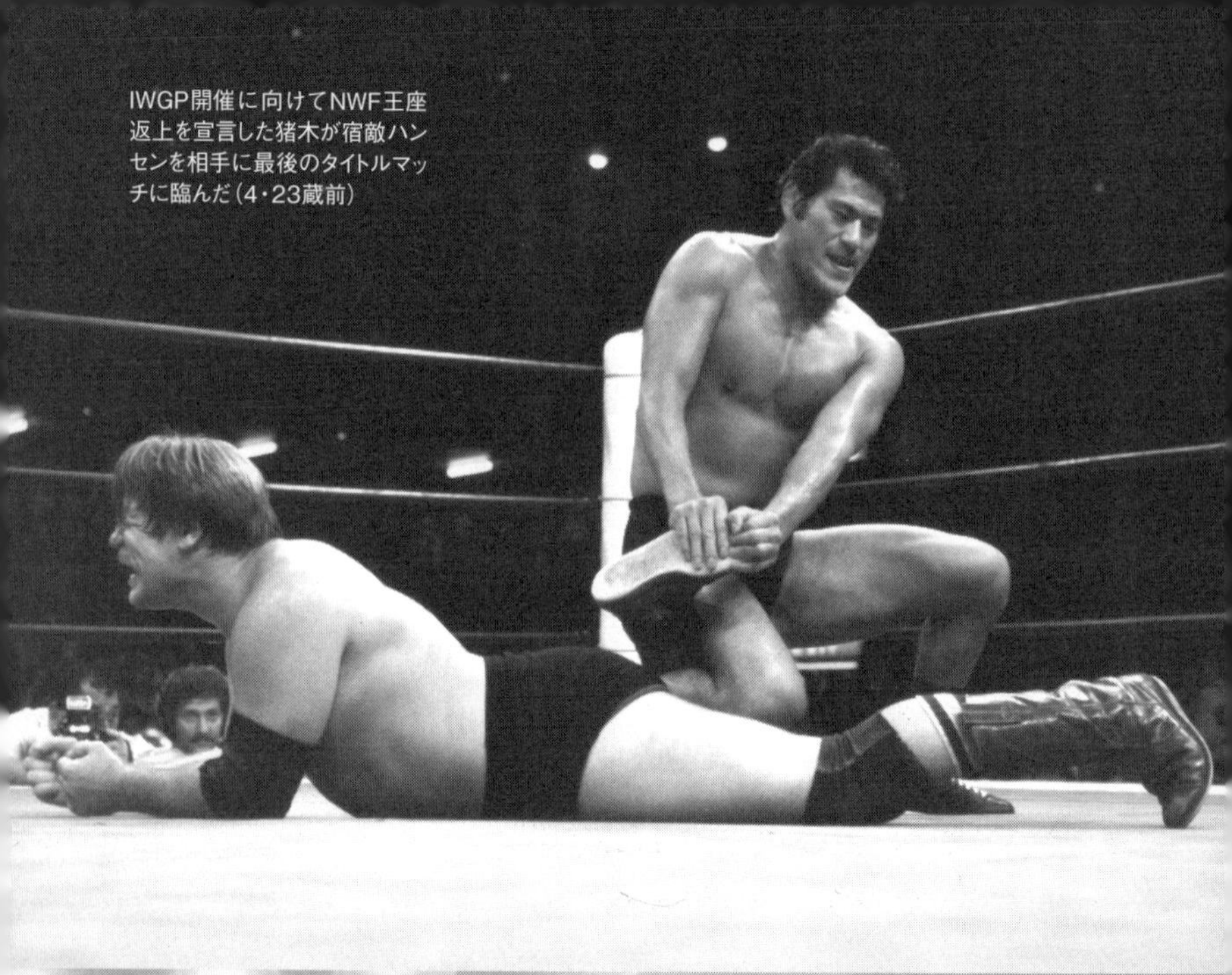

最後のNWF戦は好勝負の末、猪木がコーナー最上段からハンセンの後頭部にキックを叩き込み（写真）、コーナー最上段からのニードロップでトドメを差してフォール勝ち（4・23蔵前）

ハンセンを撃破した猪木は戦利品であるハンセンのカウボーイ・ハットを手にしながら、70年代の名勝負史を彩った虎の子のNWFベルトを腰に巻いた最後の雄姿を観客の目に焼き付けた（4・23蔵前）

キッドの一戦（タイガーマスクのデビュー戦）が異様な熱狂ムードを醸成したあとの試合だったことで、館内のムードはゴング前から出来上がっていた。猪木はこのムードに乗ってスタートからハイペースでラッシュ攻撃を仕掛け、結果的に、この1981年における猪木のシングル戦ベストバウトになったと思う。卍固め、バックドロップ、ジャーマン・スープレックスのような「ルーティンの必殺技レパートリー」を使わず、まるで（喩えが古いが）牛若丸を彷彿とさせる変幻自在の空中殺法で仕留めたのも斬新で良かった。

猪木はこのあと、UWAのボスであるフランシスコ・フローレスの要請に応じ、メキシコシティに遠征。5月1日にエル・トレオでバックランドのWWFヘビー級王座に挑戦（60分3本勝負）して1対1から両者リングアウトで引き分け、バックランドとの3年に及ぶ長いライバル抗争に終止符を打った。

第4回MSGシリーズ
ブッチャー引き抜きによりハンセンに不信感が芽生える

5月8日（川崎市体育館）から6月4日（蔵前国技館）までの期間に26興行が開催され、ボブ・バックランド（後半戦特別参加）、ダスティ・ローデス（後半戦特別参加）、タイガー・ジェット・シン（後半戦特別参加）、スタン・ハンセン、ハルク・ホーガン、サージェント・スローター、ボビー・ダンカン、クリス・アダムス、マイク・マスターズの9選手が招聘された。当初は例年通りアンド

5・8川崎大会のリング上に全日本プロレスのエース外国人であるブッチャーが電撃登場。ブッチャーは猪木が推進するIWGPへの参加を表明した

レ・ザ・ジャイアントも参加予定だったが、来日1週間前にボストンでキラー・カーンとの試合中に足首を骨折したため、急遽ドタキャン。そのため前年に比べてスケールダウンは避けられなかったが、ホーガン対シン、ホーガン対ローデス、ハンセン対シン、ローデス対シン、バックランド対ホーガンなどの「ガイジン同士の好カード」が連日組まれたため、アンドレ不在のハンディは十分にオフセットされていた。

開幕戦の川崎（テレビ生中継）に、突如、全日本プロレスのトップ外国人であるアブドーラ・ザ・ブッチャーがリング上に現れ、IWGPへの出場が発表された。ブッチャーがユセフ・トルコをマネージャー的な役割に指名して実現した典型的な「引き抜き」だったが、それまで全日本で得ていたギャラへの上乗せ金額については不明だ。ブッチャーが

6・1岡山で実現した猪木&バックランド&ローデスの超豪華トリオ。対戦相手はハンセン&ホーガン&ダンカン。当時の新日本マットがいかに外国人天国だったかを物語っている

全日本に初参戦したのは1972年12月だったから、なんと、8年以上も馬場に忠誠を尽くしていたことになる。そのブッチャーを引き抜いたとあって、ここから新日本と全日本による仁義なき引き抜き合戦がスタートした。

ハンセンは自伝の中で、「カワサキでブッチャーの私服姿を見て、私とホーガンは互いに顔を見合わせて〝何なんだ、これは？〟と驚いた。ブッチャーが会場に来る件は、我々には全く事前に知らされていないサプライズだった。このようなケースでは、通常プロモーター側からトップ・ガイジンには通知があって当然である。そうでないと、不信感が生まれる。不信感とはつまり、〝私やホーガンで満員の興行が続いているのに、どうしてブッチャーが必要なのか？　我々だけで十分ではないか〟という感情だ。そのへんから、私の中でニュージャパンに対する情熱が冷めて

いったことは間違いない。6月にダラスでババと会って翌年からの契約に応じたが、全ては、このブッチャーの件から始まった」と書いている。

川崎からの生中継を見ながら、私は「こんなことがあるのか？」と驚愕した。真っ先に「これが有りならば、アンドレが全日本に行くことも有りになるんだろうな。すべてのトップ・ガイジンが自由契約になるのか」と思ったが、それまで今一つイメージが把握できなかった「真の世界一を決める新構想・IWGP」というのがハッキリと輪郭を明らかにしていったことも事実で、つい2週間前に猪木がNWFヘビー級王座を封印した〝覚悟〟も腑に落ちた。

第4回 MSGシリーズは6・4蔵前でシン、ハンセンを連破した猪木が4年連続優勝

猪木はリング上のブッチャーに対し、「今までのようなファイトぶりで向かってきても、絶対に私には勝てない」と痛烈なメッセージで機先を制したが、この日から新日本プロレスの観客動員は急激にアップし、引き

抜かれたほうの全日本は「マイナーリーグ」的な見方をされ始めて観客数が漸減していく。

シリーズの優勝は猪木、シン、ハンセンの三つ巴となり、6月4日の蔵前国技館ではシン（両者リングアウトのあと反則勝ち）、ハンセン（リングアウト勝ち）を連続で破った猪木が4連覇を果たしたが、試合内容は低調で、フィニッシュも消化不良だったことは否めない。この興行はタイガーマスクの出場もあって文句なしの満員（発表は1万500人）で、以降タイガーマスクが引退する2年後まで、新日本の蔵前興行は連続満員記録を更新していった。

6月24日の蔵前ワンマッチ興行（生中継）も超満員（発表は1万1000人）になり、猪木は谷津嘉章と組んでブッチャー、ハンセン組と対戦。谷津が血ダルマにされて凄惨な日本デビューを余儀なくされたが、私は会場でこの「公開リンチ」のような試合を非常に嫌な感情で見ていた。その感情を文章にするならば「これって、ハンセンとブッチャーに〝谷津イジメ〟をやらせているだけの話じゃん？　なんのためのパートナー抜擢なのか？　いくらなんでも、これはあまりの仕打ちじゃないのか？」というもので、せっかくスカウトした「日本アマレス史上最強のヘビー級選手」の第一歩を「最初から破壊する」ような乱暴な育成方法には、さすがに辟易した。

サマー・ファイト・シリーズ

ブッチャー加入がカンフル剤となり、猪木とIWGPは活性化

7月3日（後楽園ホール）から8月6日（蔵前国技館）までの期間に30興行が開催され、ローラ

ンド・ボック（後半戦特別参加）、ミッシェル・ナドール（後半戦特別参加）、スコルピオ（後半戦特別参加）、アブドーラ・ザ・ブッチャー、マスクド・スーパースター、レス・ソントン、スタンリー・レーン、フランク・サベージ、バッドニュース・アレンの9選手が招聘された。私は7月28日の新横浜南口広場と最終戦の蔵前国技館に行ったが、両方とも満員の盛況で、「ブッチャーの引き抜き効果」と「タイガーマスク効果」が確実に観客数のアップで証明されていた。

シリーズ当初は「最終戦の蔵前で猪木対ボックのシングル」と発表されていたが、ボックから「体調が十分ではないので、今回は猪木とのシングルは拒否する」と通告があったため、急遽、猪木対M・スーパースターのシングル戦に変更。このカードだと満員は難しいと思われたが、それでも勢いというのは恐ろしいもので、2階席の一番上までビッシリと立ち見客が入る超満員。新聞本部長が各マスコミに対して「世間ではプロレス・ブームと言われているが、正確に表現してほしい。新日本プロレス・ブームです」と強気のコメントを発している。確かに、馬場の全日本はシンの引き抜きに成功して一矢報いたとはいえ、観客動員とテレビ視聴率は変わっておらず、老舗の国際プロレスに至っては8月9日の北海道・羅臼大会を最後に、15年の歴史に終止符を打っている。新日本の「ひとり勝ち」というのは本当の話だったが、前述したように馬場は（年末の）ハンセン引き抜き作戦を静かに進行させており、「今に見ておれ」の心境だったに違いない。

ブッチャーという新しい「刺激剤」を打たれた猪木は試合ぶりにも活力が蘇った印象はあったが、最終戦でスーパースターをフォールしたジャーマン・スープレックスの切れ味とブリッジは今一つの感があり、往年の芸術的なジャーマンを知る私としては不満が残った。

西ドイツで猪木を苦しめた伝説のファイター、ボックが待望の初参戦。藤原、長州、木村ら中堅勢を軽くあしらった（写真は8・6蔵前、タッグマッチで藤原を仕留めた豪快なダブルアーム・スープレックス）

この蔵前大会は何と言っても第6試合に組まれたボック、ナドール対長州、藤原のカードが最大注目だった。1944年8月生まれのボックは37歳。ドイツで猪木に判定勝ちした3年前に比べると体の弛みが目立ったがパワーは健在で、藤原、長州を悉く投げ飛ばす怪物ぶりは「欧州最強」の説得力抜群。最後は藤原を切り札のダブルアーム・スープレックスで叩きつけフォール勝ちしたが、「IWGP優勝戦線は、猪木、アンドレ、ボックの三つ巴になるな」との感を強くさせた。

ブラディ・ファイト・シリーズ

国際軍団との抗争で「主役の座」を取り戻す

8月21日（埼玉・大宮スケートセンター）から9月23日（田園コロシアム）の期間に29

興行が開催され、アンドレ・ザ・ジャイアント（後半戦特別参加）、ディック・マードック（前半戦特別参加）、ソラール（後半戦特別参加）、スタン・ハンセン、ピート・ロバーツ、バッドニュース・アレン、ジム・デュガン、エル・ソリタリオ、ブラソ・デ・オロ、ブラソ・デ・プラタの10選手が招聘された。

全日本から引き抜いたマードックとタイガー戸口が開幕戦から参戦したが、一方で全日本は（同時期のシリーズに）チャボ・ゲレロを引き抜き返して応戦しており（新日本の作ったNWAインター・ジュニア王者のまま移籍）、両団体の興行戦争はいよいよ熾烈の度をアップさせていく。

アンドレは春のMSGシリーズを足首の負傷（ボストンにおけるキラー・カーン戦）でキャンセルしていたので、10カ月ぶりの来襲はいつも以上に気合が入っていた。ただ、やはり250キロの巨体を支える足首の負傷は致命的で、明らかに「これまでのアンドレとは違うぞ」と思わせるシーンが頻出した。たとえばキャンバスからスタンドの姿勢に移行する際、必ずロープを握って「ヨッコラショ」という感じで立ち上がったが、それまでの「無敵の大巨人伝説」は終わって、このシリーズから緩やかな下降線を辿ったことは間違いない。35歳と年齢的にはまだまだ衰えるには早いのだが、いくら規格外のレスラーとはいえ「全く練習しないで、毎日アルコール飲み放題」という状況でグッド・コンディションを保てるはずがない。最終戦（9月23日）の田園コロシアムではスタン・ハンセンと伝説の名勝負をやってのけたが（8分22秒に両者リングアウトのあと再試合となり、4分22秒にハンセンが反則勝ち）、残念ながらアンドレのスタミナ切れは明白で、体から滝のように流れる汗の量も半端なく、会場で見ていた私は「アンドレは、うまく反則負けで逃げたな」と感じた。

スーパー・ヘビー級同士の名勝負を見せられたあとに登場した猪木は、戸口相手に「ＩＷＧＰアジア・リーグ予選」を行い９分20秒、卍固めで快勝した。戸口の繰り出す大技を全て耐えきったあ

（上）9月23日、ハンセンvsアンドレのド迫力対決、国際軍団乱入など伝説と化した田園コロシアム大会の会場入り口の様子　（中）9・23田園コロシアム大会の開場後の全景　（下）超満員1万3500人の大観衆で熱気満々の9・23田園コロシアム

9・23田園コロシアムのメインで猪木はタイガー戸口に卍固めで完勝

との延髄&卍というルーティン・パターンで無難に締めたが、やけに「弱々しい」と感じさせる部分も目についた一戦だった。私はこの夜、「田園コロシアム」という会場に初めて行ったが、入り口に「（当日の）入場人数定員」が表示されており、この日は「10220」だった。発表は1万3500人だったが、通路までビッシリいたから決して「水増し」ではなく、きわめて実数に近い数字だったと思う。スリ鉢型の会場なので観客の歓声が「ウォーン！」という感じでサウンド・イフェクト抜群となり、アンドレとハンセンの試合中に、近隣住民が「何事か？」と家を飛び出したというから凄い。田園コロシアムに

10・8蔵前で元国際のエースにして国際軍団のリーダー、R・木村と初対決。痛恨の反則負けを喫した

はこのあと4回くらい行ったが、最初のこの夜が文句なしのベスト・ショーとして記憶に残る。

シリーズ後の10月8日、蔵前国技館でスポットのビッグマッチ興行が開催され、猪木はメインでラッシャー木村を相手にシングル戦。国際プロレスの崩壊によってラッシャー木村、アニマル浜口、寺西勇の3人が新日本に「一本（三本）釣り」され、この日から約3年の長きにわたり国際軍団として新日正規軍との抗争を展開していった。木村の強烈な頭突きと鉄柱攻撃

で血ダルマにされた猪木が10分35秒、ロープ際で腕ひしぎ十字固めをリリースせずに暴走の反則負けとなったが、久しぶりに主役の座を取り戻して超満員の観客（発表は1万3000人）に健在ぶりをアピールした。

闘魂シリーズ

古今のトップ選手の例にもれず、猪木も「手の合う」相手との試合が増加

10月9日（後楽園ホール）から11月5日（蔵前国技館）までの期間に24興行が開催され、ハルク・ホーガン（前半戦特別参加）、アブドーラ・ザ・ブッチャー、ディック・マードック、ディノ・ブラボー、ビリー・クラッシャー、バッドニュース・アレン、スチーブ・トラビス、エル・テハノ、エル・シグノ、ネグロ・ナバーロ、ティムトール・トゥリーの11選手が招聘された。

猪木は最終戦を除く23興行には全てタッグマッチ、6人タッグマッチのみに出場してスタミナをセーブし、最終戦（11月5日）の蔵前国技館に全力投球。木村とランバージャック・デスマッチで再戦し、15分8秒にTKO勝ちで10月8日の雪辱に成功した（腕ひしぎ十字でギブアップしない木村に、セコンドの浜口がタオルを投入）。この夜も館内は異常な熱気で超満員（発表は1万3000人）。私は当時勤めていた会社の仕事が早く終わらずに第4試合（木村健吾対寺西）

11・5蔵前でR・木村と再戦し、腕ひしぎ十字固めで雪辱。しかし戦いはこれで終わりではなく、国際軍団との抗争は過熱の一途をたどった

中にやっと着席したが、その時点で盛り上がりがピークに達していたのには驚いた。そのテンションが第9試合の猪木・木村戦まで続いたが、とにかく国際プロレス・トリオの憎まれ方は半端なく、ここから猪木の対戦相手として最高のヒール・ポジションにステップアップしていった。「日本人対ガイジン」という従来のパターンを崩したのは明らかに国際トリオの出現であり、良きにつけ悪しきにつけ、この時期から新日本マットにおける「ガイジン・レスラーの需要漸減」がスタート。もっとハッキリ書けば「ヘタなガイジン相手より、国際軍との対戦のほうが、俺の試合は盛り上がる。観客も喜ぶ」と猪木が判断（決断）

したことも間違いない。トップ・レスラーが年齢による体力低下をカバーするため、「手の合う」相手との試合数を増やしていくパターンは、何も猪木に始まった話ではない。正直、できれば「猪木に限り」それは回避して欲しかったが、38歳のカリスマ・エースだけにそれを求めるのは酷というものだ。

第2回MSGタッグリーグ戦

外国人天国を謳歌する一方で、宿敵ハンセンが痛恨の離脱

11月19日（後楽園ホール）から12月10日（大阪府立体育館）までの期間に21興行が開催され、ハルク・ホーガン（前半戦特別参加）、ダスティ・ローデス（後半戦特別参加）、ローランド・ボック（後半戦特別参加）、アンドレ・ザ・ジャイアント、レネ・グレイ、スタン・ハンセン、ディック・マードック、ザ・サモアンズ（アファ・アノアイ＆シカ・アノアイ）、エル・カネック、スーパー・マキナ、パット・パターソン、バッドニュース・アレンの13選手が招聘された。まさに新日本が呼べるガイジンのオールスターといった感じで、これにWWFヘビー級王者のボブ・バックランドを加えて「この際、そのままシリーズ名称をIWGPに変えて、実施してしまったらどうですか？」などと、「大きなお世話」を焼きたくなる圧巻のメンバーだった。

リーグ戦の決勝は最終戦の大阪で行われ、アンドレ、グレイ組が猪木、藤波組を破って初優勝（アンドレが8分5秒に藤波を体固め）。猪木、藤波組は同点で並んだハンセン、マードック組と決勝

12・8蔵前で藤波と組んでハンセン&ボックの異色コンビと対戦。ハンセンはこの直後、全日本へ電撃移籍した

進出決定戦を戦ったあとだけにスタミナが切れており、そのハンディキャップを乗り越えての優勝までには到達できなかった。

私はこの2日前、12月8日の蔵前国技館に行ったが「当日券売り切れ」の大盛況で、新日本ブームは衰えを見せていなかった。猪木はメインで藤波とタッグを組み、ボック、ハンセンの超・異色コンビと対戦。日本における猪木とボックの対戦はこれが初めてで、IWGPの前哨戦的な観点での注目度は高かった。既に1月1日、後楽園ホールに

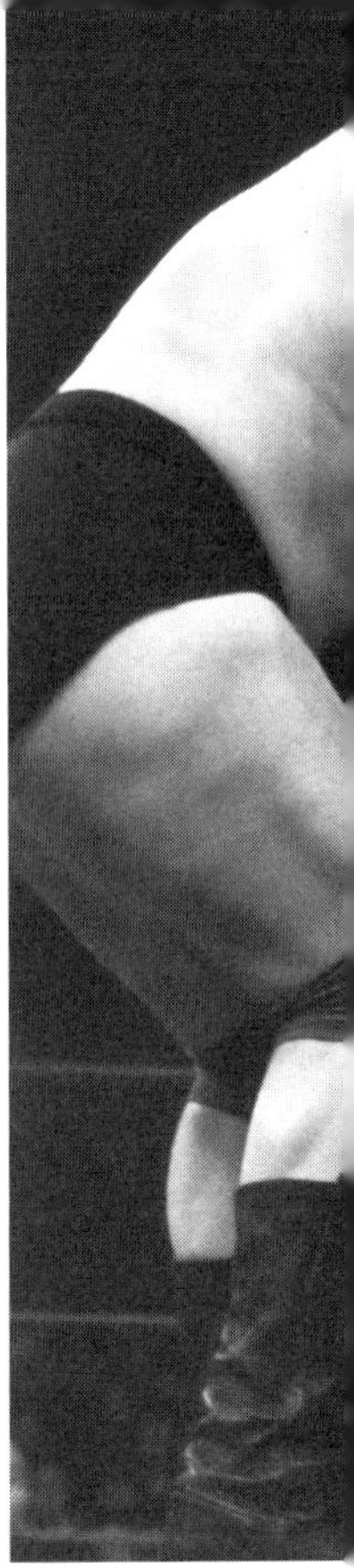

おけるシングル戦が発表されていたので、猪木、ボック共に派手な大技を仕掛けることはなく、先兵となった藤波（ＷＷＦジュニア王座を返上し、このシリーズからヘビー級に転向）が果敢にハンセンにアタックするシーンが目立った。最後はボックがダブルアーム・スープレックスで藤波をフォール（12分39秒）して完勝したが、館内から藤波を責める声は全く起きていない。ハンセンとボックが「あわや、仲間割れか？」と思わせた同士討ちのシーンもあったが、このシリーズを最後に全日本に移籍することを決意していたハンセンは、「これ以上、新日本のリングに余計な因縁を残す必要なし」とばかり、サラリと流した感があった。ハンセンは自伝の中で、「アンドレにだけは、最終戦の3日くらい前、ホテルで全日本に移る話を打ち明けた。アンドレは私の気持ちを察して『サンキュー。よく話してくれた。グッドラック』と笑顔で返してくれたので救われた気持ちになった。アンドレに、私がカワサキでブッチャーの姿を見たとき（5月8日）のような嫌な気持ちには、絶対になってほしくなかったから、キチンと筋を通して話したことは良かったと思っている」と書いている。

　こうしてスタン・ハンセンは5年に及ぶ新日本のリングを去り、翌1月からは全日本の新エースとして2000年まで活躍することになった。ＩＷＧＰでハンセンとボックのシングル対決が実現必至と期待されていただけに、ハンセンの離脱はＩＷＧＰの勢力マップをも大きく変えていく。

1982年（昭和57年）

病気・ケガとの戦い…ささやかれ始めた「猪木限界説」

創立10周年記念・新春スーパーファイト
ボックはなぜ待望の猪木戦で反則暴走に走ったのか

　この年は元日からいきなり後楽園ホールで興行が開催され、しかもテレビ朝日から90分の生中継という超贅沢な舞台が用意された。夜7時30分の放送は長州力対アニマル浜口のシングルマッチでスタートし、そのあとに藤原喜明対カール・ゴッチ（エキシビション）、タイガーマスク対ダイナマイト・キッド（WWFジュニア・ヘビー級王者決定戦）、ボブ・バックランド対藤波辰巳（WWFヘビー級選手権）と繋がっていったが、メインの猪木対ローランド・ボック（5分10ラウンド）が始まったときには既に8時45分を過ぎており、放送時間内には最初の3分くらいしか入らなかった。結果は3ラウンドの3分16秒、ボックがロープ際で猪木の首をトップロープ越しにチョークで絞めつけ、ミスター高橋レフェリーの静止を聞かずに何度も繰り返したために反則負け。立会人と

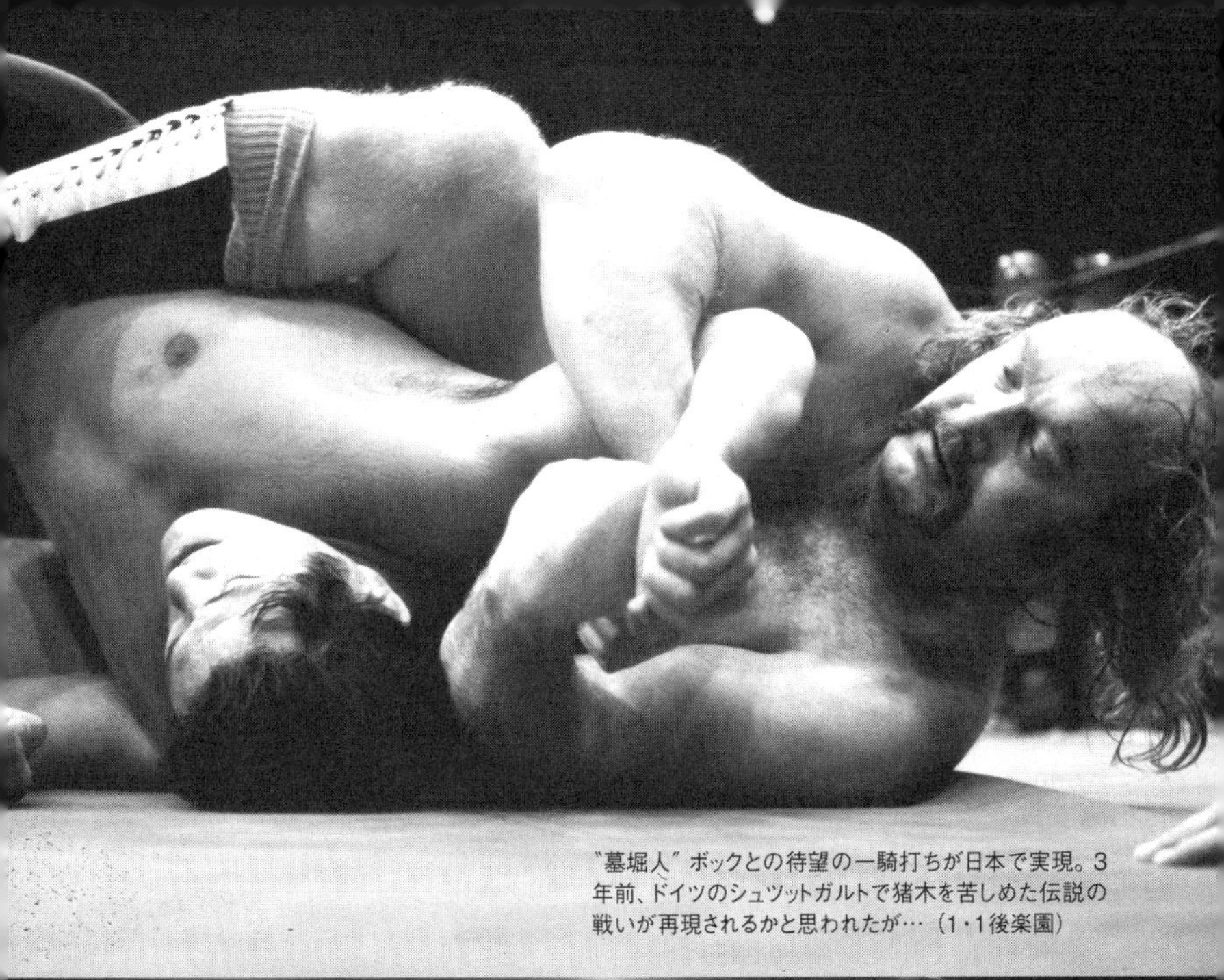

"墓堀人" ボックとの待望の一騎打ちが日本で実現。3年前、ドイツのシュツットガルトで猪木を苦しめた伝説の戦いが再現されるかと思われたが…（1・1後楽園）

エプロンからトップロープ越しに猪木の首を絞め続けたため、ボックは反則負けに。試合後、立会人のゴッチがボックに詰め寄る一幕も。ファンにとっては期待外れの結末となった

してリングサイドにいたゴッチがリングに上がり、ボックに詰め寄って不穏なムードが漂ったが、結局判定が覆ることはなく、これ以下はないという「最悪の消化不良エンディング」となった。

試合後の控室で猪木は「ボックはコンディションが悪かったので、故意に反則負けを選んだ」というニュアンスのコメントを残したが、8日に改めて録画中継されたノーカット・バージョンを見る限り、それほどスタミナが切れているようには見えなかった。1978年11月に猪木が判定負け（ドイツのシュツットガルト）したときは「4分10ラウンド」であり、そもそも「5分ワンラウンド」は双方にとってキツいルール設定だったかもしれない。猪木は「いずれ、この決着はIWGPの本番でつけなければならない」とも発言したが、意外にもボックの来日はこれが最後となり、猪木対ボックというカードが再び実現することはなかった。ボックはこのあとドイツに戻ってレスラー生活を辞め、既に始めていたディスコ経営に専念している。今思うと「元日の無気力試合&反則負け」は最初から意図していたものだった可能性が高く、おそらく自分のレスラー・レコードに「ラストマッチで猪木にフォール負け」という記録を残したくなかったゆえの「謎の執拗な首絞め」だった…というのが私の推測だ。

新春黄金シリーズ

全日本との外国人引き抜き合戦は米マット界の関心事にもなっていた

1月8日（後楽園ホール）から2月11日（愛知・蒲郡市体育館）の期間に28興行が開催され、ア

前年5月の電撃移籍から8カ月後、ブッチャーと猪木のシングル対決が実現。しかしB・アレンらの乱入により猪木が反則勝ち。ボック戦に続いてこの試合も消化不良の内容となった（1・28東京体育館）

ブドーラ・ザ・ブッチャー、スーパースター・ビリー・グラハム、ワフー・マクダニエル、ダスティ・ローデス（後半戦特別参加）、バッドニュース・アレン、SD・ジョーンズ、ダイナマイト・キッド、ブレット・ハート、ベビー・フェイス、エル・ハルコン78の10選手が招聘された（このほか、カール・ゴッチが開幕戦の後楽園のみ出場し、木戸にジャーマン・スープレックスを決めて勝利）。シリーズの山場は1月28日の東京体育館で、ここで猪木とブッチャーによる初のシングルマッチが行われたが、これも元日のボック戦同様、アレンとモハメッド・ハシム（カナダ・マーシャルアーツ王者）の乱入によって猪木が14分52秒に消化不良の反則勝ちとなり、観客席を失望させた。

私もこの夜は東京体育館にいたが、この日のちょうど1週間前の1月21日、全日本の新春シリーズに来日したパット・オコーナーに銀座東急ホテルでインタビューしたときに、「イノキは来週、馬場が2月4日に使うのと同じヴェヌー（場所＝東京体育館）でビッグショーをやるんだろう？　どういうカードなの？　誰が出るの？」と聞いてきた。このときのインタビュー内容は当時の『デラックス・プロレス』誌（月刊『プロレス』の姉妹誌）1982年4月号に掲載されているが、とにかく開口一番、NWAの重鎮で「最も馬場寄りの大物レジェンド」と言われていたオコーナーの口から「東京体育館におけるBIの興行合戦」について聞かれたのには本当に驚いた。しかも成田空港に到着して、ホテルにチェックインしたばかりのタイミング、開口一番の質問である。新日本と全日本の引き抜き合戦が如何に本場アメリカをも巻き込んだ騒動だったかを証明する場面として忘れられない。

第5回MSGシリーズ

膝のケガでリーグ戦から離脱！　ワンマン・ショーからパッケージ・ショーへ

3月4日（後楽園ホール）から4月1日（蔵前国技館）までの期間に28興行が開催され、アンドレ・ザ・ジャイアント（全戦）、ハルク・ホーガン（中盤戦特別参加）、ダスティ・ローデス（後半戦特別参加）、ディック・マードック、マスクド・スーパースター、アイアン・シーク、トニー・アトラス、ドン・ムラコ、スチーブ・ライト、ブラックマン、コロッソ・コロセッティ、デビー・オハノンの12選手が招聘された。

新日本旗揚げ10周年記念興行のために来日したゴッチが道場で久しぶりに猪木をコーチ。これが猪木とゴッチの最後のトレーニングとなった（3月3日）

3月6日（大田区体育館）は、新日本の旗揚げ興行からジャスト10年の記念日ということでカール・ゴッチが招聘され、シリーズ前には久しぶりに新日本の道場で「ゴッチ教室」が開講された（猪木も1日だけ参加）。私は3月13日の土曜日、ゴッチがフロリダに帰国する朝に時間を割いてもらい京王プラザホテルでインタビューしたが、3月6日に大田区体育館のリングに上がれたことを非常に喜んでいた。ゴッチとは1980年1月、1982年1月に続いて3度目のインタビューだったので私の顔を覚えていてくれており、質疑応答もスムーズに進行した。このときは月刊『プロレス』で連載されていた「我が心の名勝負」という4ページものの取材だったが、私が「力道山対猪木、もし戦わば？」と聞いたときの表情と答えは興味深かった。

第5回 MSGシリーズで猪木は快調スタート。3・12後楽園ではカーンに快勝。しかし、その後、膝のケガのために戦線離脱を余儀なくされた

「もちろん、勝つのはイノキだ。リキドーザンはマット・レスリングが出来ない。スタンド・レスリングならば対抗できるだろうが、イノキは相手のポジションを崩すノウハウを幾つも知っている」とベタ褒め。質問自体も不謹慎だったという反省はあるのだが、ここまで明快なアンサーが返されるとは予想しておらず、原稿を書くときに悩んだ思い出がある。

猪木はMSGシリーズ5連覇をめざして快調な出だしを見せ、前半戦の山場であるキラー・カーン戦（3月12日、後楽園＝MSGシリーズ公式戦）を延髄斬りからの体固めで完勝（16分19秒）。そのあとも順調にポイントを重ねていったが、3月26日の広島県立体育館（生中継）でアンドレに

4·21蔵前の特別興行で初来日のベンチュラを難なく撃退

右膝を攻撃されて場外でダウンし、1分41秒でリングアウト負けを喫してから急激に生気を失い、3月31日に愛知県体育館でマードック、ローデスの二人に徹底的に膝を狙われて「万事休す」となってしまった。

猪木は翌4月1日の決勝戦出場権を放棄し（欠場）、代役として予選ポイント3位だったキラー・カーンが登場する。カーンは予選トップで残ったアンドレの厚い壁に挑んだが最後はスタミナ切れで玉砕（16分42秒）。5回目にしてアンドレが初の「ガイジン優勝」を果たして「猪木不在」の穴を立派に埋め、大観衆（発表は1万1500人）の歓呼に応えた。

私はそれまでにも「猪木がケガのためドタキャン」というケースに何度か会場にいたが、この4月1日ほど館内に「仕方がない。猪木さんはゆっくり休んでいいよ。キラー・カーンならば何とか凄い結末を見せてくれそうだ」的なムード、つまり「猪木がいなくても、新日本は誰がメインでも面白い」的な寛容な雰囲気を感じたことはなかった。のちに「（猪木による）ワンマン・ショー」に対比する言葉として「パッケージ・ショー」というフレーズが定着するが、この4月1日こそが「新日本としてのパーフェクトなパッケージ・ショーの始まり」だったかもしれない。

シリーズ後、猪木は新日本主力とマードック、アレン、コロセッティ、キッド、ハートを引き連れて4月5日から14日までアラブ首長国連邦のドバイに遠征。4月8日にマードック、10日にアレンとシングルで対戦して連勝したが、9日の興行はコンディション不良のために急遽出場をキャンセルしており、依然、両膝の状態が良くなかったことが覗われる。

難民義援金募集チャリティ特別興行

初来日のベンチュラを〝胸板斬り〟葬

4月21日に蔵前国技館でワンナイトのスポットショーが開催され（テレビで「水曜スペシャル」特番90分の生中継）、猪木は初来日のジェシー・ベンチュラ（のちにコメンテーター、俳優、ミネソタ州知事として活躍）と対戦。ベンチュラはこの夜だけの参加という超大物扱いだったが、スーパースター・ビリー・グラハムを完全コピーした「見せかけだけのマッチョマン」で、12分45秒に猪木の延髄斬り（ヒットしたのは胸の部分だったが）を食って体固めで完敗した。猪木の両膝は思ったような回復を見せておらず、延髄斬りのジャンプ力にいつもの高さがなかったことも（フィニッシュが）「胸板斬り」になってしまった原因ではあった。

ビッグ・ファイト・シリーズ

右膝半月板手術のためシリーズをほぼ欠場

4月23日（埼玉・大宮スケートセンター）から5月27日（兵庫・丹波篠山温泉）までの期間に30興行が開催され、ハルク・ホーガン（後半戦特別参加）、ジム・ナイドハート（前半戦特別参加）、アブドーラ・ザ・ブッチャー、ブラック・タイガー、ペロ・アグアヨ、バッドニュース・アレン、レス・ソントン、SD・ジョーンズ、ホセ・ゴンザレス、バディ・ローズ、ビッグ・レッド・ジョン、ホセ・エストラーダの12選手が招聘された。猪木は開幕戦の大宮から第3戦（4月25日の山形県川西市大会）までは出場したが（全て6人タッグ）、両膝の痛みがひどいため第4戦から最終戦までの27興行を欠場した。

ワンシリーズの大半を欠場したのはこれが初めてで、いよいよ新日本は「猪木ヌキでも観客動員を落とさないパッケージ・ショー」の体制作りを本格的に構築していく。

猪木は右膝の半月板手術のために4月27日から10日間の入院となり、5月6日に退院。以降は自宅で静養を続けて、シリーズ終盤の5月19日（埼玉県春日井市）と26日（大阪府立体育館）のリング上で観客に挨拶と療養経過報告を行った。6月4日からは新間本部長を伴ってブラジルに赴き「アントントン・ハイセル」（サトウキビの廃液や搾りかすを燃料や飼料に再生させようとするバイオ事業。

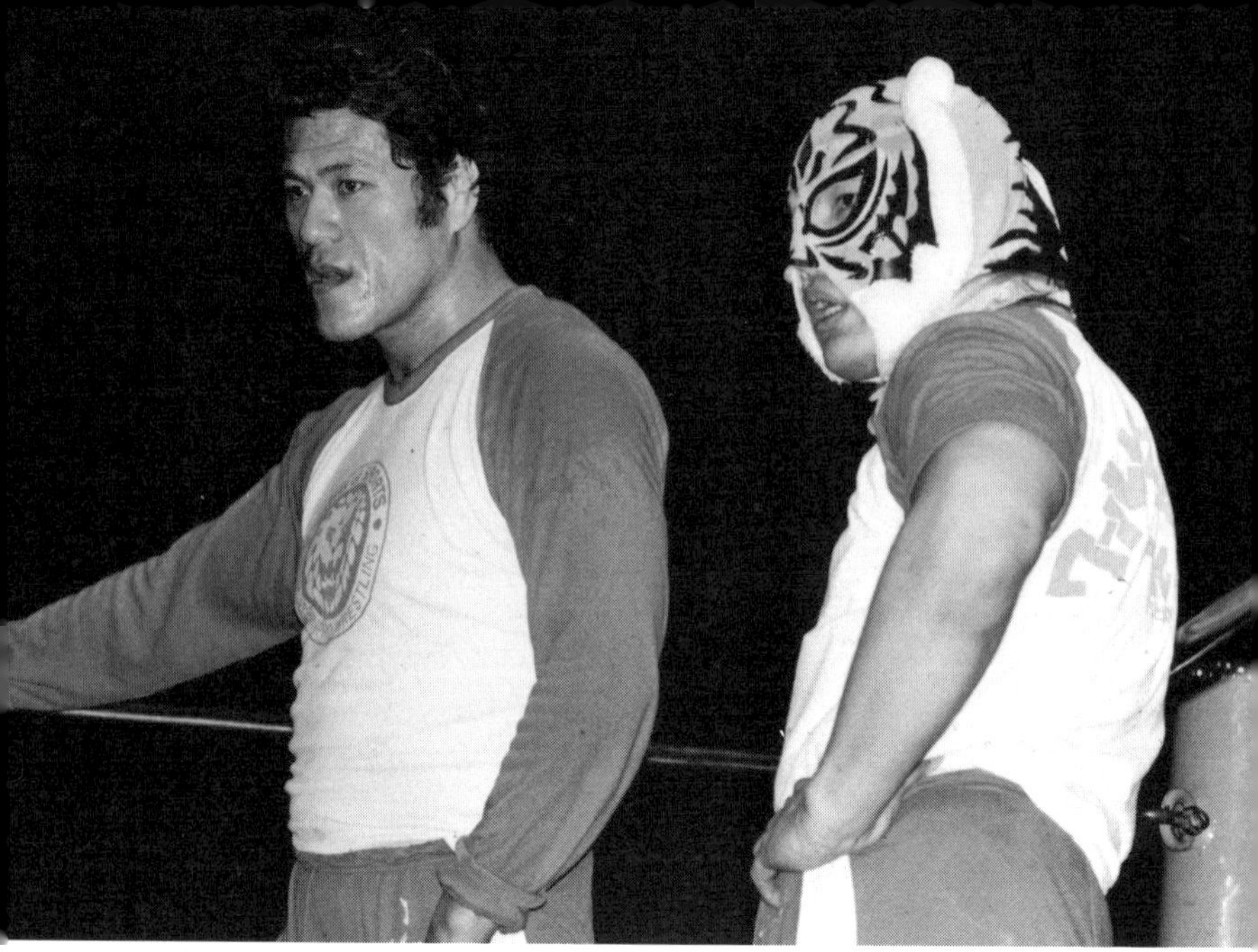

猪木はビッグ・ファイト・シリーズの開幕から3大会を出場。しかし膝の負傷が回復せず、その後、最終戦まで欠場することに（写真は4・23大宮の開幕戦）

エネルギー問題や食糧難の解決を目指す、ブラジルにおける夢のプロジェクトで、当時の猪木が注力していたが莫大な借金だけがかさみ、会社の利益もつぎ込んだと疑われ、団体内でのちに軋轢を生んだ）稼働の中枢機能となる工場の竣工式に出席、17日に帰国している。

金曜日の「ワールドプロレスリング」は4月30日から6月11日までの6週「猪木不在」の中継となったが、藤波、タイガーマスクの奮闘や、猪木不在のために日本陣営に回ったホーガンの活躍もあって高い視聴率をキープし、関係者をホッとさせた。

サマー・ファイト・シリーズ第1弾

リング復帰を果たすも精彩を欠く

6月18日（蔵前国技館）から7月8日（神

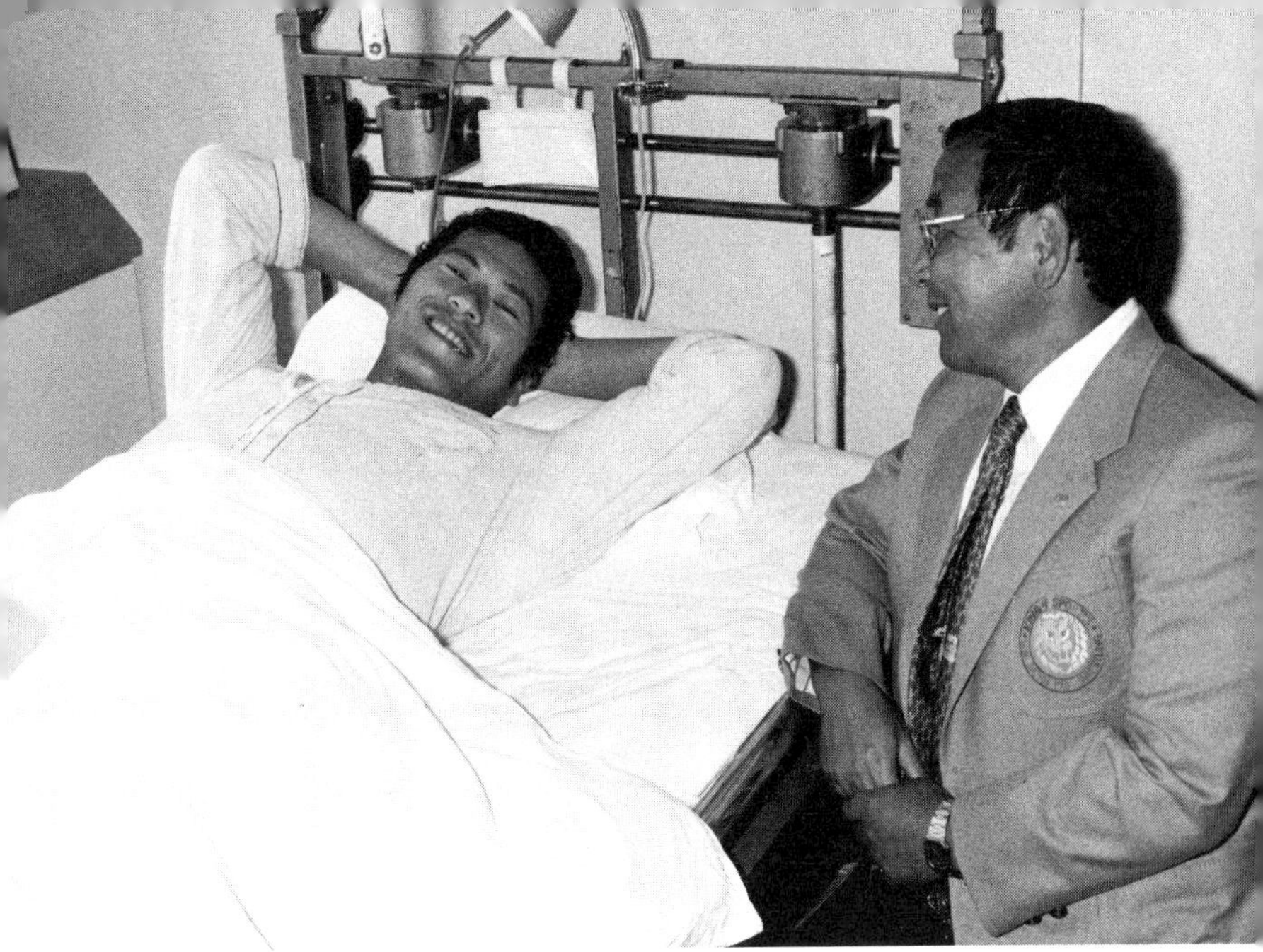

右膝半月板手術を終えた猪木を新間氏が見舞う（5月6日）

奈川・横須賀市総合体育館）の期間に19興行が開催され、アンドレ・ザ・ジャイアント、ハルク・ホーガン、ディック・マードック、エル・カネック、スコット・マギー、エル・ポラコ、ウルトラマンの7選手が招聘された。猪木は開幕戦の蔵前でマギー（英国の名レスラー、ジェフ・ポーツの息子）を相手に復帰戦を行い、1分37秒にバックドロップからの体固めで楽勝（テレビ生中継）。そのあとの地方巡業では藤波、ホーガン、谷津、木村健吾、ヒロ・マツダらとのコンビ（トリオ）によるタッグマッチ、6人タッグばかりだったため、膝の回復具合も今一つクリヤーではなかったが、7月4日の大阪府立体育館でカネックとシングルで対戦した試合（4分53秒に卍固めで勝利）では全く動きに精彩を欠き、マスコミ間で「どうも猪木が不振の原因は、膝だけではなさそうだ」との声が高くなっていった。
7月11日に渡韓した猪木は12日に済州島の市長室で名誉市民賞を贈られ、13日に帰国したが、成田空港から自宅に戻る途中の車中でグッタリとなって起き上がることが出来ず、そのまま極秘入院となって点滴を受ける状態に追い込まれる。

サマー・ファイト・シリーズ第2弾

糖尿病のため新日本旗揚げ以来初のシリーズ全休

7月16日（福岡・中間市体育文化センター）から8月5日（蔵前国技館）までの期間に19興行が開催され、アドリアン・アドニス、ディック・マードック、グレッグ・バレンタイン、ダイナマイト・キッド、ザ・グラップラー、ブレット・ハート、リック・マグロー、フレッド・ブラッシー（マネージャー）、ボブ・バックランド（最終戦のみ）の9人が招聘された。

開幕戦前日（15日）に「猪木が内臓疾患のため、シリーズを全休する」ことが発表されたが、この段階では具体的な病名が「糖尿病」であることは明らかにされていない。当時はまだ糖尿病という病名が一般市民に与える響きが現在とは異なり、「アスリートにとっては致命的」という概念が流布していた。極端に言えば「糖尿にかかったら体重が激減し、当然、酒を飲むことも禁止。インシュリンを打って節制するしかない。普通なら引退」というのが一般常識となっており、「天下のスーパーマン、アントニオ猪木が糖尿病で欠場」というのは、余りにもイメージ的にマズかったのだ。

このあと8月下旬に復帰後、本人から「実は7月中旬の段階では血糖値が600以上あって、プロレスどころか、瀕死の状態だった」とカミングアウトされ、「さすが猪木！　超人的な体力で元に戻した」風の美談で誤魔化されたのだが、シリーズ中には「年内のカムバックは無理だろう」という噂も立ったほどで、各マスコミには「猪木限界説」の記事が嫌というほど掲載されていたものである。

「猪木のシリーズ全体」は旗揚げ以来、これが初めてのケースで、5月シリーズに続いて再度、藤波とタイガーマスクがメインを張り立派に猪木不在の穴を埋めた。最終戦の蔵前は、バックランド対藤波のWWFヘビー級選手権とタイガーマスク対ダイナマイト・キッドのWWFジュニア・ヘビー級選手権の二本立てで満員となり（発表は9100人）、猪木は背広姿で放送席に座って「必ず次期シリーズで復活する」と宣言。「ひとまず」ファンを安心させたが、背広姿で包んだ上半身はやや萎んだ印象もあり、「裸を見るのが怖い」というのが私の本音だった。

ブラディ・ファイト・シリーズ

浜口に髪を切られる！　国際軍団が「定番の相手」として定着

8月27日（後楽園ホール）から9月23日（埼玉・大宮スケートセンター）までの期間に25興行が開催され、ハルク・ホーガン、マスクド・スーパースター、サージェント・スローター、ブラック・タイガー、クリス・アダムス、エド・レスリー、ルイス・マリスカル、ピート・ロバーツ、ビジャ

猪木は6月にホーガンと初タッグを結成。ブラディ・ファイト・シリーズ開幕戦（8・27後楽園）にはコンビとして登場した。この時期、コンディションに不安を抱える猪木にとって、ホーガンは心強い相棒となった（写真は8・29田園コロシアム）

ノⅢの9人が招聘された。

猪木は開幕戦（生中継）からホーガンとのコンビで出場してスローター、レスリー組と対戦。さすがに2カ月の長期欠場によるウェイト・ダウンが気になったが動きは悪くなく、最後はレスリーを延髄斬りからフォールして復帰戦を飾った。シリーズ中の大きな山場は9月21日、大阪府立体育館でのラッシャー木村戦で、この試合が「敗者髪切りマッチ（ヘア・ベンド・マッチ）」のルールで行われたから館内には超満員（発表は9000人）の観客が詰めかけた。私も館内にいたが完全な「スシ詰め」状態で蒸し暑く、「病みあがりの猪木にとっては、この湿気はキツイだろうな」と思いながら試合を見ていた。11分34秒、体固めで猪木

R・木村と「敗者髪切りマッチ」で遺恨対決。しかし勝者の猪木が浜口によって髪を切られ、観客はエキサイト。抗争はますますヒートアップした（9・21大阪府立）

が勝ったものの、木村が髪を切らずに控室に逃亡。木村のセコンドについていた浜口が、場外で猪木の髪の毛をハサミで切るという行為に出たため、観客の一部が暴動化するハプニングとなった。猪木がリング上で怒りのマイク・パフォーマンスをやって何とか最悪の事態は回避できたが、ここから約1年、国際軍団（木村、浜口、寺西）の3人が、「猪木の定番相手」として完全に定着する。

前年の「闘魂シリーズ」の稿にも書いたが、トップを極めた超一流レスラーが、晩年に「エースとして長く人気を保つ」ため、「毎晩のように特定の相手と試合をする」のは仕方のないことである。アメリカにおいては、全盛期を過ぎたNWA世界王者のルー・テーズが、自分の内弟子であったサム・スティンボートを同行して各地でタイトルマッチをやったし（観客は、弟子だった背景を知らない）、同じくバディ・ロジャース（NWA世界王者、WWWF世界王者）も身内（弟分）のビリー・ダーネルやジョニー・バレンドを同行して相手にし、各地で頻繁に世界選手権を消化した。テーズ、ロジャースにとって「手の合った」相手との試合だから、攻防がスムーズに展開し、観客のウケも非常に良い。各地のプロモーターも喜ぶし、動員観客も悪くない。何も悪いことはないようにも思えるのだが、そこには（初対決の相手との間に生まれるような）「殺気、スリル」を著しく欠く。「馴れ合い」という表現は使いたくないが、どうしてもその落とし穴にハマってしまう懸念がある。

9・23大宮でM・スーパースターを卍固め葬

さすがに猪木は敏感にそれを察知し、次期シリーズからは国際軍団との試合方法に「手を変え品を変えて」マンネリを防いでいった。

闘魂シリーズ

長州を「その気」にさせ、国際軍団との抗争で天才アイデアマンぶりを発揮

10月8日（後楽園ホール）から11月4日（蔵前国技館）の期間に25興行が開催され、アブドーラ・ザ・ブッチャー、バッドニュース・アレン、SD・ジョーンズ、カウボーイ・ボブ・オートン、レス・ソントン、ジョニー・ロンドス、マーティン・ジョーンズ、シルバー・ハリケーン（ミレ・ツルノ）の8選手が招聘された。

このシリーズは開幕戦の6人タッグマッチ（猪木、藤波、長州対ブッチャー、アレン、ジョーンズ）で有名な「噛ませ犬事件」（長州が試合中、同門の藤波に反旗をひるがえして、「俺はお前の噛ませ犬じゃない！」と下剋上を宣言）が勃発したため、話題は最終戦まで藤波対長州に集中した。猪木はシリーズ開幕前、中堅の座に甘んじ、半年のメキシコ遠征から帰国した長州に対して「このへんで自己主張しろ。そうでないと、お前は一生、藤波の下だぞ」的な進言によって奮起を促し、それが「噛ませ犬発言」に直結した…と伝えられる。猪木、長州共に、本当のところを公言したことはないので「真相」は闇の中にあるのだが、この年の春から秋にかけてシリーズを何度も欠場し、興行に穴を空けることが多くなっていた猪木が、「そろそろ、シリーズの軸は俺じゃなく、藤波と

猪木は国際軍団との1対3変則タッグマッチを決行。寺西、浜口は退けたものの、ロープに宙吊りとなりR・木村にリングアウト負け（11・4蔵前）

長州に牽引させよう。そのためには、二人をタッグで売るのではなく、対立させたほうが面白い」と考えて長州をその気にさせたに違いない。

シリーズのメインテーマが「藤波対長州」になったため、猪木は最終戦の「対国際軍団・1対3変則マッチ（木村、浜口、寺西）」に集中できた（体力を温存するために、11月1日から3日までの米子、津山、岡崎の3興行だけは欠場したが）。両膝の不調と糖尿病に苦闘中、ラッシャー木村一人が相手でもシンドイところを、自ら「1対3」を志願したところが猪木の天才アイデアマンたる所以である。

11月4日の蔵前には超満員（発表は1万2000人）の観衆が詰めかけ、ダブルメイン第1試合の藤波対長州（WWFインターヘビー級選手権＝藤波の反則勝ち）のあとの「超・極上のデザート」を満喫した。

1対3マッチで寺西、浜口を退けて「木村との一騎打ち」になった段階では勝利も見えていたが、さすがにスタミナ切れで木村を倒す体力は残されていなかった。27分7秒、木村のラリアットによってサードロープに足を絡ませた猪木は、エプロンに宙吊りの状態でレフェリー（山本小鉄）のテンカウントを聞いた（リングアウト負け）。翌日のテレビ中継は25％を超す高視聴率を叩きだし、テレビ朝日も快哉。「1対3」は想像以上の大ヒットとなり、開幕戦から最終戦の流れを振り返ると、「猪木の思惑」が完璧に遂行された満点のシリーズだったと思う。

第3回MSGタッグリーグ戦

コンディション不良の1年をホーガンとのコンビで締める

11月19日（横浜文化体育館）から12月10日（蔵前国技館）までの期間に22興行が開催され、アンドレ・ザ・ジャイアント、ハルク・ホーガン、ディック・マードック、マスクド・スーパースター、アドリアン・アドニス、ディノ・ブラボー、レネ・グレイ、エル・カネック、ペロ・アグアヨ、ウェイン・ブリッジ、ヤング・サムソンの11選手が招聘された。

猪木はホーガンとのコンビで出場し、最終戦の蔵前で予選2位のポイントで決勝に進出してきたキラー・カーン、タイガー戸口組と対戦。31分17秒、猪木が戸口から卍固めでギブアップを奪い2年ぶりに優勝を果たした（生中継）。従来、年末タッグリーグ戦のキーマンとして活躍してきたス

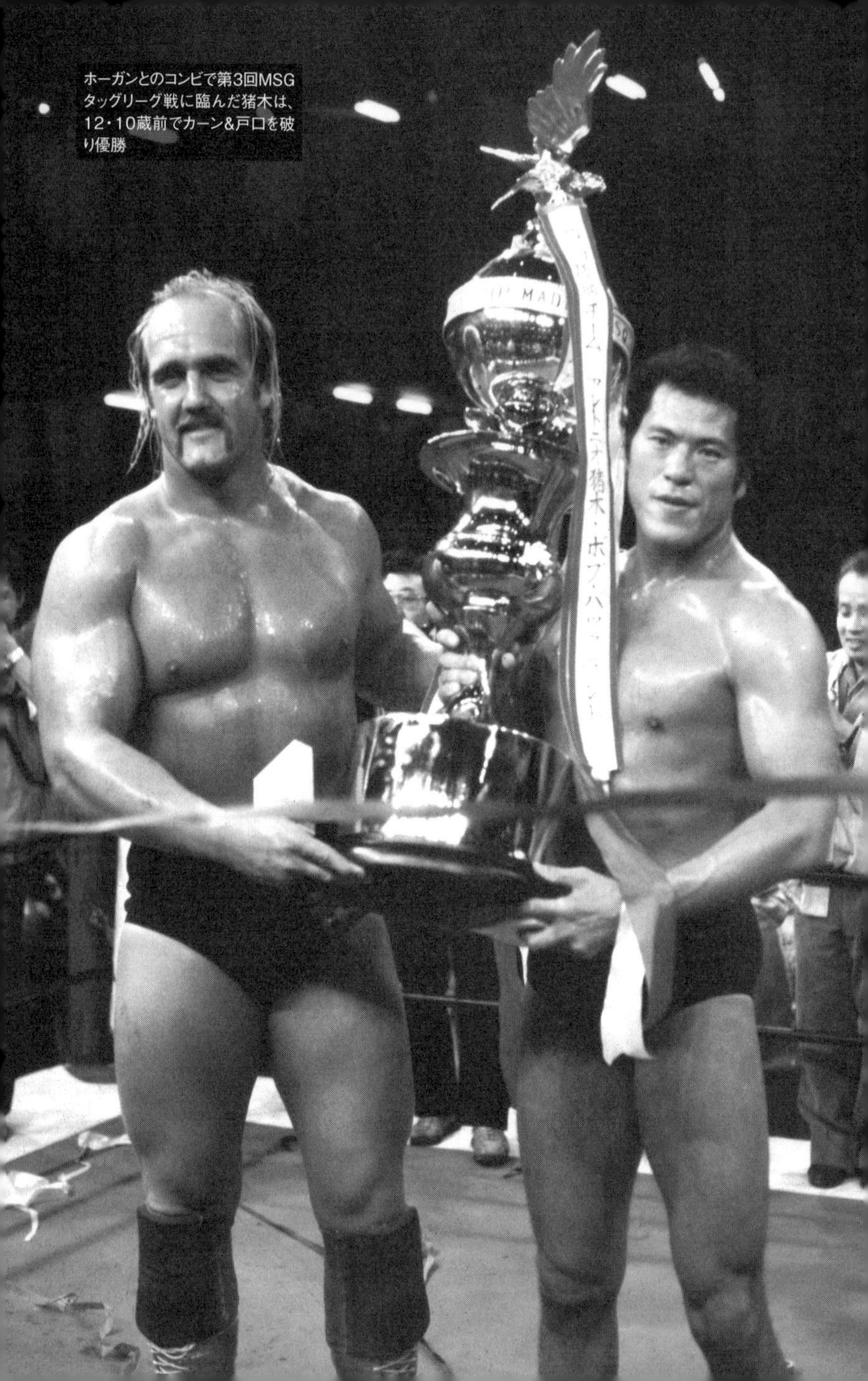

ホーガンとのコンビで第3回MSGタッグリーグ戦に臨んだ猪木は、12・10蔵前でカーン&戸口を破り優勝

タン・ハンセンが全日本に移り、ブルーザー・ブロディとの〝超獣コンビ〟で「世界最強タッグ決定リーグ戦」に出ていたため、ハンセンに代わる役割をアドニスが担った形になった。アドニスは7月のシリーズ（初来日）で実力者ぶりを証明し、このリーグ戦もマードックがパートナーであれば「十分に決勝進出が可能」と思われたが、なぜかこの年は一枚落ちるD・ブラボーをあてがわれ、ポイントでカーン、戸口組、マードック、スーパースター組、アンドレ、グレイ組の下という順位に甘んじた（相手チームがブラボーに集中攻撃）。私は最終戦の前日、12月9日の大阪府立体育館に行ったが、この日はアドニスがメインの60分1本勝負で猪木とシングル初対決する絶好のカード。この試合は猪木がバックドロップと延髄斬りの波状攻撃で完璧なフォールを奪い快勝（8分10秒）し、コンディション的にはガタガタだった1年を「有終の美」で飾った。

年末に発売された専門紙『週刊ファイト』に「ＩＷＧＰの決勝リーグは、来年5月から6月にかけて日本で開催される」というスクープ記事が掲載され、文中に「年末のＭＳＧタッグリーグ戦に招聘されたメンバーの中からは、アンドレ（北米代表）、ホーガン（北米代表）、カネック（メキシコ代表）、ブラボー（カナダ代表）、ブリッジ（欧州代表）が決定」とも書かれていた。

こうなると残るは肝心の「日本地区代表」と「中近東地区代表」だけとなっていたが、私は記事を読みながら「中近東地区？　ボロ・ブラザーズのジャラ（・ペールワン）あたりが出てくるのかな？」と首を傾げた。「いずれにせよ、決勝は猪木対アンドレ。そこで、猪木が大巨人アンドレから初のフォールを奪って優勝」というイメージは全くブレることがなかった。私だけでなく、この時点では全てのプロレスファンは同じ「未来予想図」を描いていたと思う。

1983年（昭和58年）

失神、タイガー引退、クーデター…ブームの頂点から一転、スキャンダルまみれに

新春黄金シリーズ

国際軍団との1対3再戦で驚異的な視聴率を挙げる！

1月1日（後楽園ホール）から2月10日（愛知・蒲郡市体育館）までの期間に35興行が開催され、ハルク・ホーガン（後半戦特別参加）、ジェシー・ベンチュラ（前半戦特別参加）、マイク・ジョージ（後半戦特別参加）、ジム・ナイドハート（前半戦特別参加）、ブラックジャック・マリガン、マスクド・スーパースター、ブラック・タイガー、ホセ・エストラーダ、エル・シグノ、エル・テハノ、ネグロ・ナバーロの11選手が招聘された。

猪木はシリーズ終盤戦の2月7日、蔵前国技館で国際軍団（ラッシャー木村、アニマル浜口、寺西勇）を相手に1対3の変則マッチを再び敢行（観衆1万2000人の超満員）。木村、寺西の二人を約15分で次々とフォール（体固めとコブラツイスト）したが、3人目の浜口はスタミナ切れで

クリヤできずに反則負け（5分56秒）。ルール（1本でも取れば国際の勝ち）によって再び国際軍団の堅塁を抜くには至っていない。この試合は11日の「ワールドプロレスリング」で録画放送されたが、なんと25・9%という驚異的な視聴率を挙げて同時間帯の「太陽にほえろ!」（日本テレビ）を凌駕。テレビ朝日のゴールデンタイム全番組でもナンバーワンの視聴率となり、新日本プロレスの存在感を改めて世間に知らしめた。キャパの大きい蔵前国技館でも「やれば必ず超満員」が当たり前のようになっており、このあたりからIWGPにかけての半年間が、まさに「新日本ブーム」のピークだったように思う。

国際軍団と2度目の1対3変則タッグマッチに臨んだ。R・木村、寺西を料理するも、最後の浜口に反則負けを喫し、連敗（2・7蔵前）

ビッグ・ファイト・シリーズ第1弾

IWGPアジア・ゾーン予選でカーンに完勝

3月4日（神奈川・相模原市総合体育館）から3月24日（大阪・堺市大浜相撲場）までの期間に19興行が開催され、アドリアン・アドニス、カウボーイ・ボブ・オートン、バッドニュース・アレン、トニー・パリシー、クリス・アダムス、タルバー・シン、ミレ・ツルノ、アブドーラ・タンバの8人が招聘された。猪木は最終戦（3月24日）のみシングルマッチで出場し、キラー・カーンを13分56秒、卍固めでギブアップさせ完勝。これはＩＷＧＰアジア・ゾーン予選リーグとして行われ、勝った猪木は決勝リーグ進出に王手をかけた。

ビッグ・ファイト・シリーズ第２弾

2度の蔵前大会で長州対藤波に話題をさらわれる

４月１日（後楽園ホール）から21日（蔵前国技館）までの期間に19興行が開催され、ポール・オーンドーフ、ダイナマイト・キッド、エド・レスリー、バディ・ローズ、カズエル・マーチン、ボビー・ガエタノの６人が招聘された。

シリーズ中に組まれた猪木のシングルマッチは２回で、まず４月３日の蔵前のメインでラッシャー木村と「アジア・ゾーン予選リーグ最終戦」を争い、14分１秒に体固めで勝って決勝リーグ進出を決めた（セミは長州対藤波のＷＷＦインターナショナル・ヘビー級選手権で長州が藤波に念願のフォール勝ちし王座奪取）。最終戦の蔵前ではダブルメイン（タイガーマスク対キッドのＮＷＡ世界ジュニア・ヘビー級選手権、長州対藤波のＷＷＦインター・ヘビー級選手権）の前の60分１本勝負でマサ斎藤と対戦し、12分19秒に卍固めで勝って、ＩＷＧＰ前の最終試合で好調をアピールした。

3週間のシリーズに2度も蔵前で興行を打ち、2度とも超満員（発表は1万2000人）になり、しかも、共に藤波対長州というカードが「興行の中心」だったという現実を見ながら、猪木の心の中で「もう、必ずしも俺が出なくても、やっていけるのではないか？ 俺がIWGPに優勝する、しない、というのは、さほど大きな問題じゃないかも」的な、いわば「いたずら心、遊び心」が出てきたというのが私の推理だ。IWGPの前月だったという時期を考慮すると、この4月の蔵前2連戦は「その後の猪木」に大きな心理的転換、もっと言えば「舌出し失神事件」をもたらす一つの契機になったのではないかと思う。

「4大スーパーファイト」と銘打たれた4・21蔵前大会のメインは、長州vs藤波。猪木はダブルメインの前の試合でM・斎藤とシングル対決

IWGP決勝リーグ

猪木は前田戦ですでに燃え尽きていた!?

5月6日（福岡スポーツセンター）から6月2日（蔵前国技館）までの期間に28興行（全く休みなしの28連戦＝日本のプロレス史上最高記録）が開催され、アンドレ・ザ・ジャイアント、ハルク・ホーガン、ビッグ・ジョン・

スタッド、エル・カネック、エンリケ・ベラ、オットー・ワンツ、ディノ・ブラボー（来日はしたが、試合をせずに急遽帰国）の7人が招聘された。1980年12月13日、東京体育館における構想発表から2年半。遂に実現した世紀のビッグイベントとあってIWGPの前人気は最高潮の盛り上がりを見せ、イギリスでウェイン・ブリッジを破り欧州ゾーン代表の座を勝ち取った新星・前田日明（当時24歳）の凱旋帰国も爆発的な人気を博した。

猪木は28興行のうち10試合のシングルマッチ（IWGP公式戦&決勝戦）を消化したが、これは糖尿病、両膝を手術して欠場が多かった前年以来、最も高い「シングル戦パーセンテージ」で、言葉は悪いが「体がしんどいからといって、自分の登場する試合をタッグマッチ、6人タッグで誤魔化せない」という点で、極めて厳しいシリーズとなった。私は当時、大阪（御堂筋線の本町駅近く）で勤務していたので、会場に行ったのは5月19日の大阪府立体育館だけだったが（ホーガンと15分21秒、両者フェンスアウトで引き分け）、その試合を見ながら「猪木の体調は、意外に良さそうだな」と驚いた記憶がある。その前にテレビ中継されたアンドレ戦（5月6日、福岡）とスタッド戦（13日、埼玉・大宮）も往年の軽快な動きを取り戻した感があり、私は「決勝でアンドレとやり、念願のフォールを奪って優勝するのは確実だろう」と思った。

その楽観ムードが一気に曇ったのが27日の香川・高松大会、前田との試合で、この試合の生中継を見ながら「来週の決勝はヤバイぞ。アンドレには勝てないかも」と悲観的になった。前田が善戦健闘したことももちろんだったが（12分57秒、猪木が延髄斬りからの体固めで勝利）、前週のホーガン戦で見せた精気が失せており、前田が次々と繰り出したジャーマン・スープレックス、ドラゴ

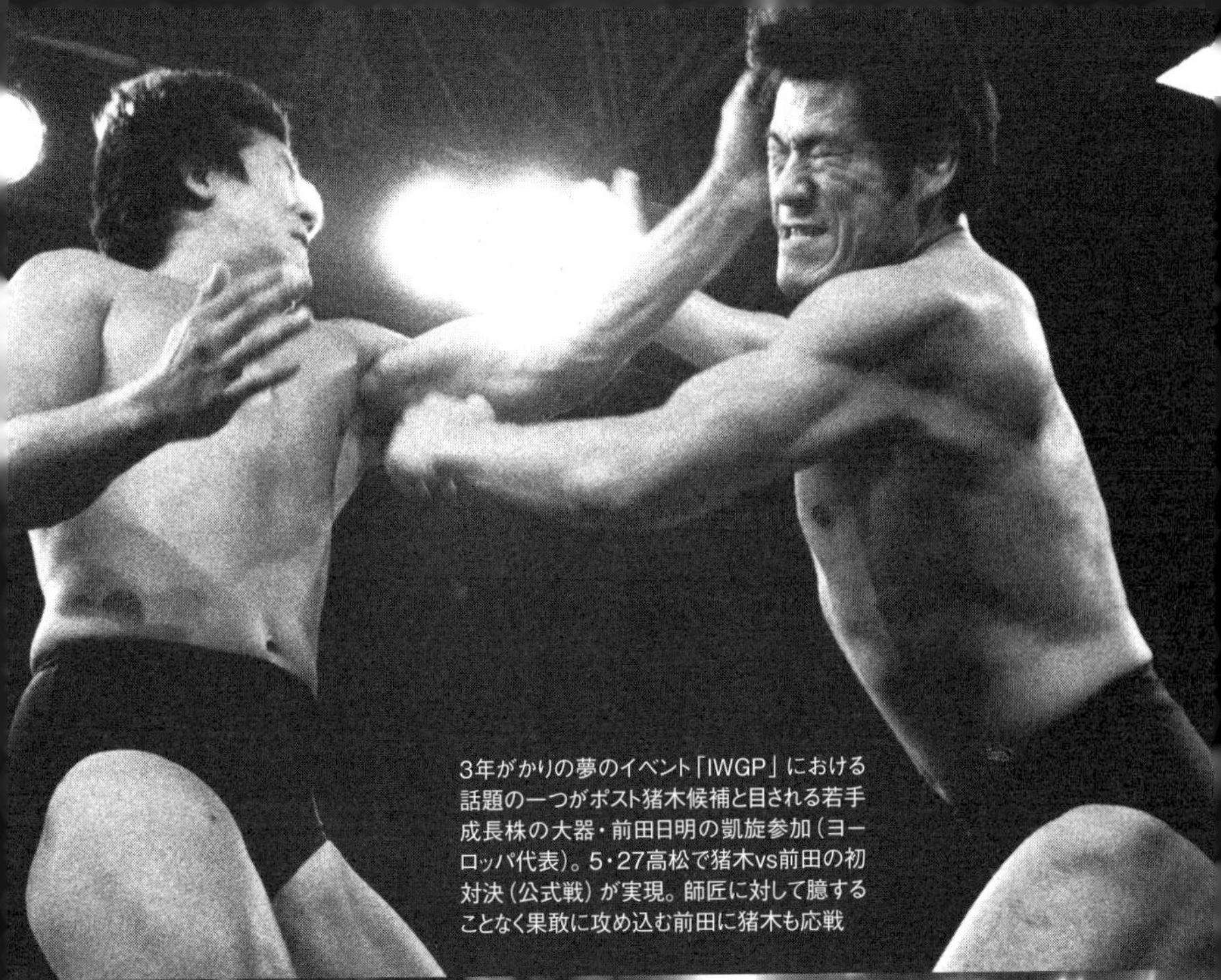

3年がかりの夢のイベント「IWGP」における話題の一つがポスト猪木候補と目される若手成長株の大器・前田日明の凱旋参加（ヨーロッパ代表）。5・27高松で猪木vs前田の初対決（公式戦）が実現。師匠に対して臆することなく果敢に攻め込む前田に猪木も応戦

前田を卍固めに捕らえた猪木。最後は延髄斬りで愛弟子を仕留めた。のちに前田がUWFへ移籍したため、この試合が猪木vs前田の唯一のシングルマッチとなった（5・27高松）

ヨーロッパ仕込みの〝七色のスープレックス〟の使い手である前田はドラゴン・スープレックス（写真）、ジャーマン・スープレックスなどで猪木を追い込む（5・27高松）

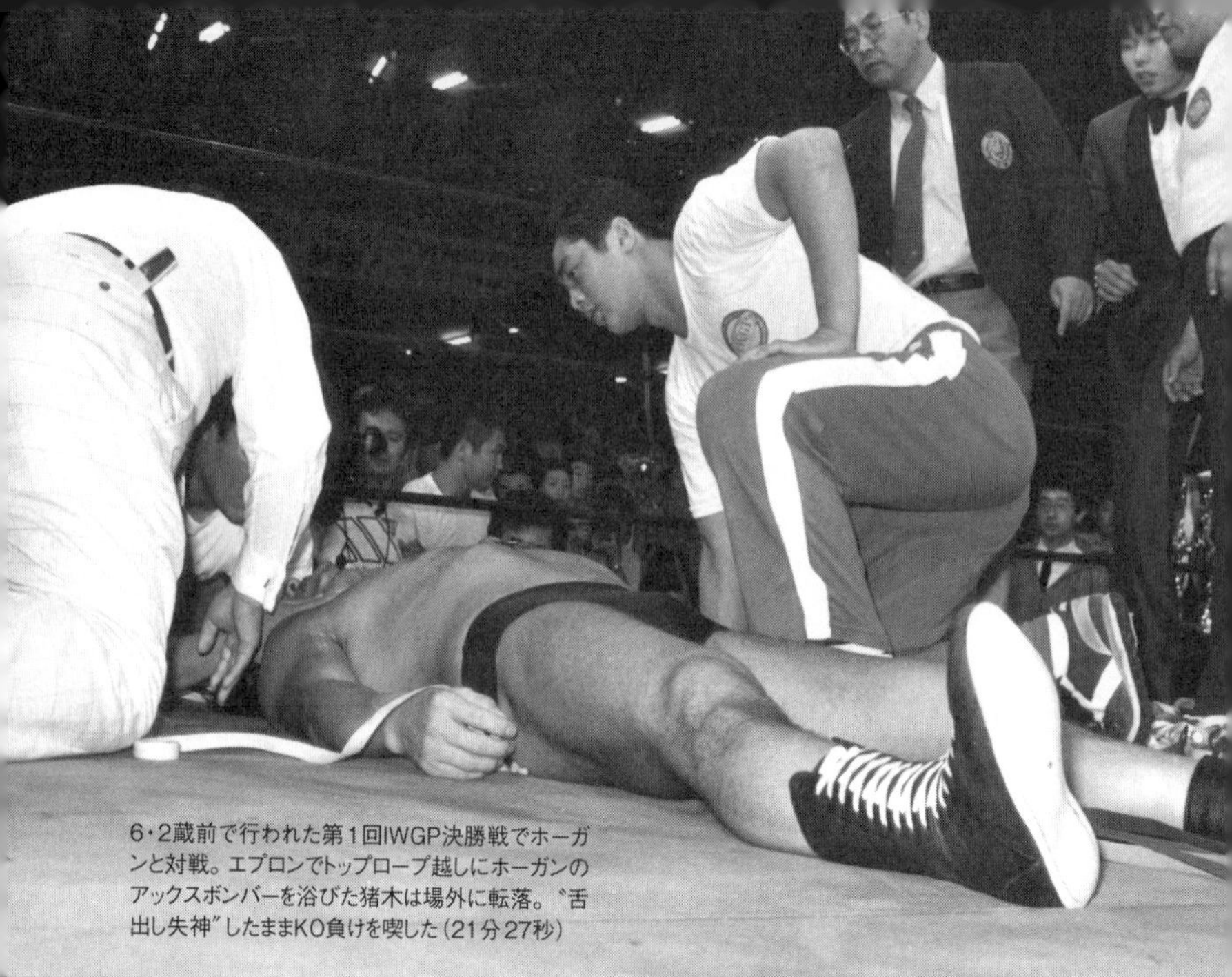

6・2蔵前で行われた第1回IWGP決勝戦でホーガンと対戦。エプロンでトップロープ越しにホーガンのアックスボンバーを浴びた猪木は場外に転落。〝舌出し失神″したままKO負けを喫した（21分27秒）

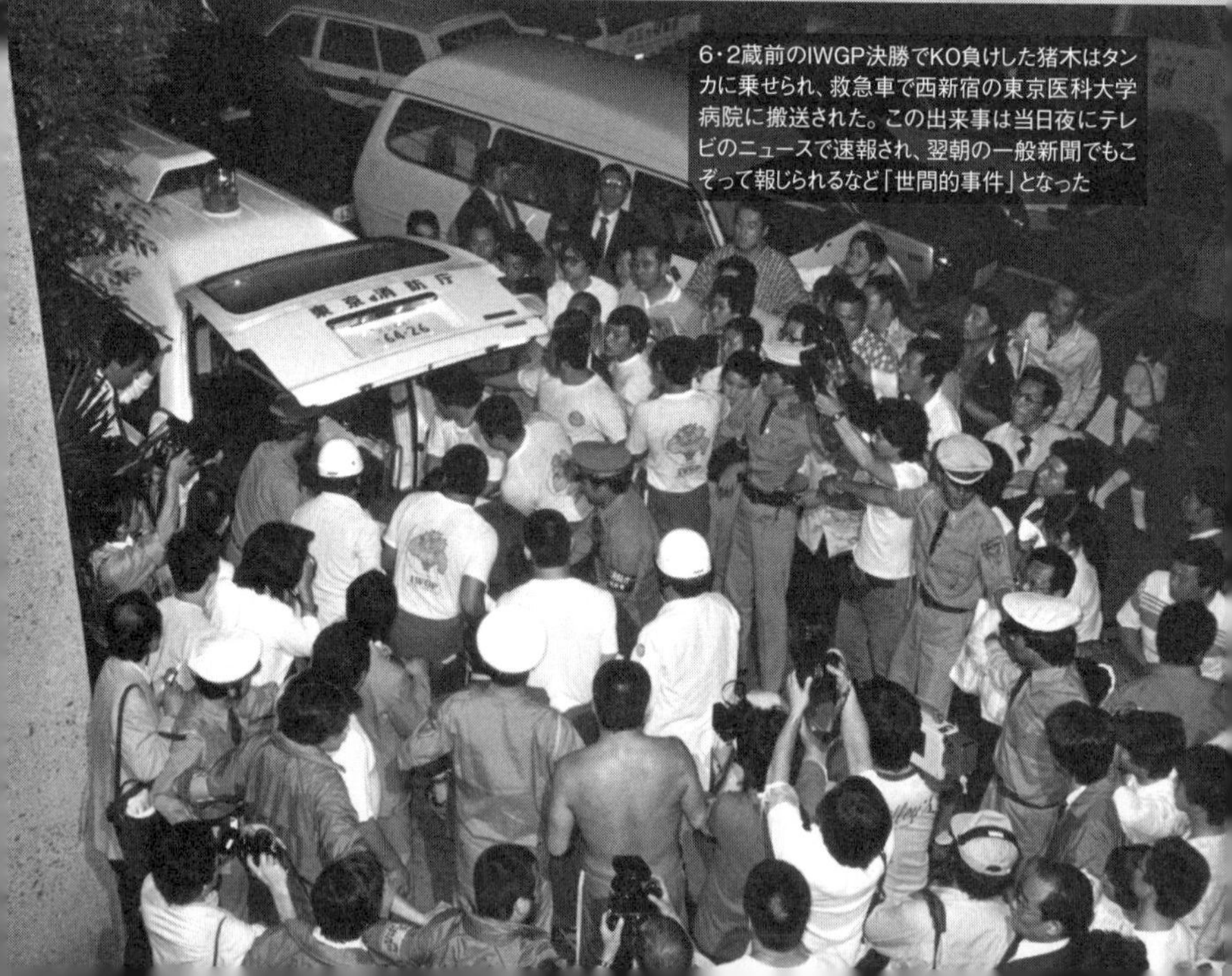

6・2蔵前のIWGP決勝でKO負けした猪木はタンカに乗せられ、救急車で西新宿の東京医科大学病院に搬送された。この出来事は当日夜にテレビのニュースで速報され、翌朝の一般新聞でもこぞって報じられるなど「世間的事件」となった

猪木優勝を夢見る〝3年越しの〟ファンの期待は砕け散り、栄えある第1回IWGPを制したのはホーガン。優勝を果たしながら困惑した表情が印象的だった（6・2蔵前）

ン・スープレックスを無防備に浴びてKO寸前に追い込まれた。「風車の論理（相手の力を逆利用して勝つ）」なんて悠長なエクスキューズで片付けられる状態ではなく、私には「猪木が、この前田戦で燃え尽きた」ように見えた。次の週の「ワールドプロレスリング」（6月3日）はホーガンに失神KO負けした決勝戦（6月2日）の録画中継だったので、私はテレビを見ながら「前田戦で燃え尽きたように見えたのではなく、実際に燃え尽きていた」ことを確認したような気がしていた。その後「舌出し失神事件」と命名されたこの一戦は、当の猪木が最後まで沈黙を貫いたため、真相は永遠の謎になってしまったが、くどいようだが私の中では「5月27日の前田戦で体力の限界を悟った結果の自

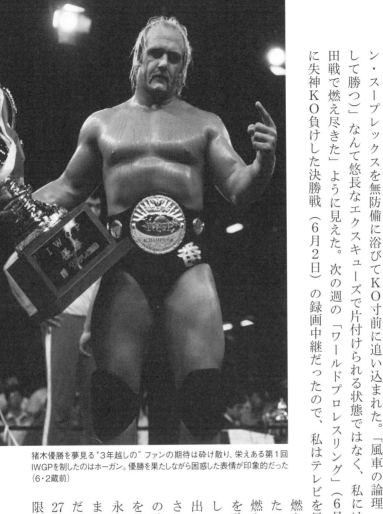

爆」として腑に落ちている。

サマー・ファイト・シリーズ
タイガー引退とクーデターのダブルパンチを浴びる!

7月1日（後楽園ホール）から8月4日（蔵前国技館）までの期間に33興行が開催され、アブドーラ・ザ・ブッチャー（前半戦特別参加）、ポール・オーンドーフ（後半戦特別参加）、ディック・マードック、アドリアン・アドニス、ピート・ロバーツ、デイブ・フィンレー、エル・ハルコン78、ブライアン・ブレアーの8選手が招聘された。

猪木はIWGP決勝でKO負けした直後に入院（東京医科大学病院）し、退院後も回復が思わしくなかったため、このサマー・シリーズを全休した。私は7月7日の大阪府立体育館に行ったが、猪木欠場の影響を全く感じさせない超満員（発表は8600人）で、藤波対長州、タイガーマスク対寺西、ブッチャー対マードックの3大カードを中心に館内は異常な盛り上がりをみせていた。このシリーズの後、タイガーマスク（佐山聡）が突如引退を発表して新日本のリングを去ったため、タイガーマスクの大阪府立はこの夜がラスト。「猪木不在でも、藤波、長州、タイガーマスクの3人がいれば観客動員数は落ちない」と思っていたが、やはりタイガーマスク離脱後の大阪府立は（猪木が復帰したあとも）1割から2割、動員数を落とした印象が残る。タイガー目当てで来ていた少年ファンが、ここで一気にフェイドアウトしてしまったことは痛恨の極みである。

6月10日、猪木が事務所で記者会見を開き経過を報告。失神事件後、初めて公の場に姿を見せたため、多くのマスコミが駆け付けた

シリーズ後の8月12日（猪木は高田伸彦〈延彦〉のセコンドとしてカナダ・カルガリーに遠征中）に新日本内部でクーデターが発生し、8月20日に帰国した猪木は、25日の緊急役員会で社長を辞任した（坂口は副社長を辞任、新間専務は謹慎）。これは新日本の社内余剰金が不正に「アントン・ハイセル」へ流用されているとの噂に端を発した社内営業幹部、傘下レスラーの反乱事件だったが、結局はテレビ朝日幹部による「猪木、坂口を元の地位に戻せ。さもなければ放送を中止する」との命令によって短期間で鎮圧されている。海外出張中に勃発したクーデター事件とあって猪木の動揺は半端ではなく、腹心でもあったタイガーマスク突然の引退とのダブルパンチを食った形で、「舌出し失神事件」のダメージを癒すどころではない状況に追い込まれた。

ブラディ・ファイト・シリーズ

〝最後の田園コロシアム〟で懸命の首斬りアピール

8月26日（埼玉・大宮スケートセンター）から9月22日（東京・福生市体育館）の期間に26興行が開催され、ディック・マードック、バッドニュース・アレン、ブルース・ハート、ヘラクレス・ローンホーク、エド・レスリー、トニー・セントクレアーの6人が招聘された。猪木は第3戦の8月28日（田園コロシアム）で3カ月ぶりにカムバックし、12分38秒でR・木村を卍固めで破りカムバックを飾った。

試合後、リング上で「てめえら、姑息なことをするな。俺の首をかっ切ってみろ！」という有名なマイク・アジテーションを行ったが、新日本の社内クーデターについては、マスコミによって全てが報道されていたわけではない

8・28田園コロシアムのR・木村戦でIWGP失神事件以来のリング復帰。試合に勝利後、マイクを持って「俺の首をかっ切ってみろ!」と叫んだ

ので（猪木が悪者という書き方でなかったのも多い）、あとでビデオを見ると田園コロシアムの観客が「猪木は、誰に対して怒っているのか？」と首を傾げた、いわば「意味不明、ピンボケのアピール」だったようにも見える。そんなことより、「タイガーマスクがいなくなってしまった悲しみ、喪失感」のほうが何倍も大きかった。新日本が田園コロシアムで興行を打ったのはこれが最後となったが、名門会場の新日本ラスト・ショーにしては寂しいものとなった。

11・3蔵前で正規軍vs維新軍・4対4対抗戦（綱引きによるクジ引きで対戦相手が決定）が行われ、猪木は第4試合で谷津に快勝（対抗戦は維新軍が勝利）

闘魂シリーズ

クーデターを鎮圧し社長に復帰

10月7日（後楽園ホール）から11月3日（蔵前国技館）までの期間に24興行が開催され、ポール・オーンドーフ、ビッグ・ジョン・スタッド、スチーブ・ライト、ブライアン・ブレアー、エディ・ギルバート、エル・グレコ、エル・セルヒヨ（十二指腸肝炎のため入院し、試合には出場できず）、デイビーボーイ・スミス（ザ・バンピート＝最終戦のみ）の8選手が招聘された。猪木はシリーズ全戦に出場したが、シン

年末の第4回 MSGタッグリーグ戦には、前年に続いてホーガンとのコンビで出場。写真は11月17日の前夜祭。WWFの総帥ビンス・マクマホン・シニア（右端）は翌84年5月に急死したため、これが最後の来日となった

グルマッチは11月19日の鹿児島・名瀬市（7分40秒、スタッドに反則勝ち）、21日の沖縄・那覇奥武山（7分30秒、スタッドに延髄斬りから体固め）、最終戦の谷津（9分48秒、延髄斬りから体固め）の3試合だけで、あとは全て6人タッグマッチ、タッグマッチで、とにかく「体調の回復」を最優先にして乗り切った感が強いシリーズだった。シリーズ後の11月11日に開催された役員会で、猪木が社長、坂口が副社長の座に復帰し、8月に起きた「クーデター事件」は完全な終結をみた。

第4回MSGタッグリーグ戦
宿敵ホーガンとタッグ再結成の不可思議

11月18日（後楽園ホール）から12月10日（愛知・刈谷市体育館）までの期間に23興行が開催され、アンドレ・ザ・ジャイアント、ハルク・ホーガン、スエード・ハンセン、アドリアン・アドニス、ディック・マードック、カート・ヘニング、ボビー・ダンカン、ウェイン・ブリッジ、オットー・ワンツの9選手が招聘された。

猪木は前年に引き続きホーガンとのコンビで出場し、12月8日の蔵前国技館でアドニス、マードック組を破り連続優勝（11分10秒、猪木がアドニスを体固め）。往年の猪木を知るファンからすると、6月に完敗を喫したばかりのホーガンとコンビを組むなど言語道断、断固拒否してほしいところだったが、この時期の猪木には「長いモノには巻かれろ」と言おうか、とにかく「投げやりな雰囲気」が漂っていたと思う。タッグ主体のシリーズとはいえ、シリーズ中の猪木のシングル戦は12月2日の鹿児島県立体育館のみ（アンドレと8分48秒、無効試合）。不調だった1年を締め括るシリーズとしては物足りないものだったが、40歳だったことを考えると精一杯、このあたりが限界だったかもしれない。シリーズ後の12月18日にはロサンゼルスで行われたホーガンの結婚式に出席し、翌19日はスチュ・ハートの要請でカナダ・バンクーバーのビッグマッチ（PNAアグロドーム）に出場して、ケリー・ブラウンと60分1本勝負で対戦している（9分53秒、反則勝ち）。

猪木＆ホーガンは12・8蔵前でマードック＆アドニスを破りMSGタッグリーグ2連覇を達成

1984年（昭和59年）

名勝負、暴動事件、選手大量離脱事件…さまざまな猪木らしさを発揮!?

新春黄金シリーズ

2年ぶりの元日興行にシングルマッチで登場

1月1日（後楽園ホール）から2月9日（大阪府立体育館）までの期間に33興行が開催され、ダスティ・ローデス（前半戦特別参加）、アブドーラ・ザ・ブッチャー（前半戦特別参加）、バディ・ローズ（前半戦特別参加）、ハルク・ホーガン（後半戦特別参加）、マイク・シャープ・ジュニア（後半戦特別参加）、バッドニュース・アレン、ダイナマイト・キッド、デイビーボーイ・スミス、ブラック・タイガー、ブレット・ハート、ベビー・フェイスの11選手が招聘された。

2年ぶりに元日興行が開催され（翌1月2日の月曜日に90分特番として録画中継）、猪木はメインでローデスとのシングルマッチが組まれて、13分51秒に両者リングアウトで引き分けた。このシリーズは長州率いる「維新軍団」、R・木村とアレンの結託による「カルガリー軍」との抗争が軸

1月1日、2年ぶりに元日興行を後楽園で開催。猪木はローデスとシングル対決

となり、猪木は連日6人タッグマッチ、タッグマッチの登場が続いたが、2月7日の蔵前国技館（発表は1万3000人の超満員）ではアレンとシングルマッチで対戦し、9分20秒に卍固めで快勝している。ジュニア・ヘビー級戦線では、タイガーマスクが抜けたあとの「巨大な穴」をキッドとスミスの二人が埋め、東京、大阪の二大マーケットに関する限り、前年8月以来の盛況が戻った感があった。

1月23日（日本時間24日）にMSGでアイアン・シークを破り、新WWFヘビー級王者となったホーガンが早速来日。1月27日から最終戦までの12興行に出場したが、ほとんどがM・シャープ・ジュニアとのコンビで単に「王者としての顔見世」に終わったのは残念だった。1カ月前、猪木とのコンビで「MSGタッグリーグ戦」に2連覇を果たしたばかりだったので、この特別参加期間には「タッグは解消し、再びライバル関係に戻る」という明確な「けじめ」をアピールするカード編成が欲しかったと思う。

維新軍との抗争は激化の一途をたどり、猪木vs長州の直接対決の気運が盛り上がり始めた（写真は2・9大阪府立の6人タッグマッチで猪木をサソリ固めに捕らえる長州）

ビッグ・ファイト・シリーズ第1弾

維新軍・長州との対戦気運が高まる

3月2日（神奈川・綾瀬市立体育館）から3月22日（兵庫・尼崎市体育館）までの期間に18興行が開催され、ディック・マードック、アドリアン・アドニス、ボビー・ダンカン、エド・レスリー、ジム・ナイドハート、ワイルド・サモアンの6選手が招聘された。

猪木は全ての興行のメインに、タッグマッチ、6人タッグマッチで出場。最終戦の尼崎では、試合前に登場する途中の通路で維新軍団に襲撃されて負傷し、セミファイナルを終えたばかりの坂口が急遽、猪木の代打で出場するというハプニングが発生した。維新軍団との抗争は泥沼化する一方だったが、シリーズ中に

「次期シリーズ最終戦の蔵前国技館（4月19日）で、正規軍対維新軍、5対5の勝ち抜き戦を行う」との発表がされたことで、いよいよ「猪木対長州」の機運が高まっていった。

ビッグ・ファイト・シリーズ第2弾

長州との大将戦で久々に猪木らしい勝利を飾る

3月30日（後楽園ホール）から4月19日（蔵前国技館）までの期間に19興行が開催され、マスクド・スーパースター、アイアン・マイク・シャープ、ドン・ムラコ、エリジャー・アキーム（レロイ・ブラウン）、ムハメッド・カリーム（レイ・キャンディ）、ブルース・ハート、ヘラクレス・アヤラの7選手が招聘された。

猪木は3月22日の尼崎で負傷したダメージから回復せず、前半の6興行を欠場。4月5日の川崎市体育館から戦列に復帰し、アニマル浜口に1分23秒、延髄斬りからの体固めで勝利した。そのあとはM・スーパースターとシングルで対戦（4月17日、徳島市立体育館。10分10秒に卍固めで勝利）した以外の11興行では全てタッグマッチ、6人タッグマッチに出場し、ひたすら最終戦（5対5）に向けてのコンディション調整に専念した。

5対5の勝ち抜き戦は、当時柔道の団体勝ち抜き戦（学校対抗や会社対抗など）で採用されていたポピュラーな形式だが、意外にも日本のプロレス興行で導入されたことはなかった。この夜に最も近い雰囲気で行われた過去の例としては、1976年3月28日、蔵前国技館で行われた「全日本プロレス対国際プロレス、全面対抗戦」というワンナイト興行があり、その夜は10試合が全て「全日本所属選手対国際所属選手」形式でマッチアップされた（共に4勝4敗2引き分けで決着つかず。メインはジャンボ鶴田対ラッシャー木村で、1対1から両者ダブルフォールの引き分け）。これだと「勝利数が多かった団体が勝利」となるわけだが、仮に片方の団体が8勝2敗で勝ち越したとしても、勝ち越した団体の大将がメインで「相手方の大将」に負けてしまったら意味がなくなる。要するに「プロレスの興行には向かない」形式だという先入観があったので敬遠されてきたわけだが、この4月19日は「勝ち抜き形式」にしたことで「ゲーム性」があり、最初から最後までスリリングな雰囲気を醸成できたところが面白かった。

正規軍の先鋒になった藤波が、維新軍の先鋒である小林邦昭をジャーマン・スープレックスでフォールし（7分30秒）、次鋒の寺西をサソリ固めでギブアップさせた（8分27秒）。館内は「このままいったら、藤波一人で勝ち抜くんじゃないか？」という興奮で早々と「出来上がった雰囲気」になったが、私はこの段階で「この新趣向は大成功だな！」と感心して見ていた。さすがに藤波もスタミナが切れて3試合目の谷津に負けたのだが、そのあとに出てきた高田が谷津に大善戦。「あわや」のシーンを何度も見せて惜敗したものの、今度は谷津がスタミナ切れで正規軍の3番手・木村健吾に負け。その木村もスタミナ切れで維新軍の4番手・浜口に負けたので、正規軍の4番手である藤原には「浜口に勝って、大将の長州に少しでもダメージを与える」ことが期待された。ところが、藤原は浜口と場外乱闘になったところで浜口をリング内にカムバックさせず、「無理心中」の両者リングアウト（7分32秒）。藤原は最初からこれを狙っており、逆に浜口は「やられた！」

（上）正規軍対維新軍・5対5勝ち抜き戦の大将戦でついに猪木と長州が激突。最後は猪木が卍固めでレフェリーストップ勝ち（4・19蔵前）（下）正規軍vs維新軍の総力戦（柔道形式の5対5勝ち抜き戦）は4勝3敗1分で正規軍が勝利。1年半にわたる軍団抗争にひとまず決着をつけた（4・19蔵前）

という表情でマットを叩き悔しがった。

これで猪木と長州による「大将戦」は、互いにハンディキャップのない状況の一騎打ちとなったが、意外にもこのカードは1982年3月9日の宮城県多賀城町体育館（第5回MSGシリーズ公式戦。猪木が7分5秒に体固めで勝利）以来、約2年ぶり。長州が「噛ませ犬」発言をしてトップに踊り出てからは初のシングル対決だったので、非常に新鮮味があった。プロレスの好カード編成において、いかに「寝かせておく」ことが重要かの典型的な例だったと言える。勢いで勝る長州に分があると思われたが、最後は猪木が延

IWGPが再び開催。今度こそ猪木がホーガンにすっきり雪辱を果たして初優勝することをファンは期待したが…（写真は5月10日の前夜祭）

髄斬りからの卍固めを決めて、13分44秒にレフェリーストップ勝ちとなった。長州は最後までギブアップせず、危険とみたミスター高橋レフェリーがストップしたものだったが、正規軍の大将としての威厳をキープしたという点では、久々に猪木快心の勝利だったと言える。

'84 IWGP 誰からも祝福されない虚しいIWGP初優勝

5月11日（福岡スポーツセンター）から6月14日（蔵前国技館）までの期間に32興行が開催され、ハルク・ホーガン（最初の1週間と最後の1週間のみ）、アンドレ・ザ・ジャイアント、マスクド・スーパースター、アドリアン・アドニス、ディック・マードック、ビッグ・ジョン・クイン、ケン・パテラ、ビッグ・ジョン・スタッド、オットー・ワンツの9選手が招聘された。

シリーズ中の5月27日、WWFの総帥であるビンス・マクマホン・シニアが膵臓ガンのために死去(享年69)。つい半年前の11月18日(MSGタッグリーグ前夜祭)には夫人同伴で来日していただけに猪木、坂口ら幹部のショックは大きく、それまでに構築していたWWFとの蜜月関係に暗雲が垂れこめた。5月28日(静岡・浜松市体育館)と6月14日(蔵前国技館)のリングでは、アンドレがリング上でシニアの遺影を持ち、故人を偲ぶテンカウント・セレモニーが行われ、参加ガイジン選手全員がリングに上がって冥福を祈っている。

猪木は公式リーグ戦(11試合)を全勝(アンドレには反則勝ち)でクリヤーし、最終戦の蔵前国技館で前年度優勝者のホーガンと対戦。今度こそ「舌出し失神事件」の屈辱を晴らすシーンが見られるかと思われたが、なんと！ 両者が場外に落ちた場面に「なんの脈絡もなく」長州が乱入して、猪木とホーガンの二人にラリアットを見舞うというグダグダ結末。先にリングに上がった猪木がリングアウト勝ちして優勝したが、怒り狂った観客の一部が暴徒化し、館内の消火設備を破損させたり客席(升席)のはめ板を

IWGP期間中、新日本と長い蜜月関係を続けたWWFの総帥ビンス・マクマホン・シニアが急死。6・14蔵前で追悼セレモニーが行われた。アンドレ、M・スーパースター、ホーガンらもボスの死を悼んだ

6・14蔵前で行われた第2回IWGP決勝戦・猪木vsホーガンは、乱入した長州が両者にラリアットを叩き込むドサクサに猪木がリングアウト勝ち&優勝という不透明決着に。激怒した観客が国技館の館内を破壊、警察が出動するという暴動事件に発展した（写真は暴徒化した観客が大量の物を投げ入れたリング上で挨拶する猪木）

壊すという行動に出たため、蔵前署から警官が動員されるという最悪の混乱状態となってしまった。WWFヘビー級王者となって全米を闊歩し始めたホーガン相手にフォール、ギブアップで決着をつけることは難しかったにせよ、長州の乱入は論外。猪木のIWGP初優勝は、支持層からも全く祝福されない虚しいものになってしまった。

サマー・ファイト・シリーズ

TBS登場をめぐる騒動。41歳にして4度目のベストバウト受賞の壮挙

6月29日（後楽園ホール）から8月2日（蔵前国技館）の期間に31興行が開催され、ダイナマイト・キッド、デイビーボーイ・スミス、デビッド・シュルツ、エル・カネック、バッドニュース・アレン、リック・オリバー、マイク・デービスの7選手が招聘された。

猪木は7月23日にニューヨークで開催される「ビンス・マクマホン追悼興行」に出場するためにシリーズ中に渡米し、7月23日（青森県五所川原市）から26日（岩手県盛岡）までの4興行を欠場した。MSGではチャーリー・フルトンと対戦し7分32秒に延髄斬りで快勝したほか、出場全レスラーによるバトルロイヤルにも優勝して（決勝でレネ・グレイをフォール）貫禄を見せた。このMSG大会のフィルムを巡って日本では大騒動が起きた。なんとプロレス人気に目をつけたTBSが買い付けて、特番枠で放送するとの社内決定がなされ、一部マスコミが「8月26日の日曜日夕方、1時間の特番枠で放送」との記事をリリース。大看板の猪木の試合が「民放の他局（TBS）」で

放送されるとあっては、テレビ朝日が黙っていられるはずがない。テレビ朝日はＴＢＳ運動部に猛烈なクレームをつけたが、ＴＢＳは「これはＷＷＦのビンス・マクマホン・ジュニアから直接買い付けたもの。猪木が出ていることについては、放送しても問題ないとの判断を、マクマホン・ジュニア氏が下したので買っただけ。クレームがあるならば、マクマホン・ジュニア氏に直接、言ってほしい」と強烈なカウンター・パンチで反駁した。

坂口がマクマホン・ジュニアに連絡を取った結果、9月6日にマクマホンとホーガンが直々に来日し、猪木、坂口、テレビ朝日と会談を持つことになった。ＴＢＳは渋々ながら放送日の延期を了承し、マクマホン・ジュニアの来日時に別途会談を持った。マクマホン・ジュニアが来日前、坂口に対して「父が生きていたときのようにＷＷＦのレスラーを送ってもらいたいのなら、ニュージャパンは我々と年間契約を締結し、契約料を払わなければならない」と通告してきた。坂口が「これは大変なことになった。これからはＷＷＦ以外のガイジン・ルートを探しはじめなければならないかもしれない」と懸念しての巨頭会談だったが、そこにＷＷＦ王者ホーガンまでも同行してきた（試合の予定がないにもかかわらず）のはマクマホン・ジュニアの「強硬姿勢の証明」でもあった。わかりやすく言えば「今までのようにホーガンを頻繁に呼びたければ、ＷＷＦに年間ブッキング・フィーを払いなさい」と言うことだった。金額についてはマスコミ報道がマチマチだったが、年間約2億円（1ドルが約200円の時代）前後の要求だったようだ。

9月6日の会談では「新たにブッキング契約料は払うが、金額は今後も交渉継続」で終わったようだが（後年、坂口の述懐）、このあたりからＷＷＦと新日本の関係がギクシャクしていき、1年

9月6日、新宿京王プラザホテルで猪木、全米侵攻を続けるWWF代表のビンス・マクマホン・ジュニア（初来日）、WWF世界ヘビー級王者ホーガンが会見。新日本とWWFの関係継続をアピールした

後（1985年）の9月に契約更新がなされず、1974年からの長い蜜月関係に終止符が打たれる。結局、TBSが買い付けた7月23日のMSG大会は11月11日（日曜日）の午後3時からの1時間枠で放送された（実況・石川顕、解説・菊池孝）が、猪木対フルトンのシングルマッチは放送されず（猪木が優勝したバトルは放送）、その代わりにホーガン対グレッグ・バレンタインのWWFヘビー級選手権で穴埋めされた。後年、菊池孝氏からこの時のドタバタを聞く機会があったが、「猪木は何も聞かされずにMSGに行って2試合やったが、賢いマクマホン・ジュニアは、猪木の試合をネタにTBSを〝噛ませ犬〟に使って、テレビ朝日から巨額の契約金をせしめたということ。親父のマクマホン時代には考えられなかったビジネスのやり方だったけど、全米侵略作戦を始めてまもない時期だったし、ジュニアは日本との契約料は絶対に必要だったと思う」と述懐されていた。

さて、シリーズの中身に戻ると、WWFとの交渉が中心となったために、猪木は開幕戦からタッグマッチ、6人タッグマッチの出場に専念。シングルマッチは最終戦の蔵前国技館（老朽化による取り壊しが決定していたため、蔵前国技館におけるプロレス興行はこれがラスト）のみで、長州との60分

8月2日、蔵前国技館における最後のプロレス興行で長州とシングル対決。軍団抗争という括りを超越したストロングスタイル名勝負となり、この年の年間ベストバウトに輝いた（写真は猪木が放った会心のジャーマン・スープレックス・ホールド）

1本勝負が組まれ、29分39秒、グラウンド・コブラツイストでスリーカウントを奪い快勝した。この試合は（年末に）東京スポーツ制定の「プロレス大賞・年間ベストバウト」に選出されたが、猪木が「年間ベストバウト賞」をゲットしたのはこれが最後となった。1974年のストロング小林戦、75年のビル・ロビンソン戦、79年のブッチャー&シン戦（馬場とのタッグ＝夢のオールスター戦）に続く4度目だったが、41歳でのベストバウト受賞は、久々に猪木の存在感をアピールする快挙だったと思う。

シリーズ後に猪木は藤波、長州、木村、星野、保永昇男、小林邦昭、谷津、木戸、山田恵一、ビリー・クラッシャー、バッドニュース・アレン、ロジャー・スミス、エル・カネックを帯同してパキスタン遠征に赴き（1976年のアクラム・ペールワン戦、79年のジュベール・ペールワン戦&T・J・シン戦に続き3度目）、8月6日から15日までの期間にカラチ、ラホール、クエッタなど各地で5興行を消化した。猪木をはじめ、現地の水道水で下痢と高熱の症状に悩まされるレスラーが続出したため、帰国後は各レスラーの体重が猛烈に落ちたことで「伝説」になったツアーがこれである。

ブラディ・ファイト・シリーズ

長州離脱！ 団体存亡の危機が続く

8月24日（後楽園ホール）から9月20日（大阪府立体育館）の期間に27興行が開催され、ボブ・バックランド（前半戦特別参加）、アブドーラ・ザ・ブッチャー（前半戦特別参加）、グレッグ・バレンタイン（後半戦特別参加）、トニー・セントクレアー、スコット・フェリス、デューク・マイヤース、ロジャー・スミス、ジェリー・モローの8選手が招聘された。猪木はパキスタン遠征で体調を崩したため開幕から第6戦までを欠場し、第7戦から最終戦の21興行のみ出場。シングルマッチの出場は2試合だけで、まず9月7日の福岡スポーツセンターでストロング・マシン（正体は平田淳二）と対戦し、7分19秒に無効試合（マシンのマネージャーである将軍KY・若松が乱入）。最終戦の大阪では、大相撲の小錦の実兄であるアノアロ・アティサノエの挑戦を受けて4年7カ月ぶりに異種格闘技戦（アティサノエはハワイ相撲の出身という肩書）を行い（3分10ラウンド）、5ラウンド0分25秒にバックドロップからの片エビ固めで楽勝している（アティサノエのセコンドにはボク

8月に突如出現した怪覆面S・マシン（平田淳二）と初一騎打ち（9・7福岡）

シングの元ライト級世界王者・ガッツ石松がついた）。

最終戦の翌日（9月21日）、長州、谷津、浜口、寺西、小林邦の5人が新日本プロレス興行の大塚直樹社長同席のもとで記者会見を行い、新日本プロレスからの離脱・新日本プロレス興行への移籍を発表（キャピトル東急ホテル）。同じく24日にも同ホテルで記者会見第2弾が行われ、永源、栗栖正伸、保永、新倉史祐、仲野信市も離脱・移籍を表明。26日にはアメリカから一時帰国したキラー・カーンも離脱・移籍表明し、新日本プロレスは一気に選手層が薄くなってしまった（長州らを擁する大塚氏の新日本プロレス興行は10月に「ジャパン・プロレス」に社名変更。12月から主戦場を全日本プロレスに移した）。2月に前田日明、ラッシャー木村、剛竜馬、6月に藤原喜明、高田伸彦が離脱してUWF（旧UWF）に移籍していたので、長州らの離脱は団体（新日本プロレス）存続の面で致命的な印象が拭えなかった。

(右) 9・20大阪府立で、猪木の異種格闘技戦が4年7カ月ぶりに復活。対戦相手は大相撲・小錦の実弟アティサノエ。セコンドには元ボクシング世界王者のガッツ石松がついた(左端)　(左) 猪木はアティサノエに快勝 (9・20大阪府立)

闘魂シリーズ

武藤、蝶野、橋本を速攻デビューさせた大英断

10月5日(埼玉・越谷市体育館)から11月1日(東京体育館)までの期間に24興行が開催され、マスクド・スーパースター、ボブ・オートン、ブライアン・ブレアー、ブレット・ハート、バッドニュース・アレン、ブラック・タイガーの6選手が招聘された。

一気に選手層が薄くなってしまった新日本は、このシリーズの開幕戦、第1試合で武藤敬司と蝶野正洋の二人をデビューさせた(武藤が8分27秒、逆エビ固めで勝利)。前のシリーズの9月1日(東京・練馬南部球場特設リング)にデビューしていた橋本真也と共に、「闘魂三銃士」として1990年代の新日本を支えることとなる3人のデビューは前座戦線にフレッシュな風を吹き込んだが、この3人の「入門からデビュー戦までの期間」は約半年ほどであり、それまでの新日本と比べると明らかに短期(通常は、入門からデビューまで、最低でも1年)だった。これは長

州らの「大量離脱」がもたらした（いわば）即成栽培、「とにかくレスラー数を補強する必要性」に迫られた苦肉の策ではあったが、その後の新日本の推移を俯瞰すると「よくぞ、この時期に3人を思い切ってデビューさせたな」と驚く（タイミングの素晴らしさ、という観点で）。猪木と坂口の〝慧眼（けいがん）〟だったとまで賞賛するのは気が引けるが、実際は「これ以上ない慧眼」だったと思う。

猪木はシリーズ中に2度だけ、シングルマッチを行っており、まず10月26日（愛知・安城市体育館）ではマスクド・スーパースターに9分1秒、卍固めで快勝。最終戦の東京体育館ではストロング・マシン2号（力抜山）を7分31秒、延髄斬りからの体固めで破っている。

猪木ヒストリー的には話題に事欠くシリーズではあったが、長い新日本プロレスの歴史の中では最高の「スターティング・オーバー（新規まき直し）」、記念すべきシリーズとなった。

第5回MSGタッグリーグ戦

WWFとの不協和音にもめげず、猪木&藤波・師弟コンビ史上の名勝負を残す

11月16日（川崎市体育館）から12月6日（広島県立体育館）までの期間に21興行が開催され、ハルク・ホーガン、アンドレ・ザ・ジャイアント、ディック・マードック、アドリアン・アドニス、ワイルド・サモアン、ジェリー・モロー、ケリー・ブラウンの7人が招聘された。ホーガンはサモアンとのコンビでシリーズ全戦に出場予定だったが、開幕戦の川崎で猪木、藤波とMSGタッグリー

（上右）UWF勢、維新軍ら未曾有の選手大量離脱に見舞われた猪木は、若手を大抜擢。のちに「闘魂三銃士」と呼ばれる武藤、蝶野、橋本の3人をキャリア半年で一気にデビューさせた（写真は試合前練習で武藤にスリーパーをかける猪木）（上左）才気にあふれる武藤は早くからスター候補と目された（下右）蝶野は猪木の付き人も務めた（下左）誰よりも猪木に憧れ、慕ったのが橋本だった

選手大量離脱の余震さめやらぬ年末の第5回MSGタッグリーグは猪木&藤波がマードック&アドニスを破り優勝（12・5大阪府立）。師弟コンビの奮闘ぶりは、新日本ファンの心のよりどころとなった

グ公式戦で対戦した際に額を割って流血（テレビ生中継）。全く「大流血」ではなく、「ちょっと切って、一筋の血がタラリと流れた」程度の負傷だったが、なんとホーガンは2戦目以降、負傷を理由に欠場となり、18日にサッサとニューヨークに戻ってしまった（残りのリーグ戦は棄権）。背景は（後で判明したことだが）、この時点でマクマホン・ジュニアと新日本の間で「WWFに支払う契約金の額」がまだ決まらず、それに不満を持っていたマクマホンが、「牽制」、「見せしめ」としてホーガンを引き揚げたものだった。18日の帰国時は「30日に戻ってきて、再びリーグ戦に復帰する」とコメントを残したが、それは「マクマホン氏が満足する金額で合意ができていれば」の仮定のコメントであり、実際に月末に戻ってくることはなかった（金額の合意は12月の下旬だったと伝えられる）。

このような混乱でスタートしたタッグリーグ

12月、社員の慰安旅行ではしゃぐ猪木。団体が窮地に立たされていても笑顔をキープした

戦だけに前途を大いに危惧されたが、中盤戦に入ってからはマードックとアドニスが奮起してホーガン不在の穴を埋め、12月5日（大阪府立体育館）の決勝戦に進んで猪木、藤波組と対戦する。私もこの大阪の館内にいたが、観客数は多く見積もっても5000くらい（発表は8500人）で「満員、超満員が当たり前」の新日本大阪大会にしては寂しい入りだった。だが試合内容は素晴らしいもので、私自身の意見では「猪木、藤波組で戦ったタッグマッチの歴代ベストバウト」がこの試合だ（33分31秒に卍固めで猪木がアドニスからギブアップを奪取し、猪木&藤波がMSGタッグリーグ初優勝）。

シリーズ中に猪木は一度もシングルマッチをやらなかったが、シリーズ後のフィリピン遠征（12月8日のケソンシティ、9日のマニラ）初戦でアンドレとシングルマッチをやり、12分12秒に両者リングアウトで引き分けている。

1985年（昭和60年）

ブロディの出現で、衰えかけた闘魂が蘇生！

新春黄金シリーズ

ブッチャーとの3年ぶりの対決を制し、ハワイへ

1月1日（後楽園ホール）から2月6日（大阪府立体育館）までの期間に31興行が開催され、ハルク・ホーガン（前半戦5戦、後半戦6戦のみ参加）、アブドーラ・ザ・ブッチャー（中盤戦特別参加）、キングコング・バンディ、ブラック・タイガー、デーブ・モーガン、ワイルド・サモアン、ケリー・ブラウンの7選手が招聘された。

元日興行は前年12月28日のMSG決戦（猪木対デビッド・シュルツ）と併せて「新春プロレス・スペシャル」としてテレビ朝日で生中継され、テレビ視聴者に対して「テレビ朝日は、従来同様、新日本を全面的にサポートしていく」ことをアピールした形になった。長州らジャパン・プロレスが正月から全日本のリングにレギュラー参戦する（日本テレビの電波に乗る）タイミングだっただ

けに、この特番編成にはテレビ朝日の「気合」を感じたものだった。

シリーズ中に猪木のシングルマッチは3度あり、まず1月25日に山口・徳山市体育館でブッチャーと3年ぶりに対決（テレビ生中継）。ブッチャー（当時44歳）のスタミナもかなり落ちていた時期で好勝負にはならず、猪木がブレーンバスター、レッグラリアットを繰り出して9分49秒に体固めで快勝した。2戦目は2月5日の愛知県体育館、対キングコング・バンディ（初来日）で、10分11秒にリングアウト勝ち。3戦目は最終戦の大阪で、前日と同様バンディと対戦して8分38秒、延髄斬りからの体固めで快勝している。バンディとの2連戦は「ボディスラムで投げた方が1万5000ドル獲得」という

（上）1・25山口・徳山でブッチャーと3年ぶりに一騎打ちを行ない、フォール勝ち　（下）150kgの〝巨鯨〟バンディと「ボディスラム・マッチ」2連戦を敢行し、2・6大阪でバンディに投げられて賞金を奪われてしまった（試合には勝利）

2月中旬、新日本と関係が深いホノルルのプロモーター、故ピーター・メイビアの未亡人リア・メイビア（中央）、ブッカーのラーズ・アンダーソン（右下）の招待によりハワイ遠征

ルールで行われ、大阪のほうでバンディが猪木を投げて賞金をゲット（?・）。
シリーズ後の2月13日、新日本はハワイの「ポリネシアン・レスリング（リア・メイビアがプロモーター、ラーズ・アンダーソンがブッカー）」に招聘されてホノルルに遠征。同地の大会場である「ニール・ブレイズデル・センター」で猪木、坂口、藤波、ザ・コブラ（ジョージ高野）、タイガー戸口、木村、ストロング・マシン1号（平田）、若松らが試合に出場した。猪木はメインでハクソー・ヒギンズと対戦して5分12秒に体固めで快勝した。往年の黄金マーケットだったハワイも、この時期には既にプロレス熱は冷めていた。1982年に急死したピーター・メイビアの遺志を継いだ夫人のリア・メイビアが孤軍奮闘していたが、残念ながら2年後には事実上興行停止に追い込まれている。

ビッグ・ファイト・シリーズ第1弾

ブロディの電撃登場で猪木の闘魂が再燃！

3月1日（後楽園ホール）から21日（後楽園ホール）までの期間に18興行が開催され、ハクソー・ヒギンズ、デビッド・シュルツ、レロイ・ブラウン、スチーブ・ライト、バッドニュース・アレン、ケリー・ツインズ（パット・ケリー＆マイク・ケリー）の7選手が招聘された。

猪木は開幕戦の後楽園でヒギンズとシングルで対戦し、13分59秒に反則勝ちしたが、この一戦は私が見た限り（知る限り）、「猪木ヒストリー上、最も一方的にやられて反則勝ちを拾った試合」である。とにかく守勢一方で、反撃する体力も気力もない。テレビで生中継されたが、「一体、どうしたんだ？」という感じのワンサイドでやられまくった。ヒギンズが中盤に繰り出したバックフリップ（飛行機投げの態勢から後方に倒れ込むスタイル）で後頭部を強打したのがアンラッキーではあったが、それにしても見るに忍びない一戦だった。

3・1後楽園のヒギンズ戦は気力・体力のなさが目立った

3・21後楽園に、ベートーベンの楽曲「運命」と共に、全日本のトップ外国人〝超獣〟ブロディが電撃登場。猪木に宣戦布告した

3月8日（横浜文化体育館）と15日（鹿児島県立体育館）はシュルツとテレビマッチで2連戦し、共に反則勝ちと不振が続く。本調子の猪木であれば10分そこそこで軽く片付けられる相手だが、とにかく試合運びに生気が感じられなかった。

この沈滞に「活」を入れたのが、3月21日の後楽園に背広姿で登場した〝超獣〟ブルーザー・ブロディだった。1979年1月から、全日本のトップ・ガイジンの一人として6年も活躍してきたブロディが、遂に動いた。後年、私が直接、夫人（バーバラさん）に聞いた話では「週単位だと、ミスター・ババから貰っていたギャラと全く同じ金額だったが、年間の契約ウィーク数が上だった」ことで「引き抜き」に応じたそうだが、UWFやジャパン・プロレスの誕生によって「衰弱する一方だった新日本」が久しぶりに放った逆転ホームランとなった。このブロディ登場によって猪木の闘魂に火がついたか、メインの60分1本勝負でヒギンズと再戦した猪木は「開幕戦のお返し」とばかりヒギンズを徹底的に痛めつけ、わずか3分27秒で料理した。翌日、京王プラザホテルで記者会見を行ったブロディは「イノキの眼に、バーニング・スピリット（燃える闘魂）を見た」という名セリフを口にしたが、それが同年の夏から秋にかけてのシリーズ名に採用されていく。猪木と4月18日に両国国技館でシングルマッチが行われることも同時発表されたが、これは新日本にとって初の両国国技館進出であり、既に3月9日、ザ・ロード・ウォリアーズ（アニマル・ウォリアー、ホーク・ウォリアー）の初登場で同会場を超満員にしていた馬場・全日本に対する「反撃の狼煙《のろし》」という形になった。

ビッグ・ファイト・シリーズ第2弾

ブロディとの初対決でまばゆい輝きを放つ

3月29日（群馬・藤岡市民体育館）から4月18日（両国国技館）までの期間に18興行が開催され、ブルーザー・ブロディ（最終戦のみ）、ディック・マードック、アドリアン・アドニス、ビリー・ジャック、バッドニュース・アレン、マイク・ミラー、デイブ・テイラー、ゲシュタポ（リック・オリバー）の8選手が招聘された。猪木は4月5日に川崎市体育館でマードックと（13分30秒、体固めで勝利）、4月12日に大阪・泉佐野市民体育館でB・ジャックと（6分30秒、体固めで勝利）対戦した以外は全てタッグ、6人タッグでコンディション調整を重ね、最終戦の両国でブロディと初の一騎打ちに

4月18日、初進出となる両国国技館でブロディとの「運命の一騎打ち」が実現

（上）ブロディを相手に、猪木は気迫あふれるファイトを展開。闘魂健在を満天下に示した（4・18両国）　（下右）猪木はブロディの右ヒザにキックの集中砲火を浴びせて追い込んだ（4・18両国）　（下左）ブロディとの初対決は両者リングアウト引き分けに。猪木は新たな外国人ライバルを得た（4・18両国）

臨んだ（館内は1万1066人＝札止め）。タイプが全く異なるだけに、私は試合を見ながら「ギクシャクした場面」が頻発することを危惧したが、結果的には「猪木復活」と呼べる満点の試合だったと思う（26分20秒、両者リングアウト）。全日本時代から指摘されていたことだが、ブロディの試合には「日本のファンにとっては鼻につくオーバーアクション」が多い。それはこの日も変わることがなかったにせよ、猪木がそのオーバーアクションの場面を随所で「意図的に封殺」し、「ここは新日本のリングなんだぞ。ハンパなことをするんじゃないよ」的な「諫《いさ》め」をしていた部分が最大の見どころだった。

この1985年、猪木とブロディは10月31日にかけて合計6回のシングルマッチを行ったが、内容的にはこの初戦がベストで、以降の一騎打ちが徐々にボルテージ・ダウンとなったことは否めない。ともあれ、記念すべき新日本の「両国国技館初進出」はブロディなくして満員にできていたとは思えず、引き抜き効果は、年末にブロディが試合を一方的にドタキャンし帰国した「ボイコット事件」で相殺された、との意見もあるが、私はそれを差し引いても「大成功だった」と記録するのがフェアだと感じる。

IWGP&WWFチャンピオン・シリーズ

IWGPを賭けてアンドレ、ホーガンと苦しい連闘

5月10日（福岡スポーツセンター）から6月13日（愛知県体育館）までの期間に29興行が開催さ

れ、ハルク・ホーガン（後半戦特別参加）、ボブ・バックランド（中盤戦特別参加）、ジミー・スヌーカ（中盤戦特別参加）、ペドロ・モラレス（中盤戦特別参加）、アンドレ・ザ・ジャイアント、ディック・マードック、アドリアン・アドニス、キングコング・バンディ、マスクド・スーパースター、アイアン・マイク・シャープ、エル・カネック、エンリケ・ベラ、トニー・セントクレアー、ダニー・ホッジ（後半2週間のみ、特別レフェリーとして参加）の14選手が招聘された。

大会名は通常通りシンプルな「ＩＷＧＰ」だけでいいと思うのだが、この年に限り冗長なシリーズ名が採用された。新日本が当時、いかにＷＷＦに「平身低頭」して、ホーガンとアンドレを招聘していたかを象徴している感じだ。

猪木はシリーズ中にノンタイトルでシングル戦を3度消化（5月20日に広島でバンディに

日米2団体の名を冠した「IWGP＆WWFチャンピオン・シリーズ」のオリジナルTシャツを着た猪木（6・11東京体育館）。しかしこの2団体の友好関係にも終焉の時が…

第3回 IWGPは猪木がアンドレにエプロン・カウントアウト勝ちして2連覇（6・11東京体育館）

回転エビ固めで勝利、５月24日に神戸でアンドレと両者リングアウト、６月６日に仙台でバンディにリングアウトで勝利。３試合とも10分未満）。６月11日には東京体育館でＩＷＧＰ優勝を賭けてアンドレと対戦し、13分50秒にエプロン・カウントアウトで勝って２年連続優勝を果たしている。ただフィニッシュが非常にお粗末で、エプロン・サイドにいたアンドレの後頭部に猪木が延髄斬りを放ち、その反動でロープに両腕を挟まれたアンドレが、そのままテンカウントを取られるというスッキリしない勝ち方だったので、満員の場内（発表は１万１４７４人）からは大きな罵声が飛んだ。当時39歳になっていたアンドレは「下半身の弱さ」が顕著になってお

第3回 IWGPに優勝し「IWGPヘビー級王者」に認定された猪木がホーガンを相手に防衛戦。リングアウト勝ちで王座を死守した(6・13愛知)

り、猪木を相手に長時間戦えるコンディションではなくなっていた。

猪木は最終戦の6月13日、「IWGPヘビー級選手権」(11日の勝者になったことで王者と認定され、防衛戦の形式を採った)を賭けてホーガンとシングルで対戦し、これも11分25秒にリングアウトで勝利。内容的には今一つの試合だったが、現役WWF王者のホーガンに勝ったことで面目だけは保った形になった。正直のところ、私は「4月18日のブロディ戦で復活を思わせたのに、このアンドレ、ホーガン2連戦でメッキが剥がれた。猪木は元に戻っていない」という印象を強くしてしまった。今思うと「42歳の猪木に対する、過大な期待」だったと反省しているが、まだまだ「猪木の衰えを認めたくない気持ち」も大きかったのだと思う。

バーニング・スピリット・イン・サマー

ブロディとのシングル連戦で早くも限界を感じる

6月28日（品川プリンスホテル・アイスアリーナ）から8月1日（両国国技館）までの期間に30興行が開催され、ブルーザー・ブロディ、ジミー・スヌーカ（後半戦特別参加）、キングコング・バンディ、バッドニュース・アレン、ブラック・タイガー、マット・ボーン、ジェリー・モローの7人が招聘された。猪木のシングルマッチはブロディとの2戦のみで、まず7月28日の大阪城ホールで対戦し、16分38秒に反則負け（発表は1万3７４０人の超満員）。最終戦の８月１日に両国で再戦し、これも21分24秒に反則負けを喫し（発表は１万１１４０人の超満員）、大暴走の末に連敗を喫している。翌日成田空港を出発した猪木は8月3日、ハワイ・ホノルルのアロハ・スタジアム大会に出場（2月に続きリア・メイビアの招聘に応じたもの）。ブロディと4度目のシングル戦を敢行して8分40秒、両者リングアウトに終わっている。

猪木・ブロディの黄金カードは短期間で乱発されたため、互いに「溜め」を作れずに「ダラダラと前回の内容リピート」を余儀なくされていたのを気の毒に感じた。夏の陣で大阪、東京の2大会場を文句なしの超満員にできたことは快挙だったが、おそらく猪木としては「ブロディ相手に、これ以上の成果は何も望めない。ここで打ち止めにしたい」というのが本音ではなかったか？

チャレンジ・スピリット'85

ブロディ不在、アンドレ不調の苦境下、藤波と後世に残るベストバウト

8月22日（東京・東村山市民スポーツセンター）から9月19日（東京体育館）までの期間に22興行が開催され、ジャイアント・マシン（マシン軍団のマスクをかぶったアンドレ・ザ・ジャイアント）、スーパー・マシン（マシン軍団のマスクをかぶったマスクド・スーパースター）、ハクソー・ヒギンズ、ケリー・ブラウン、シバ・アフィ、トニー・セントクレアー、ルー・テーズ（9月18日〜19日のみ、特別レフェリー）の7選手が招聘された。猪木のシングルマッチは3戦で、9月6日（愛知・碧南市）と13日（宮崎市）でジャイアント・マシン、スーパー・マシンと「マシン2連戦」を行い、前者は若松（マネージャー）に加勢したミスター高橋レフェリーの〝疑惑のレフェリング(?)〟によってジャイアント・ボンバーでフォール負け（11分48秒）。後者は若松を制裁して

マシン軍団の一員と化したアンドレ＝ジャイアント・マシンとシングル対決（9・6愛知碧南）

ミスター高橋の静止を無視したため反則負け（10分28秒）を取られている。アンドレに覆面を被せるという「マンガチック」なやり方でシリーズの話題を集めるというのは、正直「安易だな」と感じたが、このシリーズが始まる前、ジャパン・プロレス主催の興行（8月5日、大阪城ホール）にスーパー・ストロング・マシン（平田）が登場し、新日本と事実上の離別を公表したことから、新日本のフロントが「あれはウチが作った傑作キャラクターだ。全日本で使われるのは悔しい」とばかり意地になって「アンドレのマシン化」を提案し、採用されたものだったらしい。

ただ、最終戦の東京体育館で猪木とジャイアント・マシンのシングル決着戦をマッチメークすることに対しては反対が多く（6月11日に同地で同じカードをやったばかりで、アンドレの体調が悪いことから）、坂口副社長の提案で、久しぶりに猪木・藤波のシングル戦が組まれた。藤波も既に役員の一人だっただけに、役員会の席上「アンドレの体調が悪い現在の状況だと、私と猪木さんのシングルしか選択肢がない。だからこのカードをメインにする、というのは安易すぎるのではないか？」と強い意見を発したが、結局は猪木、坂口に懐柔されて妥協を余儀なくされている。藤波はトップレスラーでもあったので、この主張はもっともだと思う。「ブロディが来ないシリーズにアンドレを入れて、そのアンドレがダメとなると、急に私が代役になるのか？　猪木さんと、この場面で対戦する必然はないのに、それはないでしょう」というのが本音だったろうが、そんな不満を抱えながらも、藤波は最終的には役員会の決定に従ってメインをつとめた。最後は35分39秒、猪木に再三の卍固めをかけられながらもギブアップせず、レフェリーのルー・テーズが「これ以上やると藤波の肩が折れる」と判断してストップをかけたために敗れたが、あの一戦は全ての観客（発表

（上）UWF勢、長州軍らが去り、外国人も手薄の苦境下、9・19東京体育館で藤波と師弟対決。試合は両者が正面から技を競うストロングスタイル名勝負となった　（下右）猪木のジャーマン・スープレックス（写真）、延髄斬り、弓矢固め、鎌固め、藤波のドラゴン・スープレックス、足4の字固め、サソリ固め…両者は新日本の技の歴史をひもとくかのような攻防を展開（9・19東京体育館）　（下左）試合後、抱き合う猪木と藤波。師弟がリング上で紡いだドラマは新日本ファンの胸を打った（9・19東京体育館）

猪木の再三におよぶ卍固めで藤波の肩が危険と判断した特別レフェリーのテーズが、藤波のレフェリー・ストップ負けを宣した（9・19東京体育館）

猪木とブロディはこの年、計6度のシングル対決を行ない、全てリングアウトか反則決着に終わった（写真は10・4札幌）

は8290人で、8割の入り）を納得させた名勝負として忘れられない。1985年の「年間ベストバウト」はこれだったと思う。私にとっては、あれが旧・東京体育館で見た最後の興行となった。

バーニング・スピリット・イン・オータム

10年以上続いたWWFとの関係継続を断念。ブロディ戦もトーンダウン

10月4日（札幌中島体育センター）から10月31日（東京体育館）までの期間に23興行が開催され、ブルーザー・ブロディ、ケビン・フォン・エリック、ケリー・フォン・エリック（開幕戦のみ）、コンガ・ザ・バーバリアン、バッドニュース・アレン、ロジャー・スミス、リック・オリバー、カール・スタイナー、レイ・キャンディ、フィッシュマン、ジャイア

ント・グスタブ（後半戦特別参加）、ブッチャー・バション（グスタブのマネージャーとして後半戦のみ）の12選手が招聘された。

このシリーズを前に、新日本は「今後はWWFとの契約更新はせず、WWFに関係するタイトルも近日中に全て返上する」ことを発表。新しいガイジン招聘ルートとして、ダラスのフリッツ・フォン・エリック（ワールド・クラス・チャンピオンシップ・レスリング＝WCCW）との提携をスタートさせたので、開幕戦にエリック兄弟（ケビン＆ケリー）を招聘して「今後の友好関係」をアピールした形になった。

シリーズ中に猪木は3度のシングルマッチを消化。まず開幕戦の札幌（生中継）でブロディと5度目のシングル戦を行い、21分41秒に両者リングアウト。10月18日の後楽園ホールではコンガ・ザ・バーバリアンに9分38秒、体固めで楽勝し、最終戦の東京体育館ではブロディと再び対戦して27分4秒、反則勝ちしている。この日の観客数は発表が7230人だったが、つい1カ月前の藤波戦のときよりかなり減少しており、「もう都内の大会場で猪木・ブロディをやっても満杯は無理」ということが露呈されてしまった。

IWGPタッグリーグ戦

ブロディ・ボイコット事件の渦中、藤波に〝会心のフォール負け〟

11月15日（後楽園ホール）から12月12日（仙台・宮城県スポーツセンター）の期間に25興行が開

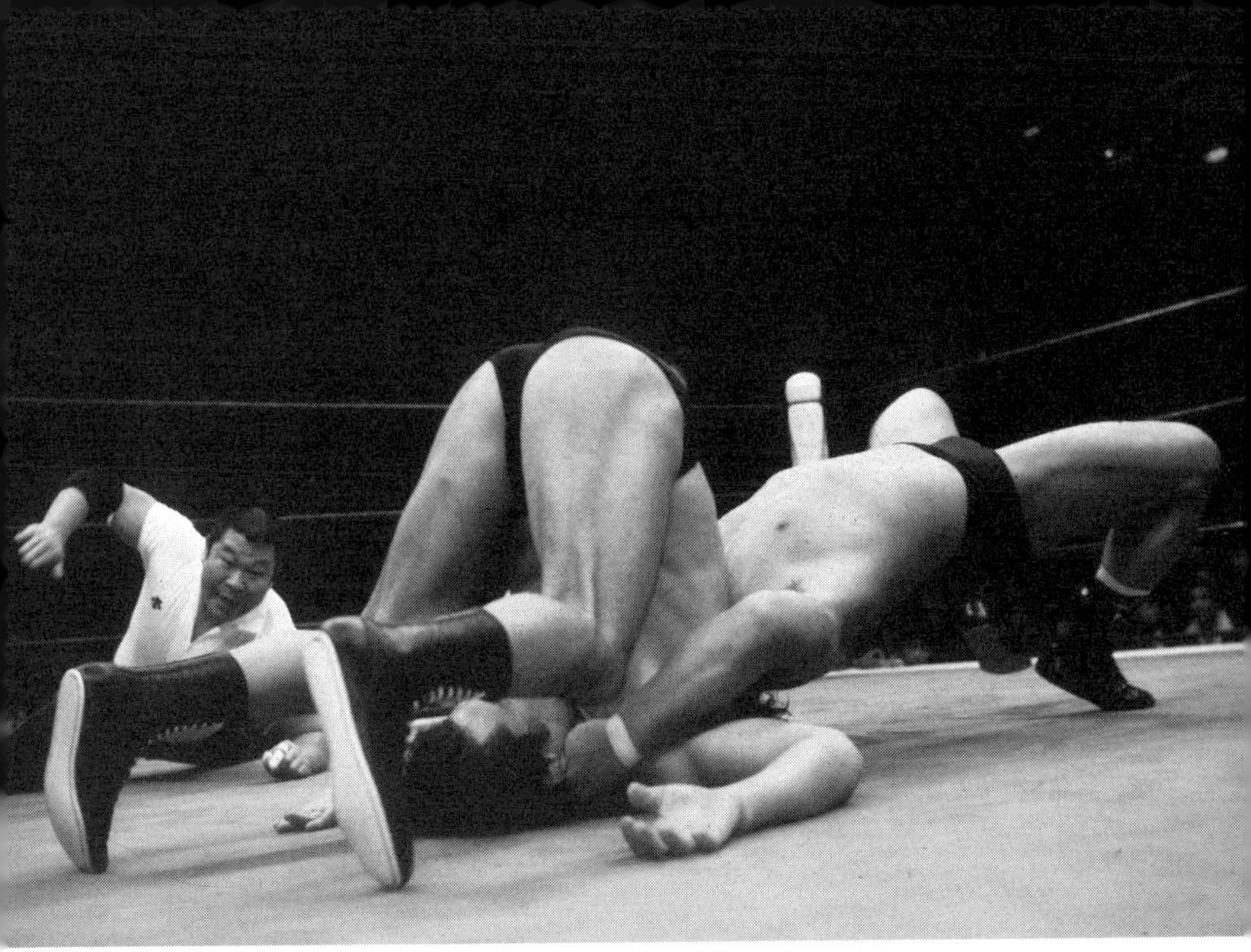

12・12仙台のIWGPタッグリーグ優勝戦（猪木&坂口 vs 藤波&木村）で藤波は猪木にドラゴン・スープレックス・ホールドで初フォール勝ち

催され、ブルーザー・ブロディ、ジミー・スヌーカ、ディック・マードック、マスクド・スーパースター、エル・カネック、ドス・カラス、ハクソー・ヒギンズ、ザ・バーバリアン、ケリー・ツインズ（パット&マイク）の10人が招聘された。

ＷＷＦとの契約解消によって、１９８０年から5度にわたって開催されていた年末恒例のタッグリーグ戦の名称がここから「ＩＷＧＰタッグリーグ戦」に変更となり、このリーグ戦の優勝チームが「初代ＩＷＧＰタッグ選手権チーム」として認定されることになった。

猪木は坂口とのコンビで出場し、予選では2位の得点で通過。予選トップの得点をあげて決勝に進んだブロディ、スヌーカ組と対戦する予定だったが、ブロディとスヌーカが当日になって会場入りを拒否（東京駅から仙台行きの列車に乗車せず）したため、最終戦の

12・6両国で、団体崩壊したUWF（旧）と新日本の業務提携を発表。前田、藤原らUWF戦士がリング上でファンに挨拶した

仙台で決勝戦で予選3位だった藤波、木村組と対戦。最後は31分53秒、藤波が猪木をドラゴン・スープレックスでフォールして奇跡的な大逆転優勝に輝いたが、これについて藤波は202
3年3月5日、中野で開催されたトークショーの席上、次のように述懐していた。
「会場に着くまでブロディの事件のことは知らなかったし、ましてや自分と木村が決勝に出る、などとは思ってもみなかった。予選2位だった猪木さんと坂口さんが自動的に優勝して、仙台は（代わりに）特別試

合が幾つか組まれると思っていましたからね。猪木さんからスリーカウントを取ったシーンは、だいぶ後になってからビデオで見ましたが、猪木さんの表情が微かに笑っているように見えるんですよ。今になって思うと、猪木さんはブロディがボイコットした不祥事を、自分がスリーカウント奪われたというビッグ・サプライズで帳消しにしたのかな、と。そういう風にも思えます。ドラゴン・スープレックスの角度は文句なしだという実感があったので、当時はただただ『遂にやったぞ！』みたいな喜びしか起きなかったですが、あれは、『猪木さんの手の平に乗せられていたフィニッシュ』だったような気もしますね」

藤波の述懐を意訳すると「猪木会心のフォール負け」だったことになる。こうして藤波は「新日本が旗揚げして以来、初めて猪木からフォールを取った日本人レスラー」として歴史に名を刻んだ。

シリーズ中の12月6日、両国国技館にはＵＷＦの前田、藤原、木戸、髙田、山崎一夫の5人が背広姿でリングに登場（テレビ生中継）。次期新春シリーズからの新日本マット出場が電撃的に発表されたが、このシーンを見ながら私は「来年は、このＵＷＦ軍団との抗争が中心になるんだろうな。ブロディとスヌーカはいらなくなるな」と感じた。その1週間後にブロディ、スヌーカが東京駅で仙台行きの列車に乗らず、ボイコット騒ぎを起こしたとき、猪木の本心は「ボイコット？　俺の計算通りだ。来年は、ＵＷＦがいれば十分」だったのではないか？

1986年（昭和61年）

UWFと丁々発止の駆け引きを繰り広げる

ニュー・イヤー・ダッシュ'86
まずはUWF代表・藤原を料理

1月3日（後楽園ホール）から2月6日（両国国技館）までの期間に27興行が開催され、ハクソー・ジム・ドゥーガン（前半戦特別参加）、ケビン・フォン・エリック（後半戦特別参加）、ケリー・フォン・エリック（後半戦特別参加）、マッドマックス1号&2号、ロジャー・スミス、マイク・ミラー、ジョニー・マンテル、ブラック・タイガー、トニー・セントクレアー、スコルピオの11選手が招聘された。

シリーズ中に行われた猪木のシングルマッチは3回あり、まず開幕戦のメインでドゥーガンと両者リングアウト（14分53秒）、1月31日の茨城・古河市立体育館でマッドマックス1号に体固め（9分3秒）で勝利し、最終戦の両国では、愛弟子の藤原喜明（猪木への挑戦権を賭けたUWF代表者

2・6両国で猪木がついにUWFと激突。新日本時代の愛弟子にして、UWFの参謀格である藤原との初対決を制した

決定リーグ戦の優勝者）と初めて対戦した。私は当日の両国に取材パスをもらって入ったが、立錐の余地もない超満員（発表は1万1190人）で「UWF勢の加入は大成功だな。やはり、ブロディのボイコット事件は想定済みだったに違いないな」との感を強く持った。

藤原は得意の関節技で師匠・猪木を苦しめたが、最後は猪木必殺の（チョーク）スリーパーが鋭角的に藤原の喉元に食い込んで、19分37秒に決着をつけた。試合後に前田ら残り4人のUWF勢がリング内に乱入して藤波、坂口、木村らの正規軍と乱闘を繰り広げ、次期シリーズからの軍団抗争開戦に弾みをつけた。

ニュー・ウェイブ・ダッシュ'86

前田戦を回避し、UWFにイリミネーション・マッチを呑ませる

2月28日（埼玉・熊谷市民体育館）から3月26日（東京体育館）までの期間に21興行が開催され、ビリー・ジャック、クリス・アダムス、マット・ボーン、ザ・ジャッカル、ファーマーボーイ・イポ、ニック・キニスキーの6選手が招聘された。

猪木のシングルマッチは3月14日の鹿児島県立体育館で組まれたビリー・ジャック戦の一回きりで、この試合は生中継され、

3・26東京体育館で新日本とUWFが軍団対決（5対5イリミネーション・マッチ）。猪木vs前田を切望するファンの期待をよそに、猪木は前田との接触を最小限にとどめ、助っ人の上田に前田を退治させた（上田が前田の足を引っ張って両者リングアウトの場外心中）

天敵・前田のいなくなったリング上で、猪木はUWFの髙田、木戸を立て続けに下し新日本軍に勝利をもたらした（3・26東京体育館）

8分44秒に猪木が久々のジャーマン・スープレックスでフォール勝ちした。ブリッジが不十分、しかもスピードもないジャーマンだったので、私は正直「下手したらケガする。無理して出す必要はない」と感じたが、猪木としてはシリーズ最終戦（新日本正規軍対UWF軍の5対5イリミネーション・マッチ）に向けて強引に好調をアピールしたかったのだろう。

東京体育館の「サヨナラ興行」となった最終戦（1万1640人＝超満員）で、新日本正規軍対UWF軍5対5イリミネーション・マッチが行われた。猪木が上田馬之助を正規軍の助っ人として組み入れたことが功を奏し、前田日明が上田の「心中作戦」にかかって両者場外アウトの失格となるハプニング（場外転落した選手は失格となるルール）。そのあとに残った高田、木戸の二人を猪木がスリーパーと延髄斬りで連破して、正規軍は猪木の一人残りで辛勝した。当初、猪木と前田のシングル戦（1983年5月のIWGP決勝リーグで対戦して以来）が期待されたが、猪木が巧妙に「リスクが多い」前田戦を避けて「5対5」というゲーム性の強い試合形式にスリ替えた、というのが真相だったようだが、結果オーライ。興行的にも内容的にも成功で、この場面で「猪木が前田のキックを浴びてKO負け惨敗」というリスクは冒せなかったように思う。

ビッグ・ファイター・シリーズ

引き続き前田戦を避ける

4月11日（後楽園ホール）から5月1日（両国国技館）までの期間に17興行が開催され、アンドレ・ザ・ジャイアント、マスクド・スーパースター、ディック・マードック、ケリー・ブラウン、ゲシュタポ、ランディ・コーレイの6選手が招聘された。猪木は開幕戦の後楽園でM・スーパースターに反則負け（13分33秒）した以外は全てタッグマッチ、6人タッグマッチに出場し、最終戦の両国（1万2000人＝超満員）では上田とのコンビでアンドレ、将軍KY若松と対戦する異色の組み合わせで、前田との接触を再度敬遠した（猪木が8分37秒、若松をフォール）。

■IWGPチャンピオン・シリーズ

アンドレとの12年3カ月に及ぶライバル関係に終止符

5月16日（後楽園ホール）から6月20日（京都府立体育館）までの期間に32興行が開催され、アンドレ・ザ・ジャイアント、ディック・マードック、マスクド・スーパースター、ワイルド・サモアン、クラウス・ワラス、キューバン・アサシン、ドス・カラス、ジミー・スヌーカ（前半戦特別参加）、ケリー・フォン・エリック（後半戦特別参加）、トニー・セントクレアーの10選手が招聘された。

年に一度のシングル・リーグ戦とあって猪木のシングルマッチも多く、6月19日の決勝戦（両国国技館＝マードックに30分7秒、延髄斬りから体固めで勝利）以外にも木村健吾、M・スーパースター、坂口（アトミック・ドロップで担ぎあげられてトップロープに落とされ、股間強打のリングアウト負け）、藤原、アンドレ（腕固めで初のギブアップ奪取。アンドレは、モンスター・ロシモ

（右）IWGP公式戦でアンドレから腕固めで初のギブアップを奪う快挙を成し遂げた（6・17愛知）
（左）第4回IWGP決勝でマードックを破り3連覇を達成（6・19両国）

フから１９７３年に改名以来、初の完敗）の５選手と対戦が組まれた。シリーズ前半（５月21日）に一般女性との「密会写真」を週刊誌に掲載された猪木は、「ケジメ」と称して坊主になり周囲を驚かせ話題を集めたが、肝心の試合内容は低空飛行の連続で、決勝のマードック戦も技のキレが全く見られない「猪木史上、最悪の〝春の本場所決勝戦〟だった」と書かざるを得ない。フィニッシュは延髄斬りからのスリーカウントだったが、その直前に放ったジャーマン・スープレックスのブリッジが「グニャリ」という感じで崩れたのが何と言ってもショッキングなシーンであり、強靭なブリッジ・ワークに裏打ちされた必殺技は、これ以上望むべくもない感じだった。

　翌６月20日は京都府立体育館で異例の

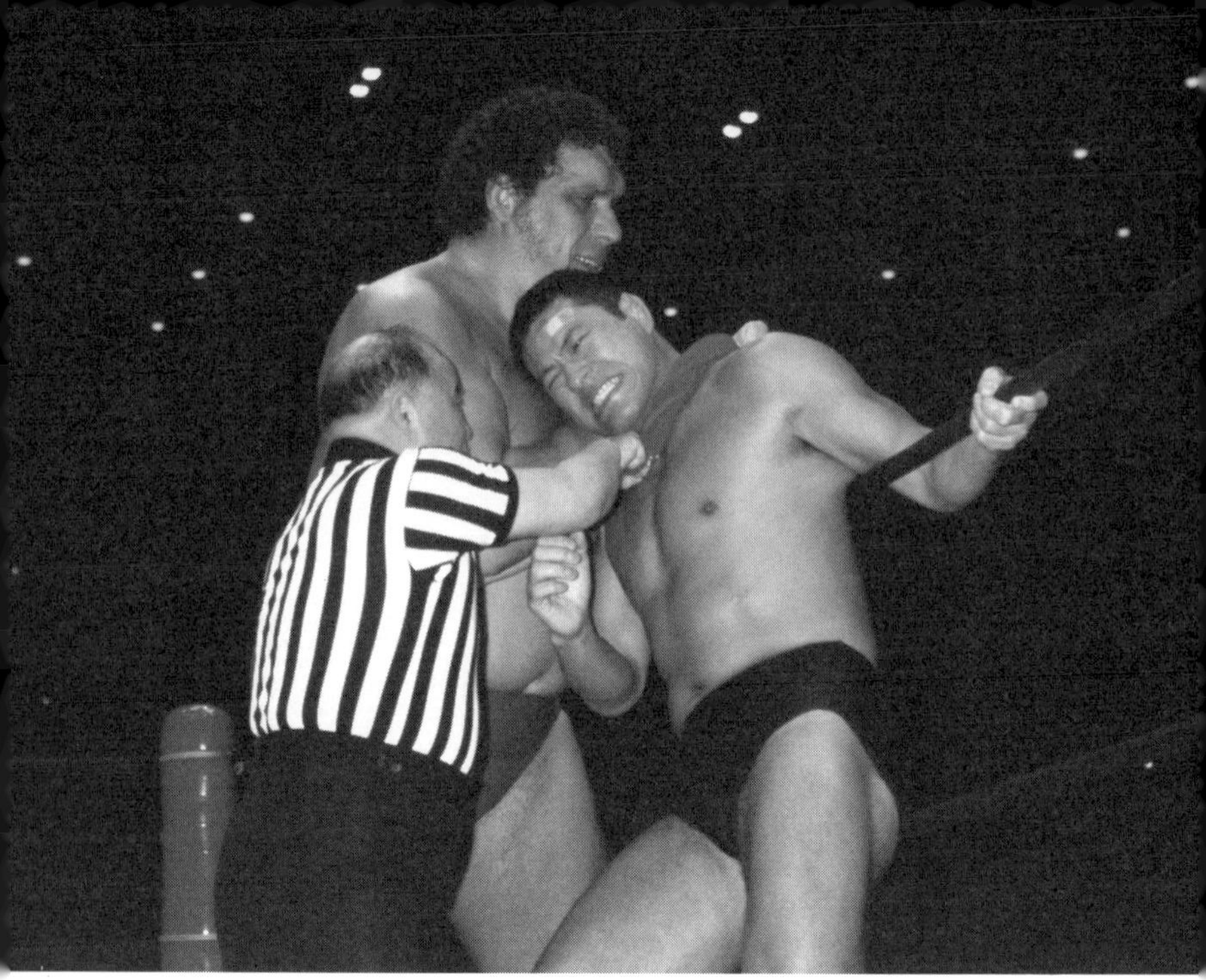

6・20京都のワンナイト・トーナメント決勝でアンドレに敗北。これが12年3カ月間にわたって抗争を繰り広げたアンドレとのラストマッチとなった

「佐川急便杯&1000万円争奪ワンナイト・トーナメント」が開催され、猪木は坂口、マードック、M・スーパースターを破って決勝に進出。別ブロックで上田馬之助を破り決勝進出したアンドレと対戦して4分35秒、リングアウトで敗れ、アンドレとの12年3カ月に及んだ長いライバル関係に終止符を打った（アンドレは、この夜を最後に新日本のリングにサヨナラ。WWFをホームリングとし、90年から日本では全日本を主戦場に）。翌日のスポーツ新聞には、控室で1000万円の現金の束を抱えて高笑いするアンドレの写真が掲載されていたが、これは「佐川急便社長」のポケットマネーを資金源（?・）にしてアンドレに渡された「猪木からの餞別」だったかもしれない。

7・18松本大会において、初来日となるS・ウイリアムスのデンジャラス・バックドロップを試合開始早々に浴びてグロッキー状態に

バーニング・スピリット・イン・サマー

新鋭S・ウイリアムスのパワーにタジタジ

7月4日（後楽園ホール）から8月7日（名古屋・露橋スポーツセンター）までの期間に27興行が開催され、スチーブ・ウイリアムス、アレックス・スミルノフ、ハクソー・ヒギンズ、ジョニー・マンテル、バッドニュース・アレンの5選手が招聘された。猪木のシングル戦は二度あり、まず7月25日の秋田県立体育館でスミルノフと対戦し、3分40秒に卍固めで楽勝。続いて8月5日の両国国技館ではエースのウイリアムスと対戦し、16分33秒にスリーパー、ニードロップを連発したあと体固めで辛勝している。ウイリアムスには7月18日の長野・松本大会（タッグマッチ＝生中継）で強烈なバックドロップで叩きつけられ「完全失神の醜態（試合は反則勝ち、翌日の後楽園ホールは欠場）」を晒していただけに注目されたが、ウイリアムスの「ゴツゴツした」不器用な動きを手玉に取るような余裕は全く感じられず、17歳という年齢差（ウイ

リアムスは当時26歳）からくるスタミナ、パワーの違いは、如何ともしがたい現実として甘受せざるを得なかった。

チャレンジ・スピリット'86

ブロディとの60分フルタイム戦で驚異のスタミナを見せる。「金曜夜8時」から撤退

8月29日（後楽園ホール）から9月25日（茨城・鹿島町立体育館）までの期間に21興行が開催され、ブルーザー・ブロディ（9月16日&19日のみ）、ジム・ドゥーガン、マッド・マックス、スーパー・マックス、エンゼル・オブ・デス、ジェリー・グレイ、ブラック・タイガー、ケビン・ケリーの8選手が招聘された。猪木はシリーズ中に二度、シングルマッチを行ったが、まず9月16日の大阪城ホール（1万3050人＝超満員）では8月のハワイ・ホノルル遠征で〝和解〟し来日させたブロディと60分1本勝負で対戦し、両者ノーフォールのままフルタイムの引き分け。この一戦はテレビ中継がなく、後日ビデオ（VHS）で市販されたのみだったが、それを見ると後半の20分くらいはブロディがスタミナ切れで「バテバテの状態」となったため、判定を下すとしたら明らかに猪木に軍配が上がった試合である。猪木43歳、ブロディ40歳。共に「60分フルタイム」は極めて厳しい年齢にさしかかっていたが、これをこなしてしまったのだから「凄い」としかいいようがない。結果的にブロディの新日本参戦はこれがラストとなったた

一度は新日本を追放されたブロディと10カ月半ぶり、通算7度目のシングル対決。43歳にしてブロディを相手に60分フルタイム戦い抜いた猪木のスタミナには目を見張るものがあった（9・16大阪城）

め、猪木との対決もこの大阪が最後となった。

　9月19日の福岡スポーツセンターでは、猪木はドゥーガンと対戦して4分35秒に体固めで楽勝。この日はテレビ生中継だったが、この夜を最後に「ワールドプロレスリング」の放送時間帯が金曜夜8時から月曜夜8時に移行することが決定していたので、1958年9月5日の金曜日に日本テレビが「三菱ダイヤモンドアワー・日本プロレス中継」をスタートさせて以来定着していた「金曜夜＝プロレス中継」という「国民的な

猪木のレスラー生活25周年記念イベント「INOKI闘魂 LIVE　パート1」（10・9両国）で元ボクシング世界ヘビー級王者スピンクスと異種格闘技戦を行うも凡戦に。同日、マーシャルアーツのドン・中矢・ニールセンと死闘を繰り広げた前田の株がハネ上がるという皮肉な結果となった

慣習」は、遂に28年の歴史に幕を閉じた。

INOKI闘魂LIVE パート1

スピンクスとの異種格闘技戦で「逞しい上半身」が消えた

10月9日、両国国技館で猪木はレオン・スピンクス（プロボクシング元世界ヘビー級王者）を相手に久しぶりに異種格闘技戦（1ラウンド3分の12ラウンド制）を敢行し、8回1分33秒に体固め（スピンクスの両肩をキャンバスに張り付けるように押さえつけスリーカウント）で勝利した。特別レフェリーに起用されたガッツ石松がルールを把握しておらず、時折リング上で「右往左往」するシーンがあったとはいえ、内容（攻防）的にも冗漫で、お世辞にも好勝負とは言い難い一戦になった。私がこの試合で最も気になったのは、「猪木は、あまりにも減量をやり過ぎた」という点だった。この一戦に備えて何度かキャンプを張り、（スタミナ対策の）ランニングにかなりの時間を割いたことは新聞報道で熟知していたのだが、リング上で特注豪華ガウンを脱いだ猪木を見たときに「なんだ、この上半身の細さは！　ジュニア・ヘビー級のボディじゃないか！」と驚いたのだ。おそらく、１００キロを確実に下回っていたと思われるが、残念ながらこれ以降、猪木は再び往時の「逞しい上半身、ヘビー級」に戻ることは二度となかった。くどいようだが、私にとってこの猪木・スピンクス戦は、この「体重大幅ダウン」に尽きる。

26歳にして鋼のような肉体から圧倒的パワーを放出するS・ウイリアムスにはほとほと手を焼いた（10・13後楽園）

闘魂シリーズ
初の「月曜夜8時」にS・ウイリアムス戦で失態

10月13日（後楽園ホール）から11月3日（後楽

園ホール）までの期間に18興行が開催され、スチーブ・ウイリアムス、ランス・フォン・エリック（前半戦特別参加）、ケビン・フォン・エリック（後半戦特別参加）、コンガ・ザ・バーバリアン、バッドニュース・アレン、ザ・ジャッカル、スーパー・マリオマン（レイ・キャンディ）、スチーブ・ディサルボの8選手が招聘された。

猪木のシングルマッチは（開幕戦の）後楽園で一度組まれただけだったが、この試合（S・ウイリアムスとの60分1本勝負）で猪木はウイリアムスのハイアングル・ボディスラムを食って後頭部をマットに強打し、完全に失神してしまった。猪木は辛うじて意識を回復させて試合続行することには成功したものの（6分46秒に両者リングアウト）、このシーン（テレビ生中継）はショッキングなんてものではなく、改めて猪木の衰えを認識させせられたものである。「月曜8時」の枠に移行した最初の夜だったこともあり、猪木にとっても新日本にとっても大事な「スターティング・オーバー（新規まき直し）」が、最初から大きくつまずいた印象になってしまった。

'86ジャパン・カップ争奪タッグリーグ戦

UWFの藤原を一本釣り

11月14日（後楽園ホール）から12月11日（両国国技館）の期間に24興行が開催され、ディック・マードック、マスクド・スーパースター、ジミー・スヌーカ、ワイルド・サモアン、トンガ・キッドの5選手が招聘された。

シリーズ中に猪木のシングルマッチは一度だけ組まれ（11月18日、大田区体育館）、M・スーパースターを10分14秒、延髄斬りからの体固めで撃破。タッグリーグ公式戦のほうは藤原喜明とのコンビで決勝に進出し、最終戦の両国で前田日明、木戸修組に勝って順当に優勝を果たしている（13分32秒、猪木の卍固めで木戸がギブアップ）。年頭からUWF軍団との抗争をメインテーマとして各シリーズが進行していたのに、最後の年末タッグの段階で前田と並ぶUWFの二枚看板である藤原を「一本釣り」する形でパートナーにしたのは苦しい人選と思えたが、前田・木戸組、藤波・武藤敬司組という強力な対抗馬が出場していた関係から、ここは「実力的に藤原しかいなかった」というのが実情ではあった（木村は10月から藤波に対戦を迫っており、藤波とのタッグコンビは一時的に解消されていた時期という事情もある）。

年末のジャパン・カップ争奪タッグリーグ戦でUWFの藤原と師弟コンビを結成。12・11両国で前田&木戸を破り優勝を果たした

1987年（昭和62年）

暴動に始まり暴動に終わる。スキャンダルに明け暮れた1年

ニュー・イヤー・ダッシュ'87
パワーダウンながらもビガロに奮戦

1月2日（後楽園ホール）から2月5日（両国国技館）までの期間に28興行が開催され、クラッシャー・バンバン・ビガロ（後半戦特別参加）、マイク・フォン・エリック（前半戦特別参加）、コンガ・ザ・バーバリアン、バズ・ソイヤー、ブレット・ソイヤー、エル・カネック、ブラック・バート、トニー・セントクレアー、キューバン・アサシン、レイ・コブラ、ラリー・シャープ（ビガロのマネージャー）、稲妻二郎（レフェリー）の12選手が招聘された。シリーズ中に組まれた猪木のシングルマッチは、1月16日（東大阪市立中央体育館）でバーバリアンに反則負け（2分37秒）と、最終戦の両国でビガロに反則勝ち（12分29秒）の2戦のみだった。スピンクス戦以降、体重を激減させたあとの猪木にはパワフルな場面が少なくなったが、150キロを超すビガロに対してはブ

3・20後楽園でフリー参戦のナガサキと初一騎打ち。変形羽根折り固めという珍しい技で完勝

レーンバスターやショルダー・スルーを豪快に決めて、久しぶりに元気なところを見せた。

スプリング・フレアーアップ'87
K・ナガサキを一蹴

2月23日（群馬・伊勢崎市民体育館）から3月20日（後楽園ホール）の期間に21興行が開催され、スチーブ・ウイリアムス、リック・スタイナー、ルーク・ウイリアムス、ブッチ・ミラー、ジェリー・グレイ、ジョージ・ウェールズの6選手が招聘された。シリーズ中に組まれた猪木のシングルマッチは、3月4日（名古屋・愛知県体育館）のS・ウイリアムス（13分12秒に猪木の反則勝ち）と最終戦（後楽園）のケンドー・ナガサキ（＝桜田一夫、猪木が4分22秒に変形羽根折り固めで勝利）の2戦のみだった。

3・26大阪城のM・斎藤戦で海賊男が乱入し、斎藤に手錠をかけて拉致するという不可解な展開に。試合は猪木の反則勝ちとなったが、怒り心頭の観客が暴動を起こした

INOKI闘魂LIVE パート2

東京に続いて大阪で不名誉な暴動事件発生

3月26日、大阪城ホールでワンナイトのビッグマッチが開催され（観衆は1万3850人の札止め）、猪木はマサ斎藤を相手に25分34秒、反則勝ちした。試合は終盤に海賊男（正体はブラック・キャットだったと言われている）が乱入し、斎藤に脈絡なく「手錠」をかけて拉致して試合の流れを中断、支離滅裂な状況に進展してしまう。

エキサイトした斎藤がレフェリーに暴行を加えて反則負けが宣せられるも、観客は不可解すぎる試合展開に納得せずに暴動に発展し、大阪府警の警官隊が呼ばれ、暴徒と化した数十人の観客をようやく鎮圧。これは翌朝の一般新聞に大きく取り上げられて、新日本プロレスと猪木にとって極めて不名誉な事件になってしまった。

ブレイジング・チェリー・ブロッサム・ビガロ'87

「火曜夜8時」に移行。テレビ存続の危機下、狂乱の手錠マッチ

この年は年頭から横文字の斬新なシリーズ名が採用されたが、正直、

4・27両国でM・斎藤と再戦。猪木がリングロープを外すと、斎藤は手錠で自らの手と猪木の手をつなぐ。"ノーロープ手錠マッチ"ともいうべきデスマッチまがいの大流血戦で猪木がTKO勝ち

このあたりになると意味不明で苦笑せざるを得ない。4月6日（後楽園ホール）から4月27日（両国国技館）までの期間に18興行が開催され、クラッシャー・バンバン・ビガロ、ディック・マードック、レイ・キャンディ、バッドニュース・アレン、ブラック・タイガー、マット・ボーン、ラリー・シャープ（マネージャー）の7選手が招聘された。

シリーズ中に猪木のシングル戦は4回組まれた。まず開幕戦の後楽園でビガロに7分30秒、反則勝ち。続いて11日の神奈川・横須賀市総合体育館でアレンを体固め（7分24秒）。20日の山口・下関市体育館でもアレンに7分19秒、卍固めで完勝し、最終戦の両国ではマサ斎藤を大流血させ、26分2秒にTKO勝ちしている。リングサイドに、1984年末からジャパン・プロレスとして全日本マットを主戦場としていた長州軍団が陣取り、次期シ

リーズからの新日本マット・カムバックをアピールした。この4月シリーズからテレビ中継の時間帯が火曜日夜8時に移行し、番組名も「ギブUPまで待てない‼ ワールドプロレスリング」というバラエティ色の強いものになった。これによって猪木の試合そのものに変化が起きたわけではなかったにせよ、わずか半年というスパンで月曜日から火曜日に変更されたことは「視聴率が悪かった」証拠であり、「この火曜日でもダメならば、いよいよテレビ朝日は新日本の中継から撤退する」という噂がマスコミ各誌（紙）に掲載されるようになった。猪木の心中が穏やかでいられたはずがなく、最終戦の両国でリング・ロープを外し、自らの手首と斎藤の手首を手錠でつないで狂乱ファイトを繰り広げた「デスマッチまがい」の試合には、ただただ焦燥感しか漂っていなかった。

'87 IWGPチャンピオン・シリーズ

NWF返上から6年後、初代IWGPヘビー級王者となる

5月11日（後楽園ホール）から6月12日（両国国技館）の期間に25興行が開催され、コンガ・ザ・バーバリアン、ハクソー・ヒギンズ、アレックス・スミルノフ、キラー・ブルックス、トニー・セントクレアー、スコット・ホール、ケビン・フォン・エリック（後半戦特別参加）の7選手が招聘された。猪木が「春の本場所の公式戦」に参加したのは、このシリーズが現役最後となり、開幕戦から最終戦まで、全部で6回のシングルマッチが組まれている。まず開幕戦でブルックスに逆さ押さえ込みで勝利（4分5秒）し、5月20日の横浜文化体育館では藤原に体固めで勝利（14分56秒）。

5月25日の仙台・宮城県スポーツセンターでは坂口に卍固めで勝って前年に負けた雪辱を果たし（12分51秒）、5月30日の鹿児島県立体育館ではバーバリアンに体固めで勝利（7分14秒）。6月5日の福岡・柳川市民体育館でホールを体固めで破り（1分26秒）Aブロックの最高得点を挙げ、6月12日の両国国技館における決勝でマサ斎藤（Bブロックの最高得点者）と対戦。14分53秒に斎藤のバックドロップを空中で切り返し、ボディプレスの形で逆転フォール。シリーズの4年連続優勝を飾った。この勝利を機にＩＷＧＰは「ＩＷＧＰヘビー級選手権」として正式タイトル化され、次期シリーズから防衛戦が行われるようになったが、本書の１９８１年の稿に記載したように、ＩＷＧＰは当初「猪木が虎の子のＮＷＦ王座を返上し、新しく構築された世界マット統一機構」だっただけに、6年ぶりに「ＩＷＧＰの名称が団体の看板タイトルとして用いられ、昔のＮＷＦ選手権ように、シリーズの目玉になる」という決定には、

(上)6・12両国でM・斎藤を下した猪木は初代IWGPヘビー級王者となった　(下)初代IWGPヘビー級王座に就いた猪木に対して、長州、藤波、前田らが世代交代をアピール。猪木はM・斎藤、坂口、藤原らを引き込み新旧世代闘争が勃発(6・12両国)

正直、「じゃあ、この6年間は、一体なんだったのか?」的な違和感を持った。

斎藤を破ってIWGPのベルトを巻いた猪木に対して、リング上に長州、前田、藤波が次々に駆け上がって猪木への世代交代をアピール。これを受けて猪木が「実力で勝ち取ってみろ!」と受けて立ったことから、次期シリーズからは「ナウリーダー軍(旧世代軍)対ニューリーダー軍(新世代軍)」の世代抗争がメインテーマとなった。国技館の2階からこの光景を見ていた私は、猪木がマイクアピールの際に(敗れたばかりの)斎藤の肩を「グイッ」という感じで引き寄せ、強引に「ナウリーダー軍の一員」にしてしまったことに苦笑。年齢的に「ナウ」と「ニュー」の「ハザマ」にいた38歳の藤原は、結局「ナウの人数が少ない」ことで猪木の軍団に組み入れられたが、この世代抗争には最初から色々な無理があったと思う。

ビッグ・サマー・ファイト・シリーズ
ニューリーダー軍のやる気をはぐらかす

6月29日(後楽園ホール)から8月2日(両国国技館)の期間に29興行が開催され、・クラッシャー・バンバン・ビガロ、バズ・ソイヤー、バイオレンス・ウォーロード、バッドニュース・アレン、マイク・ムーア、ジョニー・スミスの6選手が招聘された。開幕戦からナウリーダー軍(猪木、坂口、斎藤、藤原、星野)とニューリーダー軍(藤波、長州、前田、木村、マシン)の世代抗争を軸とした組み合わせでシリーズが進行していったが、猪木のシングル(4試合)は全てガイジンが相手で、

（右）ナウリーダー軍（旧世代軍）の特写。左からM・斎藤、星野、猪木、藤原、坂口　（左）ニューリーダー軍（新世代軍）の特写。左から前田、藤波、長州、スーパー・ストロング・マシン、木村

日本人同士による世代抗争マッチは専らタッグ、6人タッグ出場となり、ニューリーダー軍にとっては猪木を倒すのが目的のはずだった抗争が「微妙にはぐらかされた」感の強いシリーズだった。

猪木は7月11日の青森県営体育館でビガロに反則勝ち（5分15秒）、7月15日の福島・猪苗代町民体育館でアレンを体固め（5分16秒）、7月25日の愛知・稲沢市総合体育館でウォーロードを体固め（6分41秒）で破りコンディションを整え、最終戦の両国でビガロの挑戦を受け、鉄拳制裁で血ダルマにして9分38秒、延髄斬りからの体固めで順当にIWGPヘビー級王座の初防衛に成功している。

サマー・ナイト・フィーバー・イン国技館

ニューリーダー軍と焦点の合わないイリミネーション・マッチ対決

世代抗争のクライマックスとして8月19日、20日に両国国技館2連戦が組まれ、共に満員札止めを記録した（初日は発表で1万1070人、2日目は1万1570人）。初日はナウ軍とニュー軍による5対5のイリミネーション・マッチが目玉だったが、アメリカに戻っていた斎藤がビザの関係で来日遅延となり、ナウ軍のピンチヒッターとして「ニュー

8・19両国でニューリーダー軍とナウリーダー軍が5対5イリミネーション・マッチで激突。猪木軍にはM・斎藤の代打としてなぜか未来世代の武藤が加入。試合はニュー軍が勝利

軍の誰よりも若い」武藤が入ったことから、「ピンボケ」の試合を余儀なくされた。猪木はマシン（平田）を卍固めに仕留めたが、そのあと前田にフライング・ヘッドシザースを仕掛けた反動でトップロープから場外転落となり、ナウ軍の2番目に失格となった。最後はニュー軍の藤波、長州が勝ち残ってニュー軍の完勝に終わったが、全く同じルールで行われた前年3月の東京体育館における初のイリミネーション・マッチ（新日本対UWF）に比較すると内容的に今一つの感は否めず、猪木と前田のマッチアップになった時の「さあ、何かが起こるぞ」というスリルについても、ボルテージ・ダウンが著しかったと思う。2日目、猪木は武藤とのコンビでメインに登場し藤波、長州組と対戦したが、武藤が集中砲火を浴びて轟沈し、長州に体固めで敗れている（15分41秒）。

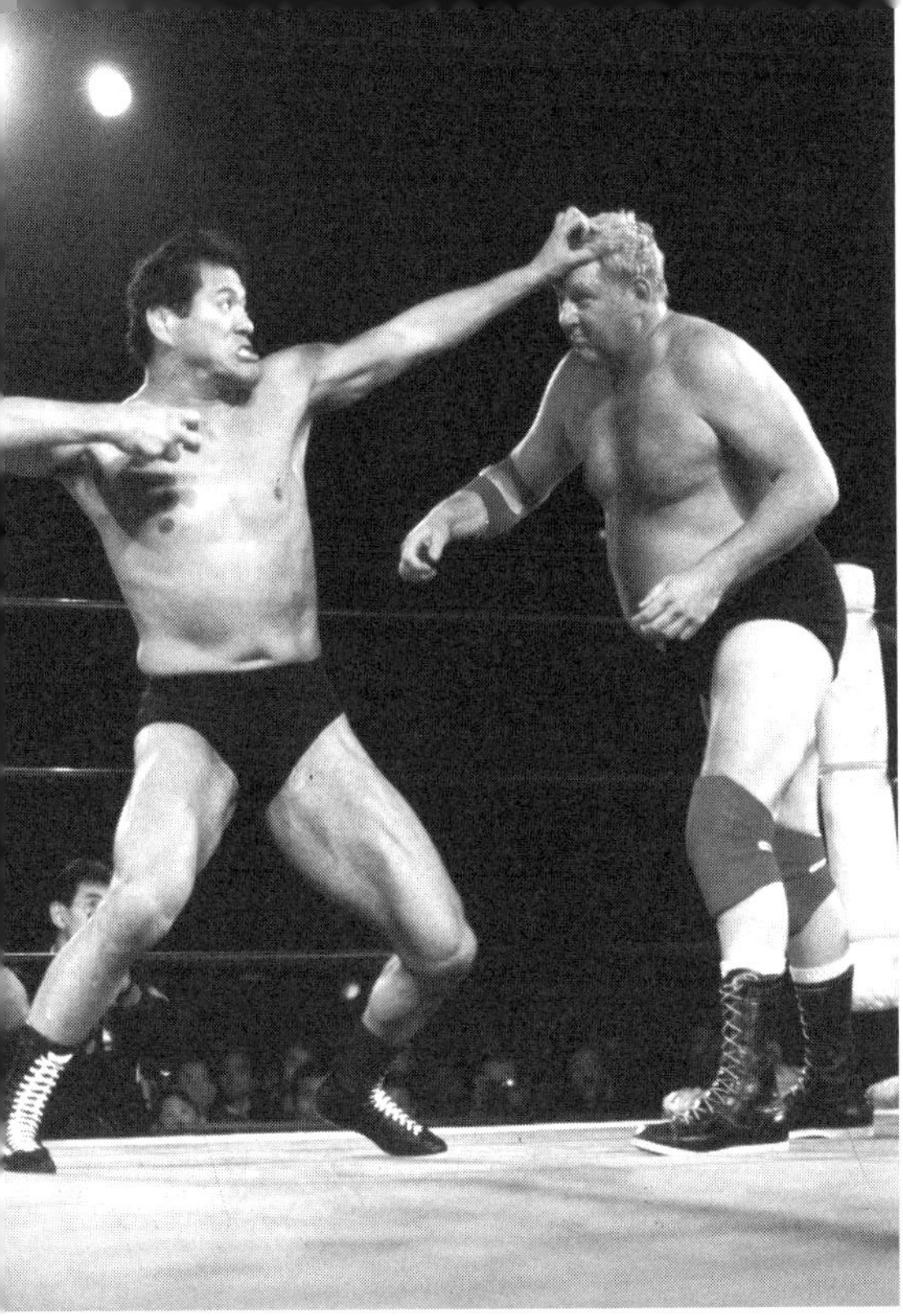
9・1福岡でマードックの挑戦を退けIWGPヘビー級王座2度目の防衛に成功

戦国合戦シリーズ

世代抗争に早々に見切りをつけ、斎藤との巌流島決戦を決断

通常の年だと「ブラディ・ファイト・シリーズ」の名称が使われるところだが、この年は世代抗争がテーマだったため新名称が使われた。8月24日（後楽園ホール）から9月20日（千葉・成田市立体育館）の期間に24興行が開催され、ディック・マードック、スコット・ホール、オーエン・ハート、エンゼル・オブ・デス、ローラーボール・マーク・ロコ、キューバン・アサシンの6選手が招聘された。猪木は8月20日の試合で左脚靭帯を痛め、開幕戦から8月31日までの7興行を欠場。シリーズ中のシングル戦は3回組まれ、まず9月1日の福岡スポーツセンターでマードックを相手にＩＷＧＰヘビー級王座2度目の防衛（15

分22秒、体固めで勝利）に成功したあと、9月4日の佐賀・唐津文化会館でデスに首固めで勝利（6分30秒）。さらに9月16日の山口・徳山市立体育館でホールに延髄斬りから体固めで勝利（7分34秒）したあと、9月17日には大阪のホテル南海でマサ斎藤との「巌流島決戦（10月4日）」を発表し、アッサリと、しかも強引に世代交代抗争にピリオドを打った。6月12日の両国から始まったナウ軍とニュー軍の抗争は約3カ月継続したことになるが、ナウ軍のコマ不足が明らかで、猪木自身が独断で終止符を打ったものと思われる。

巌流島の戦い

猪木の〝私闘〟に同道した斎藤の男気

猪木は戦国合戦シリーズ終了後の9月20日から25日まで沖縄で特訓を行い、10月4日の巌流島決戦に臨んだ。山口・下関市と北九州市の間の関門海峡に浮かぶ無人島（巌流島＝舟島）で、宿敵・マサ斎藤と観客なし、レフェリーなし、ルールなし、時間制限なしの死闘を展開。この10月4日は日曜日だったが、この週に発売された女性週刊誌が「猪木と倍賞美津子の離婚は決定的」という内容のスクープ記事を掲載したため、「猪木は巌流島で死ぬ覚悟ではないか？」という物騒な噂が流れた（実際に猪木は「この試合で万が一のことがあった場合」という内容の遺書を残していたと言われている）。16年間連れ添った美津子夫人との破局を忘れるための自暴自棄な戦いではあったが、これに「付き合った」マサ斎藤の男気も筆舌に尽くしがたい。結局2時間5分15秒という死闘の末、

（上）10月4日、猪木は無人島の巌流島でM・斎藤と観客なし、レフェリーなし、ルールなし、時間制限なしの一騎打ちを敢行　（下右・左）試合は午後4時半過ぎにスタート。猪木と斎藤はリング上で、草むらで、延々と戦いを繰り広げた（10・4巌流島）

（上）猪木と斎藤はもっぱら野性味あふれる関節技、絞め技の攻防を展開（10・4巌流島）（下）日が沈んだあと、薄闇の中で戦い続ける2人。猪木が斎藤を煌々と燃えるかがり火に叩きつける一幕も。最後は猪木がスリーパーホールドで斎藤を戦意喪失に追い込み、2時間5分15秒の死闘に勝利した（10・4巌流島）

10・25両国のダブルメイン第1試合でS・ウイリアムスに勝利しIWGPヘビー級王座3度目の防衛（メイン第2試合は長州vs藤波）

猪木がスリーパーで斎藤を失神させてのTKO勝ち。正直、個人的には嫌いな試合であるが、「どんな方法を用いても、世間の注目を集めてやる。まだまだ藤波や長州に主役を取られてなるものか」という猪木の「ギラギラ部分」が健在だったことについてのみ、チョッピリ嬉しかった。

闘魂シリーズ

S・ウイリアムスに辛勝しIWGP王座防衛

10月5日（後楽園ホール）から10月25日（両国国技館）までの期間に18興行が開催され、スチーブ・ウイリアムス、コンガ・ザ・バーバリアン、マニー・フェルナンデス、バッドニュース・アレン、エリ・ジ・エリミネーター、スチーブ・ケーシー、ダリル・ピーターソンの7人が招聘された。猪木は巌流島で負傷箇所が多数に及び、開幕戦から10月17日（川崎市体育館）までの11興行を欠場（斎藤もシリーズ全休）。残り7興行中にシングル戦は2回組まれ、まず10月23日の福島・会津体育館でバーバリアンに反則勝ち（7分24秒）、そして最終戦の両国ではウイリアムスの挑戦を受けIWGPヘビー級王座3度目の防衛戦に臨んだ。巌流島で痛めた左肩に大きなバンデージを貼って登場した猪木は、最悪のコンディションと思われたが、最後は場外でウイリアムスの鉄柱攻撃を自爆させ、後方からドロップキックを叩きつけて間一髪のリングアウト勝ちを拾った（11分47秒）。好勝負からは程遠い内容ではあったが、ひとまずウイリアムスという「最強ガイジン」の挑戦をクリヤーしたことで、（タイトル化されたあとの）初代IWGPヘビー級王者としてミニマム・デューティをクリヤーした感があった。

'87ジャパン・カップ争奪タッグリーグ戦

マードックとのコンビでタッグリーグに出場するも優勝を逃す

11月9日（後楽園ホール）から12月7日（大阪府立体育館）までの期間に23興行が開催され、ディック・マードック、スコット・ホール、ロン・スター、ロン・リッチー、ダイナマイト・クリス、ケビン・フォン・エリック（後半戦特別参加）、ケリー・フォン・エリック（後半戦特別参加）の7人が招聘された。タッグリーグ戦ということもあってシリーズ中に猪木のシングルマッチは一度も組まれず、猪木はマードックとのコンビで順当に決勝に進出。12月7日の大阪で予選2位のポイントを挙げた藤波、木村組に敗れ（15分54秒、藤波がマードックを首固めでフォール）優勝は逃している。

私は12月4日の両国国技館に行ったが、この日は久しぶりに空席が目立ち（発表は9400人の満員だったが実数は6000人くらい?）、11月19日の後楽園ホールで前田が長州の顔面に背後からキックを叩き込み、長州を右目眼底打撲に追い込んだ「顔面蹴撃事件」の余波がモロに出ていた印象を持った（前田、長州共に欠場）。猪木とマードックはメインで藤原、斎藤組とタッグリーグ公式戦を行い30分フルタイムで引き分けたものの、残念ながら両国のメインとしては弱過ぎた。

猪木は年末のジャパン・カップ争奪タッグリーグ戦にマードックと組んで出場。12・7大阪府立の優勝決定戦で藤波&木村に敗れた

イヤー・エンド・イン国技館

三たびの暴動発生で「両国国技館使用禁止」の重いペナルティー

年末の12月27日に両国国技館でワンナイト興行が開催され、ビッグバン・ベイダー（レオン・ホワイト）が初来日した（観客は1万1090人の札止め）。この日はタレントのビートたけし率いる「たけしプロレス軍団（TPG）」の刺客としてベイダーが登場し、リング上で猪木に挑戦するというマンガチックな状況となり、当初に予定されていた猪木と長州のシングルマッチが急遽、長州、斎藤対藤波、木村と猪木対ベイダーの2試合に変更となったため、観客からの不満が爆発した。前者のタッグマッチに対し、館内いたるところからモノが投げられて「やめろ、やめろ」の大コール。異常な雰囲気の中、6分30秒に木村をラリアットでフォールした長州が猪木とのシングル戦をアピー

（上）かねてから対戦を要求していたTPG（たけしプロレス軍団）の挑戦を猪木が受諾（写真は12・4両国）（下）12・27両国はTPGの登場により猪木の対戦カードが二転三転。この日2試合目となる長州の直訴によりシングル対決するも長州の反則負け

猪木は長州戦のあと、初参戦となるTPGの刺客ベイダーと戦い秒殺負け。消化不良&中途半端な展開の連続に観客が激怒し、3度目の暴動騒ぎを起こした（12・27両国）

ルしたため、当初の予定通り猪木と長州のシングル戦が組まれたが、これまた6分6秒に流血した長州が暴走してアッサリと反則負け。

　このあと猪木がベイダーとシングルで戦ったが、ハイアングルのボディスラムで叩きつけられて2分49秒、片エビ固めで簡単に惨敗してしまう。こうなると観客は完全に「ふざけるな！　なんだこれは！」のモードとなり、1984年6月（蔵前国技館）、1987年3月（大阪城ホール）に続く「3度目の大暴動事件」に発展してしまった。暴動中に国技館内部の器物がいくつも破損させられたため、日本相撲協会は新日本プロレスに対して「国技館の1年間貸出禁止」を通告したが、これが営業部隊に及ぼした興行的デメリットは、計り知れない大きなものがあった。猪木と新日本プロレスは、「これ以下はない」という最悪の状態で年末、年始を迎えた。

1988年（昭和63年）
藤波と生涯最後の60分フルタイム戦！ソ連をプロレスに引き込むことに成功

新春黄金シリーズ
長州とのIWGP防衛戦後、ローマ遠征

1月4日（後楽園ホール）から2月7日（札幌中島体育センター）までの期間に26興行が開催され、スチーブ・ウイリアムス（前半戦特別参加）、ボブ・オートン（後半戦特別参加）、ビッグバン・ベイダー、バズ・ソイヤー、オーエン・ハート、トニー・セントクレアー、スチーブ・ブラックマン、ジョニーK9の8選手が招聘された。

猪木はシリーズ中に3度のシングルマッチが組まれ、まず1月4日に後楽園でベイダーに反則勝ち（10分12秒）、2月4日の大阪府立体育館では長州の挑戦を受けて13分58秒、執拗な卍固めでレフェリー・ストップ勝ちを奪いIWGPヘビー級王座4度目（これがラスト）の防衛に成功。最終戦の札幌では7分29秒、ベイダーと両者リングアウトで引き分けている（オートンが全身白装束に覆面

を纏い、海賊男として乱入)。なお、シリーズ中の1月21日から26日まではイタリアのプロモーターからの招聘に応じて国内の5興行を欠場し、単独でローマに遠征。22日と24日にローマ市内のパラウエル・スポーツ・アリーナで、日本から帯同したバッドニュース・アレンと2連戦を行い連勝している(22日は延髄斬りから体固め、24日は卍固め)。現地ではローマ在住の木村明子さん(坂口

(上)長州の秘蔵っ子で日本デビュー3戦目となる馳に鉄拳制裁(1・5後楽園、タッグマッチ) (下)1月下旬、イタリア・ローマに初遠征

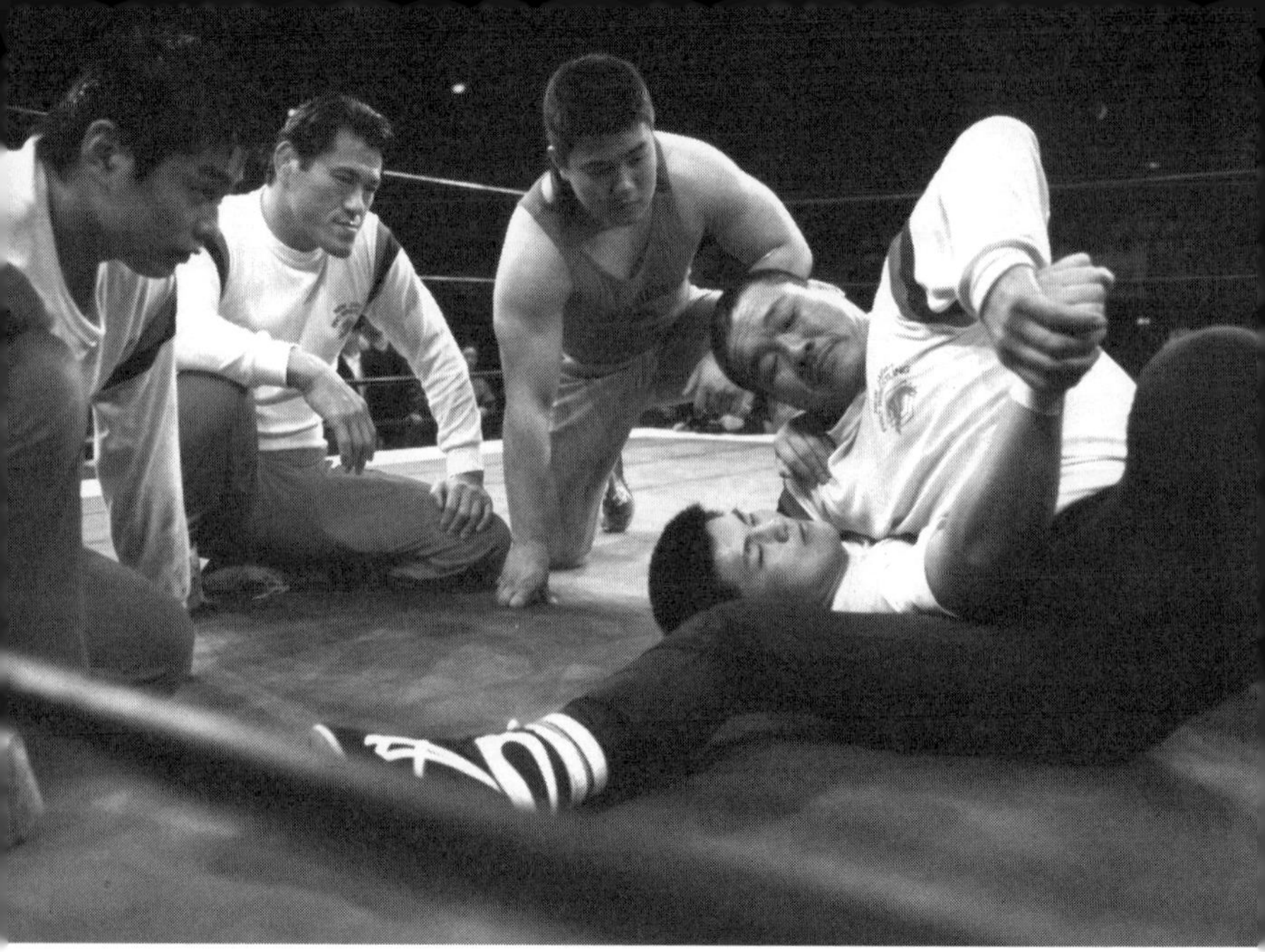

巡業中、藤原と共に若手に指導する猪木。佐々木健介、飯塚孝之（高史）、鈴木実（みのる）ら当時の若手の姿が

夫人の実姉）が猪木のマネージャーとして活躍し、国営テレビに何度も出演させて猪木人気を盛り上げた。

ビッグ・ファイト・シリーズ

海賊男と連闘

2月29日（後楽園ホール）から3月19日（後楽園ホール）までの期間に16興行が開催され、ビリー・ガスパー（ボブ・オートン）、バリー・ガスパー（ダリル・カロア）、ディック・マードック、サムライ・ウォリアー、ミッドナイト・ソルジャー（ブライアン・アダムス）、レイ・キャンディ、ジェリー・グレイ、ビニー・バレンチノの8選手が招聘された。

猪木はシリーズ中に2度のシングルマッチが組まれ、3月4日の長崎国際体育館で海賊男ビリー・ガスパーに反則勝ち（9分2秒）。

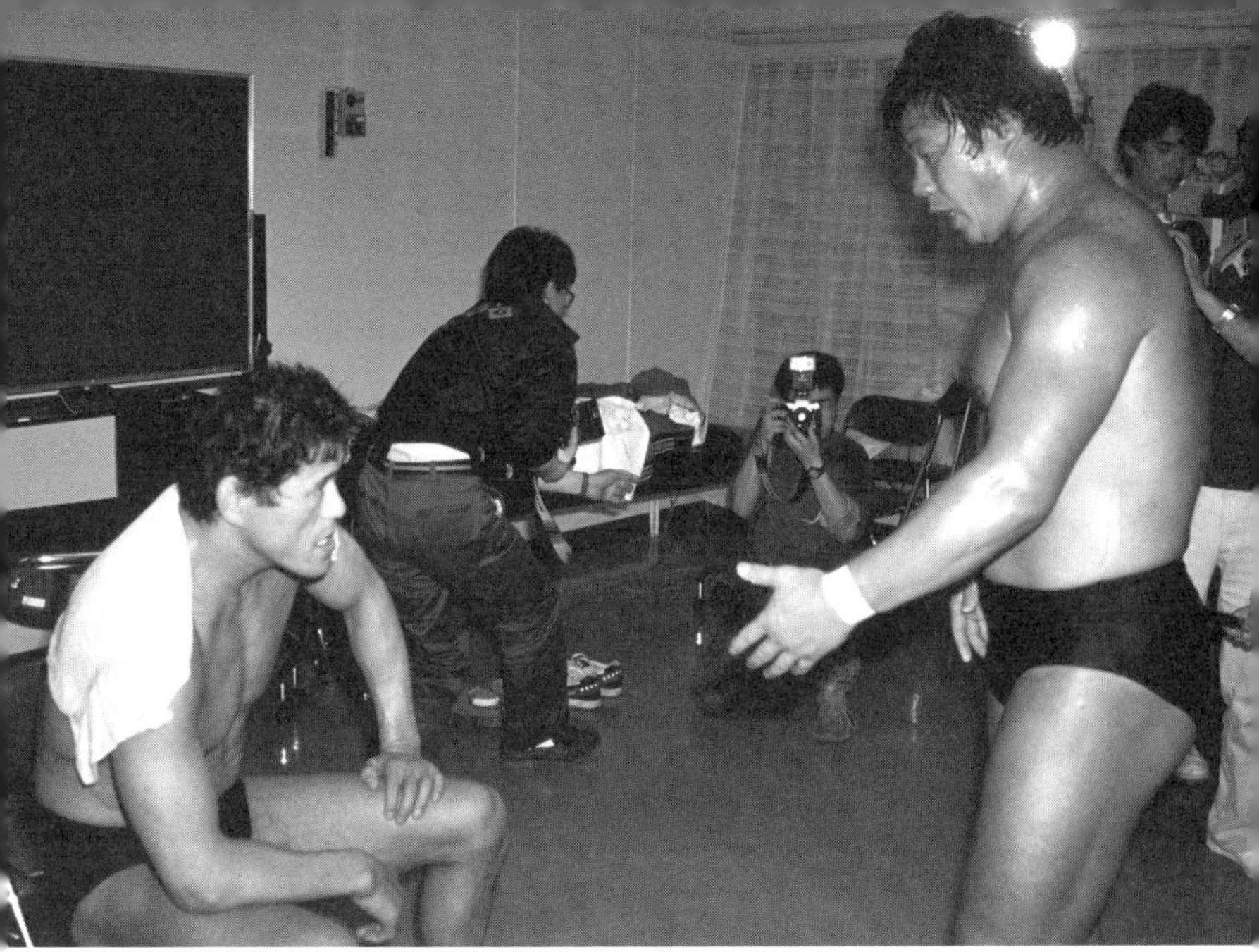

4・22沖縄の試合後、タッグパートナーの藤波がハサミで自らの前髪を切りながら、猪木に世代交代を訴える事件が勃発（飛龍革命）

最終戦の後楽園でもビリー・ガスパーと再戦し、11分29秒に延髄斬りからの体固めで決着をつけている（実際にフォールしたのは乱入したガリー・ガスパー）。

スーパー・ファイト・シリーズ

藤波の飛龍革命は猪木に大ショックを与えていた!?

4月11日（後楽園ホール）から5月8日（有明コロシアム）までの期間に22興行が開催され、ビッグバン・ベイダー、スコット・ホール、マニー・フェルナンデス、スチーブ・ケイシー、クラッシャー・クランチー、ビジャノⅣ、ビジャノⅤの7選手が招聘された。シリーズ中に猪木のシングル戦は一度も組まれず、第10戦（4月22日）の沖縄・奥武山体育館の控室で有名な藤波による「下剋上事件」

(飛龍革命)が勃発(藤波が試合後、パートナーの猪木に対して、自らの前髪をハサミで切りながら、猪木エース体制への不満をぶちまけ、世代交代を訴えた事件)。翌日朝、ランニングに出た猪木は右足の甲を亀裂骨折し、以降のシリーズを全休した。4月27日に大阪府立体育館でベイダーの挑戦を受ける予定だったIWGPヘビー級王座は、5月2日に返上した(5月8日の有明コロシアムで藤波とベイダーが王座決定戦を行い、藤波が反則勝ちで第2代王者となる)。

猪木の右足甲の亀裂骨折について当時私は、藤波が控室で「いつまでこの状態(猪木エース体制)が続くんですか!」と世代交代を直訴されたことによる「フェイク負傷」だと思った。つまり「藤波の直訴の翌日にケガするなんて、話が出来すぎだ。あれは猪木が藤波をテストするための仮病だったに違いない」と考えたわけだが、のちに多くの関係者に話を聞いた結果、「全治に1カ月以上を要する重症」だったことが判明した。全くのアクシデント、思わぬ骨折というのが真相である。藤波に下剋上宣言をされた猪木は、翌朝、そのショックでランニングのバランスを崩し、結果的に亀裂骨折に及んだというわけだ。ひょっとしたら、猪木は前の晩に一睡もできなかったのかもしれない。

'88 IWGPチャンピオン・シリーズ

右足甲亀裂骨折が完治せずシリーズ全休

5月20日(後楽園ホール)から6月26日(名古屋レインボーホール)までの期間に29興行が開催

され、ビッグバン・ベイダー（後半戦特別参加）、ディック・マードック、アドリアン・アドニス、ビリー・ガスパー（ボブ・オートン）、バリー・ガスパー（ザ・ジャッカル）、オーエン・ハート、エル・カネック、ドクトル・ワグナー・ジュニア、デイブ・ピーターソンの9選手が招聘された。猪木は右足甲亀裂骨折が完治せずにシリーズ全休。5月26日には左目の上斜筋、30日には右肘関節ネズミ症の除去手術を行い、カムバックに向けて徹底的に体のオーバーホールを行った。6月15日からはコンディション調整のために渡米し、ロサンゼルス、ニューヨーク、ラスベガスを回って7月6日に帰国。8日に記者会見を行い、次期シリーズに予定されている「IWGPヘビー級王座挑戦者決定リーグ」にはシード選手としてではなく、他の選手と同様、リーグ戦の全戦に出場することを表明した。

サマー・ファイト・シリーズ

新日本旗揚げ以来、日本人にシングル初のフォール負け！

7月15日（後楽園ホール）から8月4日（山梨・大月市民総合体育館）までの期間に18興行が開催され、ビッグバン・ベイダー、バズ・ソイヤー、マニー・フェルナンデス、キューバン・アサシン、スチーブ・アームストロング、トレイシー・スモザース、ブラソ・デ・オロ、ブラソ・デ・プラタの8選手が招聘された。猪木は第2戦から最終戦まで出場し、藤波（IWGPヘビー級王者）への挑戦者決定リーグ戦（4戦）を3勝1敗で消化。7月22日に札幌中島体育センターで長州に「後頭部ラリアット」を食って完全なフォール負けを喫したが（7分55秒）、木村健吾（7月25日の青森市民体育館、卍固め）、マサ斎藤（7月27日の秋田県立体育館、逆さ押さえ込み）、ベイダー（7月29日の有明コロシアム、逆腕固め）から3連勝して見事に挑戦権を獲得した。長州に喫したフォール負けは「新日本を旗揚げして以来、対日本人選手で、シングル初のフォール負け」だったことか

（上）負傷により返上したIWGPヘビー級王座の挑戦者決定リーグ戦（王者は藤波）に出場。7・22札幌の公式戦で長州に背後からラリアットを食らいピンフォール負け　（下）7・29有明のIWGP挑戦者決定リーグ戦でベイダーと対決。凶器でベイダーの左腕を切り裂き、腕固めを決めて凄絶勝利。藤波への挑戦権を獲得した

らショックは大きかったが、その長州もベイダーにリングアウト負け、斎藤にリングアウト勝ちでワンポイント猪木を下回る結果となった。

スーパー・マンデー・ナイト・イン・ヨコハマ
藤波との60分フルタイム戦で45歳ながら超人的スタミナを発揮

シリーズ終了から3日後の8月8日、横浜文化体育館で「スーパー・マンデー・ナイト・イン・ヨコハマ」と銘打たれたワンナイト興行が打たれ、テレビ朝日から90分の生中継特番が組まれた（観衆は６０７０人の札止め）。メインで藤波対猪木の師弟対決、ＩＷＧＰヘビー級選手権が実現し、60分ノーフォールの死闘の末に藤波が王座防衛（２度目）に成功した。猪木本人が口にしたわけではないが「これに負けたら、猪木は引退するのではないか?」という雰囲気の中で行われた試合だったので、試合後に猪木がリング上で長州に肩車で担がれ、越中に同じく肩車で担がれた王者藤波に抱き着いて涙を流すシーンを見たときは「とうとう、この時がきたか」という感傷的な気分になった。だが結果的に「この時（＝引退）」は「10年後、１９９８年の４月４日、東京ドーム」まで持ち越される。

猪木は東京プロレス時代の１９６６年10月25日（宮城県スポーツセンター）、ジョニー・バレンタインを相手に23歳で初めて「60分フルタイム試合」をやったが、以降ドリー・ファンク・ジュニアと2回（１９６９年と70年）、ビル・ロビンソンと1回（１９７５年）、ボブ・バックランドと2

(上右) 8・8横浜でIWGPヘビー級王者・藤波に挑戦。「猪木はこの試合で引退するのではないか?」と周囲から見られていた　(上左) 藤波は「飛龍革命」を成就するために打倒猪木に邁進。過去の試合と異なり、王者として気後れすることなく猪木と渡り合った　(下右) 45歳の猪木は無尽蔵のスタミナで34歳[illegible]波に応戦　(下左) 猪木はヒザ立ちの態勢でアルゼンチン・バックブリーカーを披露

（上右）藤波が気迫あふれる腕固めで猪木を追い込む　（上左）猪木は珍しいミサイルキックを繰り出した　（下）藤波の渾身の足4の字固めに耐える猪木。猪木と藤波は60分にわたって動きまくり、攻めまくり、ストロングスタイルの大攻防戦を繰り広げた（8・8横浜）

60分フルタイム引き分けで王座防衛に成功した藤波の腰に、猪木が自らIWGPベルトを巻いた（8・8横浜）

長州と越中に肩車された猪木と藤波が涙ながらに互いの健闘を称え合う。最後の猪木vs藤波戦は感動的な幕切れとなった（8・8横浜）

藤波vs猪木の60分死闘に感極まった長州が、師匠の猪木と握手（8・8横浜）

回（1978年）、ブルーザー・ブロディと1回（1986年）やっていたので、この藤波戦が8度目、そして最後の60分フルタイム試合だったということになる。その最後のフルタイムが「共にノーフォール（ノーフォールは3回目）、60分動きっぱなし。しかも45歳」だったのだから、その驚異的なスタミナには脱帽するしかなかった。内容的には満点だっただけにテレビ生中継は高視聴率が予想されたが、残念ながらビデオリサーチ、ニールセン共に8％台で、「猪木引退か？」で煽りまくった一戦にしては低い数字に終わっている。

戦国シリーズ

引退説を打ち消し、台湾に遠征

8月26日（後楽園ホール）から9月22日（三重・津市体育館）までの期間に21興行が開催され、ビッグバン・ベイダー、クラッシャー・バンバン・ビガロ、ビリー・ガスパー（ボブ・オートン）、バリー・ガスパー（ザ・ジャッカル）、スコット・ホール、ロン・スター、グレート・コキーナ、ブラック・タイガー、ルイス・マリスカルの9選手が招聘された。猪木はシリーズ全休したが、8月8日の藤波戦で大きなケガをしたわけでもなく、直前の欠場発表は坂口以下、フロント陣、営業部隊としては極めて困った事態となった（開幕前日の8月25日に、坂口、藤波、長州、斎藤の4人が事務所で会談を行い、「猪木さん、リングに上がってください」と異例の出場要請声明）。

猪木は開幕戦の後楽園ホールのリングから欠場の挨拶（「少し考える時間をください」）を行った

が、特に客席からブーイング的な声は起きていない。このあと猪木は9月7日にロサンゼルスに渡り、ニューヨークを経て9月19日に帰国し、22日（最終戦）のリング上で「次期シリーズには出る」と宣言し「引退してしまうのでは？」と心配していたファンを安心させた。

9月25日から10月2日にかけて猪木以下、新日本主力は台湾に遠征（ベイダー、オートン、ホール、スター、B・タイガーも同行）。猪木は8興行すべてにタッグ、6人タッグで出場し、コンディションの調整に努めた。

闘魂復活7番勝負に臨んだ猪木は、自らのファイトぶりで引退説を吹き飛ばした（写真は10・26福島の越中戦）

闘魂シリーズ

闘魂復活7番勝負に勝ち越し。ソ連と業務提携を結ぶ

10月7日（後楽園ホール）から10月27日（東京・東村山市民スポーツセンター）までの期間に16興行が開催され、スチーブ・ウイリアムス、バンバン・ビガロ、スチーブ・ケーシー、トニー・セントクレアー、エル・カネック、ペロ・アグアヨ、ビーフ・ウェリントンの7選手が招聘された。カムバックした猪木はシリーズ中に「闘魂復活7番勝負」（実際にはカネックとの番外戦が追加されたので8試合）が企画されたため、猪木としては久しぶりに「シングルマッチ中心」のシリーズ消化となった。対戦相手としてはビガロと1勝

1敗（勝ちは体固め、負けは反則負け）、カネックに1勝（卍固め）、藤原に1勝（体固め）、木村に1勝（スリーパー）、長州に1敗（反則負け）、越中に1勝（体固め）、ウイリアムスに1勝（体固め）の6勝2敗で、「闘魂復活」をアピールするには十分の成績を残した。

シリーズ後の10月30日にソ連に出発した猪木は、モスクワで「ソ連国家体育スポーツ委員会」のガブリーニン副議長と会談。先発隊としてモスクワ入りしていたマサ斎藤、倍賞鉄夫営業部長と共に現地でアマレスのヘビー級選手たちにプロレスリングの何たるかを説明し、ガブリーニン副議長との間に業務提携に関する基本合意を取得。11月7日に「ホテル・ニューオータニ・桂の間」で猪木が記者会見を行い、翌年（1989年）早々にソ連のトップ・アマレスラーが続々と新日本のリングに上がることを発表。ソ連「レッドブル軍団」の日本来襲は、ここから始動した。

11月7日、ホテル・ニューオータニでソ連国家スポーツ委員会との提携を正式発表。ソ連アマレスラーがプロレスラーとして新日本マットに登場する道が開かれた。このニュースは世間的にも話題となった

'88ジャパン・カップ・シリーズ
最初で最後の6人タッグリーグ戦に優勝

11月11日（後楽園ホール）から12月9日（後楽園ホール）の期間に21興行が開催され、ディック・マードック、ボブ・オートン、

1988年（昭和63年）

年末には長州&星野とのトリオでジャパン・カップ・イリミネーション・リーグ戦に優勝（12・7大阪府立）

スコット・ホール、バズ・ソイヤー、マニー・フェルナンデス、スチーブ・アームストロング、トレイシー・スモザース、ザ・グラップラー（リン・デントン＝後半戦特別参加）、ケリー・フォン・エリック（後半戦特別参加）、ケビン・フォン・エリック（後半戦特別参加）の10選手が招聘された。このシリーズでは日本マット史上初の試みとなる「6人タッグのリーグ戦」が実施され、9チーム（27選手）が参加。12月7日に大阪府立体育館で行われた優勝決定戦は猪木、長州、星野が藤波、蝶野、橋本を破って優勝した。イリミネーション・ルールが採用されたためにゲーム性が極めて高い試合が大半で、従来の「タッグリーグ戦」に比べると緊迫感を著しく欠いた感が強い。ファンからも不評だったようで、この企画（6人タッグリーグ）は二度と行われていない。

シリーズ中に猪木のシングル戦は2度組まれ、11月20日（埼玉・熊谷市民体育館）ではケンドー・ナガサキに卍固めで（6分40秒）、12月1日（鹿児島県立体育館）ではM・フェルナンデスに延髄斬りからの体固め（10分3秒）で共に快勝している。

1989年（昭和64年・平成元年）

ソ連、東京ドーム、国会議員…誰も足を踏み入れたことがない新天地を目指す

新春黄金シリーズ

1年ぶりにシリーズ全戦出場。ソ連関係者と会見

1月6日（後楽園ホール）から2月10日（後楽園ホール）までの期間に25興行が開催され、ビッグバン・ベイダー、クラッシャー・バンバン・ビガロ、リップ・モーガン、イタリアン・スタリオン、マット・ボーン、エル・グレコ、ベビー・フェイス、セルヒオ・エル・エルモソの8人が招聘された。

猪木は久しぶり（約1年ぶり）にシリーズ全戦に出場し、シングルマッチを3回消化した。まず1月21日、福岡・宗像ユリックスでモーガンを延髄斬りから体固め（8分29秒）、続いて2月3日、山形県体育館でもモーガンを相手に卍固めで快勝（7分52秒）し、2月9日の札幌中島体育センターでもビガロに腕固めで快勝している（12分18秒）。

シリーズ中の2月6日、猪木は北海道巡業からトンボ帰りで有楽町の外国特派員協会で「新日ーソ連国家スポーツ委員会」の合同記者会見に出席。ソ連側はワレーソ・ソングルフ（ソ連インタースポーツ副総裁）とソブノフ・ゲナジ・アンドレビッチ（ソ連国家スポーツ委員会格闘競技連盟局長）の二人が出席して、2月22日の両国国技館以降、新日本のマットにソ連レスラーが参加していくことが正式に発表された。

2月6日、東京・有楽町の外国特派員協会でソ連国家スポーツ委員会の要人と共に会見。ソ連レスラーの新日本マット参戦について合意に達し、近日中に正式調印すると報告した。また4・24東京ドームで日ソ、米ソ対抗戦が行われると表明

スペシャル・ファイト・イン・国技館

ソ連勢もびっくり！ 猪木が長州に再びフォール負け

新シリーズ開幕の3日前、2月22日に両国国技館でワンナイト興行が開催され、1万800人の満員観衆を動員。ソ連のレスラーが初めてリングに上がり、エキシビション・マッチを公開した（サルマン・ハシミコフ対ビクトル・ザンギエフ、ウラジミール・ベルコビッチ対馳浩、ハシミコフ対ヒロ斉藤、ザンギエフ対松田納）。猪木はメインの60分1本勝負で長州とシングルマッチで対戦したが、ラリアットの連発を食って15分29秒に体固めで完敗。前年7月に札幌で完敗していただけに雪辱が期待されたが、パワーとスタミナで勝る長州の勢いの前には為

す術もなくスリーカウントを奪われた。猪木は控室に戻る通路で顔をクシャクシャにして号泣し、満員の場内観客に「今度こそ引退してしまうのではないか?」との不安を抱かせた。ソ連のレスラー3人と関係者も通路からこの試合を凝視していたが、この猪木の完敗には驚いた様子を見せていた。私も会場内にいたが、穿った見方だが（ソ連陣営に対して）「新日本プロレスには、猪木より強いレスラーはいるんだよ」というアピールがなされた形になったように感じた。

（上）2月17日、ソ連レッドブル軍団が上野毛の新日本道場で公開スパーを実施。ハシミコフ、ザンギエフらがケタ違いのパワーを披露（下）2・22両国で猪木が長州のラリアット6連発を食ってピンフォール負け。前年7月に続いてのシングル敗北

ビッグ・ファイト・シリーズ

27年半ぶりの第1試合出場で、シングル15戦全勝という珍記録を残す

2月25日（沖縄・奥武山体育館）から3月16日（横浜文化体育館）までの期間に16興行が開催され、ビシャス・ウォリアー、ボブ・オートン、ロン・スター、ジ・アバランチャ、マーク・フレミング、ホセ・ペレス、ダニエル・カストロ、ジェリー・ローラー（後半戦特別参加）の8選手が招聘された。

猪木は開幕戦2日前に突如、「このシリーズは全戦、第1試合に出る」と宣言し、3月6日の山口・小野田大会を除く15興行全てにオープナーとして出場し、15戦全勝という珍記録（?）を残している。3月6日の欠場理由は、アメリカでジム・クロケット・プロモーションを買収したWCWから責任者のジャク・ペトリックが来日して、東京で猪木との面談を求めたためだった（同じ日にペトリックは全日本プロレスのジャイアント馬場とも会談）。結果、WCWは秋から新日本と業務提携を開始したので、この猪木の「3・6欠場」はキチンと実を結んだ形となった。

猪木の「前座15試合」について、本人は「長州に負けたことで、一から出直しのつもりで自分から志願した」と語ったが、「猪木が出るのはセミかメイン」という前提で7時以降に会場入りした観客が多く、「え?　もう猪木の試合はとっくに終わった?　ふざけるな!」的なトラブルが各会場で頻発し、営業部隊としては頭の痛い毎日だったという。

2月25日、沖縄・奥武山体育館のロン・スター戦で第1試合出場を果たしたが、猪木が前座第1

長州に完敗した猪木は「一から出直し」を期して自ら前座第1試合出場を決意。2・25沖縄・奥武山のロン・スター戦（写真）から15大会、第1試合に出続けた

試合に出たのは1961年7月2日、茨城県取手大会の長谷川丹治戦（猪木は18歳でデビュー2年目。長谷川に6分3秒、体固めで勝利）以来なんと27年半ぶりのことだった。

　第1試合で対戦した15人と試合結果（全て猪木の勝利）を順に記載しておく。

　ロン・スター（5分41秒、グラウンド・コブラツイスト）、ジ・アバランチャ（6分41秒、体固め）、ホセ・ペレス（5分32秒、グラウンド・コブラツイスト）、マーク・フレミング（9分1秒、アキレス腱固め）、ロン・スター（6分41秒、弓矢固め）、ジ・アバランチャ（6分29秒、逆十字固め）、スーパー・ストロング・マシン（6分25秒、体固め）、ボブ・オートン（8分11秒、体固め）、ホセ・ペレス（5分35秒、グラウンド・コブラツイスト）、ジ・アバランチャ（5分10秒、脇固め）、後藤達俊（6分45秒、アキレス腱固め）、馳浩（14分12秒、卍固め）、ジョージ高野（8分23秒、体固め）、鈴木実（7分48秒、弓矢固め）、藤原喜明（12分3秒、卍固め）

私は上記のうち、3月12日の後楽園ホールに赴いた（対馳浩）。この日は日曜日で、マニアの多い後楽園の客は全員が「第1試合に出る」ことを熟知していたから、通路に猪木が出てきたときから会場全体がメインエベント直前の「出来上がった」雰囲気になった。私は「まるで逆取《さか》りだな。このあとに出てくるレスラーは、やりにくいだろうなあ」と思ったが、藤波、長州、斎藤をはじめ第2試合以降に出る選手のほとんどが、北側のステージ裏やバルコニーから第1試合を凝視する光景は異様でさえあった。ただ、「これが、まさしく猪木が見せたかった光景では？」とも感じた。この時点で参院選に出ることを考えていたかは定かではないが、東京ドーム進出を前に「オープナー15連戦」をやって「自分なりの区切り、ケジメ」をつけたかったのではないか、というのが私の推測だ。

バトルライン闘強導夢

初の東京ドーム大会に向けて最終調整

4月13日（新潟・リージョンプラザ）から4月19日（後楽園ホール）までの期間に6興行が開催され、ビッグバン・ベイダー、ブラッド・レイガンズ、バズ・ソイヤー、スチーブ・アームストロング、トレーシー・スモザース、ブライアン・ピルマンの6選手が招聘された。猪木は全戦に出場し、うちシングルは3戦。13日の開幕戦で越中に体固め（6分46秒）、14日の富山市体育館でソイヤーに反則勝ち（8分32秒）、17日の和歌山県立体育館でスモザースに体固め（4分17秒）と3連勝し、欠場が許されない東京ドームに向けて体調の調整に集中した。

'89格闘衛星 闘強導夢 プロリンピック PART1

東京ドーム初進出、ソ連と初対戦、格闘技戦初敗北…猪木にとって初ものずくしの歴史的1日

記念すべき東京ドーム最初の興行は4月24日（月曜日）に開催され、発表で5万3800の大観衆を集めた。私も会場にいたが、実数で間違いなく3万以上はいたと思われ、「キャパが大き過ぎる。絶対に失敗する」といわれた世紀のギャンブル興行は大成功に終わった。

午後6時半に試合開始だったので第14試合（トリ）の猪木対チョータ・チョチョシビリ（3分10ラウンド）が始まったのは夜10時30分頃で、翌日の通勤、通学を考慮して多くの観客が席を立つ風景も見られた。初のドーム興行なので「物量攻勢」、10試合以上になることは仕方がなかったにせよ、メインが10時半では話にならない。以降、東京ドーム大会が休日開催で試合開始が夕方になったのは、この初回の失敗を踏まえた学習効果があったからだろう。

チョチョシビリ（1950年～2009年）は当時39歳。1972年9月にミュンヘンで開催されたオリンピックで、柔道のソ連代表（軽重量級、93キロ以下）で出場し金メダルを獲得したが、このオリンピックでは重量級（93キロ以上）と無差別級の2階級を制覇したウィリエム・ルスカ（オランダ）が話題を独占したため、正直、チョチョシビリの金メダルはあまり話題になっていない。日本における「知名度」という点で「最初のドームで猪木の相手、メイン」は荷が重かったが、か

（上）4月24日、プロレス界初進出となる東京ドーム大会でソ連の柔道王チョチョシビリと異種格闘技戦で激突。ロープを全て外した「円形リング」で戦いを繰り広げた。なお、この日の猪木はアマレス用のシューズを着用　（下）チョチョシビリの腕ひしぎ十字固めにより猪木は左腕に大ダメージを負った（4・24ドーム）

（上）左腕が使えなくなった猪木は道着に噛みついたままチョチョシビリを絞め上げる（4・24ドーム）　（下右）チョチョシビリの裏投げ3連発を食らった猪木はついにマットに沈んだ（5R、KO負け）。猪木が異種格闘技戦で敗れるのはこれが初めて（4・24ドーム）　（下左）試合後、70～80年代の格闘技戦で巻いた格闘技世界ヘビー級のベルトを勝者チョチョシビリに渡した（4・24ドーム）

といってアマレスでオリンピック王者（ソウルのグレコローマン130キロ級、これが最初の金メダルで、このあと1996年のアトランタまで3連覇）になったばかりのアレキサンダー・カレリンでは逆に猪木の荷が重い。チョチョシビリという選択は（双方の）妥協の上になされた人選だったが、猪木としては苦渋の納得だったかもしれない。試合は3分1ラウンドの10回戦で行われ、チョチョシビリの裏投げの連発をまともに食った猪木が立ち上がれず、5ラウンド1分20秒にチョチョシビリがKO勝ち。1976年2月6日のルスカ戦以来、異種格闘技戦初の敗北で、これで猪木の異種格闘技戦は18戦15勝1敗2引き分け（アリ、ウィリー）となった。

勝者チョチョシビリには時価1億5000万円のスーパーカーが贈呈され、新日本営業部隊は翌週、この車を横浜の大黒埠頭から約束通りボストーチヌイ港まで船で運んでいる。

日米ソ3国対抗戦シリーズ

チョチョシビリとの再戦で捲土重来を期す

5月12日から24日の期間に12興行が開催され、ビッグバン・ベイダー、スチーブ・ウイリアムス、クラッシャー・バンバン・ビガロ、リップ・モーガン、ダリル・ピーターソン、イタリアン・スタリオン、サルマン・ハシミコフ、ビクトル・ザンギエフ、ウラジミール・ベルコビッチ、ワッハ・エブロエフ、チムール・ザラソフの11選手が招聘された。猪木はチョチョシビリとの再戦（5月25日）に専念するため開幕戦から第6戦（5月17日）までを欠場し、第7戦からの6興行のみ出場した。最終戦の24日（姫路市厚生会館）でピーターソンとシングルで対戦し、5分26秒に裏十字固めで快勝している。

格闘衛星 プロリンピック・イン・大阪城ホール 夢☆勝ちます

チョチョシビリに雪辱を果たし、政界へ旅立つ

5月25日に4・24の「大阪バージョン」、大阪城ホール大会が開催され、1万2350人（満員）の観衆を動員。猪木はチョチョシビリにリターンマッチを挑み（3分10ラウンド）、2ラウンド1分17秒、一瞬の隙を衝いた裏十字固めでギブアップを奪取して雪辱に成功した。これで、猪木の異種格闘技戦シリーズは全19戦、16勝1敗2引き分けで幕を閉じた。

5・25大阪城でチョチョシビリと再戦（この試合もノーロープ円形リング）。2R、猪木は渾身の裏十字固めでギブアップを奪い、ドームの雪辱を果たした

このあと猪木はモスクワに飛んでソ連の関係者に大会成功御礼の挨拶回りを済ませ、6月10日に成田空港に帰国。空港のVIPルームで記者会見を行い、週刊誌で噂されていた7月の参院選出馬に向けて、初めて前向きなコメントを残した。6月15日、猪木は新日本プロレスの社長を辞任。16日に取締役会、定時株主総会が開かれて正式に承認され、坂口が新社長に就任。坂口は社長業に専念するため、現役引退を表明し

（上）「スポーツを通じて世界の平和」をスローガンに、スポーツ平和党から参議院選挙に出馬。「国会に卍固め」「消費税に延髄斬り」をキャッチフレーズに精力的に選挙運動を展開した（7月）（下）7月24日、参議院議員選挙で99万票以上を獲得し、スポーツ平和党名簿順位第1位として当選。初の国会議員プロレスラーとなった。この後、1998年の引退までプロレスラーとしてはビッグマッチを中心にスポット参戦を続けた

た（引退興行は翌年3月に実施）。このあと猪木は全日空ホテル「青雲の間」に場所を移動して記者会見を行い、戸倉尚美さんとの婚約を発表した（坂口、藤波、長州が同席）。翌16日、後楽園ホール（サマー・ファイト・シリーズ開幕戦）のリング上に背広姿で登場した猪木は、参院選出馬への決意表明を行った。

正式な出馬発表は6月20日で、場所は港区・芝公園に開設した選挙事務所内。党名は「スポーツ平和党」で、坂口、藤波、長州、ベイダーが同席した。22日に選挙事務所内で尚美夫人を初めて記者団に披露し、7月5日に同所で出陣式を行って選挙戦に突入した。

参院選の投票日は7月23日の日曜日で、日付けが変わる前に「当選確実」が出るかと思われたが意外に票は伸び悩み、ようやく当選が決まったのが翌朝（7月24日）になってからだった（99万3989票を獲得）。ここに日本のプロレス史上初の「プロレスラー国会議員」が誕生し、猪木は29年の長きに亘るプロレスラー人生に（ひとまず）区切りをつけた。

東京体育館で猪木さん、藤波さん、テーズさんに囲まれて

この「あとがき」部分は、「猪木」でも「アントニオ猪木」でも「猪木氏」でもなく、「猪木さん」に統一して書かせていただく。本当は第1巻の冒頭から「猪木さん」で書きたい気持ちは大きかったのだが、それだと文脈自体に余りにもパーソナルな思いが横溢してしまうと考えて断念した。「猪木戦記シリーズの最後くらいは」と書くのも変ではあるが、ここだけはライターというより「ファンの一人に戻った感じ」で締めさせていただく次第である。

まず、本文が1989年7月の「参院選当選」で終わっている点について釈明する。『猪木戦記』というタイトルの本である以上、1998年4月4日、東京ドームにおける引退興行まで記述すべきだという批判、非難は覚悟している。だが、私の中では「百歩」どころか「一万歩」譲っても「議員になったあとの猪木さんは、レスラー・アントニオ猪木ではない」という気持ちを崩すつもりはない。正直、「議員になってしまったあとまで猪木戦記シリーズに含めることは、偉大なるアントニオ猪木のプロレスラー戦績を貶めることになる」とまで考える。そこは著者のエゴを貫徹させてほしい。とはいえ、このシリーズを通読してくださる読者の中には「参院選のあとから猪木さんを見始めた」という方もいるかもしれない。それが年齢的な理由（参院選のときに十代で、そこから

猪木さんの試合を見始めた、等）だとしたら、やはり「参院選のあと」に全く触れないのは傲慢だと思うので、ごく簡単にではあるが、「参院選から引退興行」までの足跡（9年間）について箇条書きさせていただく。

【1989年後半】
大晦日のモスクワ市（ルイージニキ室内競技場）で復帰第1戦を行い、ショータ・チョチョシビリと組んでマサ斎藤、ブラッド・レイガンズ組に勝利。

【1990年】
2月10日の東京ドームで国内における復帰第1戦を行い、坂口征二と組んで橋本真也、蝶野正洋組に勝利。試合後、リング上で初めて「イチ、ニー、サン、ダー！」を披露。9月1日と2日に新日本の中国遠征に随行し、2戦とも勝利（相手は後藤達俊、ヒロ斉藤）。9月30日、横浜アリーナで「デビュー30年記念興行」が開催され、タイガー・ジェット・シンとのタッグでビッグバン・ベイダー、アニマル浜口組を撃破（猪木が浜口をフォール）。

【1991年】
レスラーとしてリングには上がらず、政治活動に専念。

【1992年】
1月4日の東京ドーム（この年から1・4が恒例化）で馳浩に卍固めで勝利。3月1日の横浜アリーナ（新日本創立20周年記念興行）で木戸修と組み、長州力、木村健悟組に負け（長州が木戸を体固

め)。5月17日に大阪城ホールで馳と組み、ブラッド・レイガンズ、ムッシュ・ランボーに勝利。

【1993年】

5月3日に福岡ドームで藤波辰爾とコンビを組み、長州、天龍源一郎組に勝利(藤波が長州をフォール)

【1994年】

1月4日に東京ドームで天龍と対戦し、パワーボムでフォール負け。3月16日に東京体育館で安田忠夫と組み、蝶野、木戸組に負け(猪木が木戸に反則負け)。4月4日、広島グリーンアリーナで馳と組み、藤原喜明、石川雄規に勝利(石川が猪木のスリーパー・ホールドでギブアップ)。5月1日、福岡ドームでグレート・ムタに体固めで勝利。8月24日、提携先のWCWからの要請に応じてアイオワ州シーダーラピッズのPPVビッグショーに出場し、ロード・スチーブン・リーガルにスリーパーで勝利。9月23日、横浜アリーナでウィリエム・ルスカにスリーパー・ホールドで勝利。

【1995年】

1月4日、東京ドームでジェラルド・ゴルドーとスティング相手に2連戦を行い、共にスリーパー・ホールドで勝利。3月19日、名古屋・愛知県体育館で藤原に勝利。4月29日、北朝鮮の平壌(メーデー・スタジアム)でリック・フレアーに勝利。全て無料の招待客ではあったが、19万人の観客を動員(2日間の興行で計38万人動員)。5月3日、福岡ドームで北尾光司と組み、長州、天龍組に勝利(猪木が長州を体固め)。12月30日、大阪城ホールで高田延彦と組み、藤原、山崎一夫組に勝利。

【1996年】

1月4日、東京ドームでビッグバン・ベイダーに腕ひしぎ十字固めで勝利。6月1日、ロサンゼルス・スポーツ・アリーナでダン・スバーンと組み、藤原、オレッグ・タクタロフに勝利。12月1日、代々木競技場第二体育館でザ・ガスパーに勝利。

【1997年】

1月4日、東京ドームでウィリー・ウィリアムスに勝利。4月12日、東京ドームでタイガーキング（佐山聡）に勝利。5月3日、大阪ドームでタイガーキングと組み、藤原、獣神サンダー・ライガー組に勝利。7月6日、北海道・真駒内アイスアリーナでタイガーキングと組み、佐々木健介、藤田和之に勝利。

【1998年】

4月4日、東京ドームの引退興行でドン・フライを破る（4分9秒、寝技式アバラ折り）。

私がファンとしてではなく、「関係者っぽい立場」で初めて猪木さんと「接近遭遇」したのは1985年9月19日、千駄ヶ谷の東京体育館だった（取り壊しになる前の旧舎）。この日は猪木さんが藤波辰巳（当時）さんとシングルマッチで対戦するメインが組まれており、特別レフェリーとしてルー・テーズさんが招聘されていたので、国際プロレス時代からテーズさんの「付き人」みたいな感じだった私は、試合後の控室で坂口さん（副社長）に通訳を依頼された。テーズさんのコメントを一言一句、間違えないように翻訳して（記者団に）伝達する大役には緊張したが、一番緊張

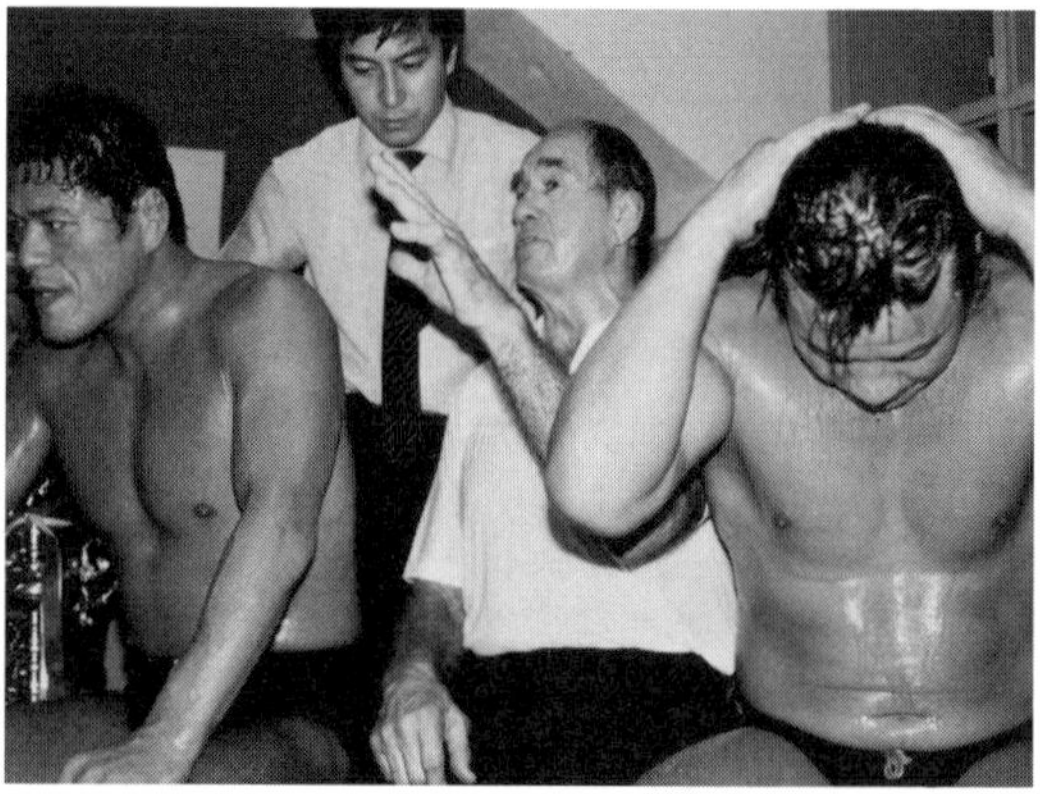

1985年9月19日、東京体育館。猪木vs藤波戦を裁いたテーズさんの通訳を担当。大物3人に囲まれて緊張しながら任務に没頭する筆者

したのはテーズさんの両脇に猪木さんと藤波さんが座っていたので「俺の翻訳中に、猪木さんが突然、割って入ってこないだろうか」という点だった。「一寸先はハプニング」がモットーだった猪木さん（実は英語ペラペラ）にとって、英語によるテーズさんのコメントで十分であり、「（私による）和訳」なんて倍の時間が食うだけの話だ。「記者会見なんてどうでもいい。早くシャワーが浴びたい」というのが本音だったろうが、テーズさんの寸評や記者団からの質問、それに関する私の和訳を黙って（すごく穏やかな表情で）聞いてくださった。時間にしたらおそらく6～7分はかかっていたと思うが、会見が終わったときは冷や汗がドッと噴き出し、ワイシャツがビショビショだったのを覚えている。まず猪木さんに「ありがとうございました」と頭を下げたが、そのとき猪木さんは私の眼をみながら軽く頷き労ってくれた。そのあと藤波さんにも頭を下げたが、藤波さんに至っては両手でシッカリと握手してくださり、むこうからも御礼の言葉をいただいた。こうなると完全に一人のファンに戻ってミーハー気分に浸ったが、「通訳」を完全にこなすことの「快感」を初めて経験した機会にもなり、その後のサラリーマン人生、プロレス・ライター人生に大いなるメリットをいただいた。

テーズさんを「先輩」と呼んだ猪木さん

猪木さんとの二度目の「接近遭遇」は1998年12月20日、赤坂の大きなフォト・スタジオだった。その頃、私は3年余りのアメリカ（サンフランシスコ）駐在生活を終えて帰国したばかりの時期だったが、帰国してすぐに大手出版社「マガジンハウス」（昔の平凡出版）から連絡が入った。「ウチの看板雑誌の一つである『BRUTUS（ブルータス）』でプロレスの大特集をやりたい。ついてはルー・テーズさんを5日くらい日本に呼んで、各団体の試合を観戦してナマの意見をうかがいたい。加えて、猪木さんとも対談してもらって、それを特集の柱にしたい」という申し入れだった。「さすがは大手の出版社だ、特集記事のためにテーズさんを呼ぶのか。スケールが違

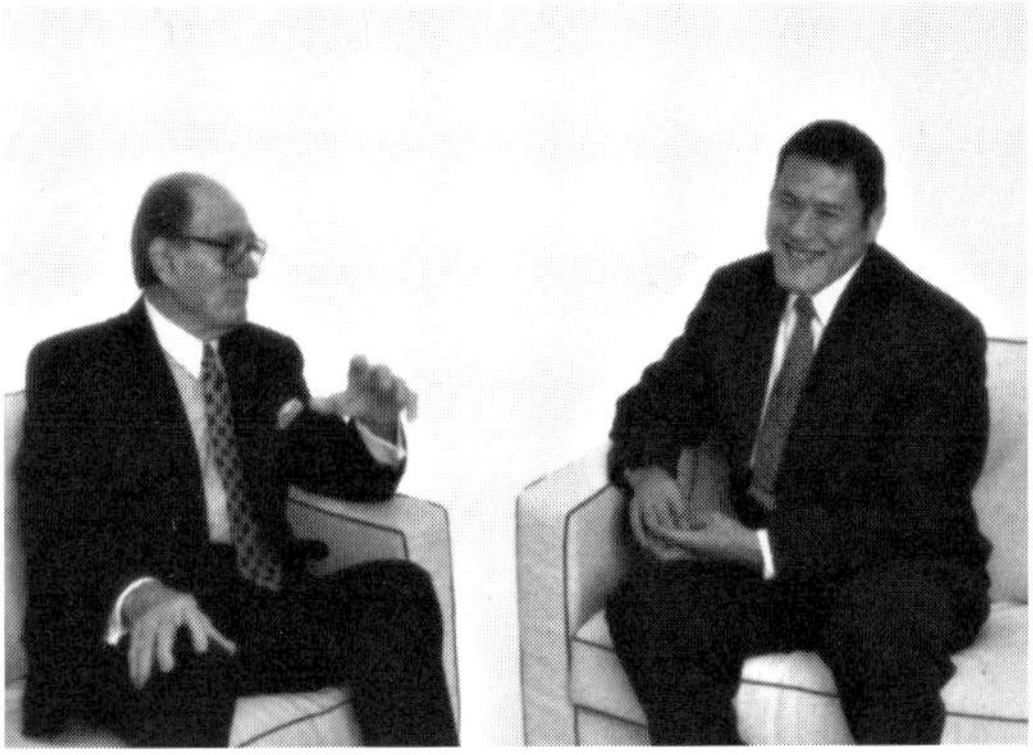

1998年12月20日、雑誌『ブルータス』が企画した猪木&テーズ・夢の対談に協力・同席した時のスナップ。筆者自身にとって夢のような時間だった

うな」と感心したが、そこまで徹底してプロレスを特集するという姿勢には全面協力するしかない。テーズさんに同行し、新日本、全日本、ＮＯＡＨ、リングス、バトラーツなどの興行を観戦した。当時の猪木さんは新団体の「ＵＦＯ」を旗揚げして間もない時期で、10月に頭髪を短くカット（高校球児の五分刈りみたいな感じ）していたので非常に若々しい印象だった。部屋に入るとテーズさんと固い握手とハグを交わし（１９９６年3月20日、ハリウッドのカリフラワー・アレイ・クラブＯＢ会以来の再会）、早速「夢のロング対談」に入った。猪木さんはご自分でも英語は堪能なのに、「あえて」私に「通訳をお願いします」と仰ってくださった。世紀の2大レスラーのトークを、間違ったニュアンスで翻訳したら後世に残る恥である。緊張しながらもテーズさんと猪木さんの発言を懸命に翻訳して対談を切り盛りしたが、子供の頃からプロレスファンだった私にとっては夢のような光栄な時間だった。

対談が終わったあと、テーズさんがトイレに行ったので、私と猪木さんが二人だけになる時間があった。猪木さんには迎えのマネージャーが来る予定になっていたが、幸い（?·）そのマネージャーさんが大幅に遅刻してくださったので、猪木さんとサシで話をさせていただく「極上のエキストラ・タイム」を授かったという次第だ。猪木さんが開口一番、私にこう言った。「俺は、先輩（テーズさんのこと）とは古いんですよ。俺が初めてワールドリーグに出たときですからね（１９６2年＝猪木さん19歳）。先輩の練習からリング上の試合から私生活から、とにかく全部見てました。俺はもともと、ブラジルに渡って力道山に会うまでは、『いつかアメリカに渡ってルー・テーズの弟子になる』と考えていたくらいですから」

テーズさんを「先輩」と呼んだのが意外で、今でも耳に残っている。他の先輩ガイジン・レスラーを、同じく「先輩」と呼んでいたケースがあったかは定かではないが、おそらくなかったような気がする。猪木さんにとって、ガイジン・レスラーの中で「先輩」と呼称したい存在は、ルー・テーズさんだけだったと思う。

晩年の猪木さんとの「接近遭遇」は、2008年10月から2012年8月まで「IGF（イノキ・ゲノム・フェデレーション）」のテレビ解説をやらせていただいた時、各会場での控室でご一緒したタイミングだった。当時のIGFは（大体）2カ月に一度くらいの頻度で興行を打っており、BS各局や「サムライテレビ」で必ずテレビ中継されていたので、猪木さんの話を拝聴できるチャンスは多かった。名古屋だったと思うが、同じ放送席の隣に猪木さんが座ってゲスト解説したことがあったが、緊張などというものではない。猪木さんが過去の名勝負で固有名詞を思い出せない時、すかさず（さりげなく）その選手名や会場名をフォローするのは解説者としてマストの仕事だが、加えてリング上の試合も追わねばならないから、視覚と聴覚のフル回転である。一度、大相撲の幕内出身だった鈴川真一選手（相撲時代の四股名は若麒麟）の試合解説をしたとき、鈴川選手がグラウンドの態勢で相手の両方の上腕を外側から絞め付けて技を防御していたので、「さすが、鈴川選手は相撲出身だけあって、〝おっつけ〟の要領で相手のグリップをリリースしました」とコメントしたのだが、控室に戻ったあと（モニターを見ていた）猪木さんから「〝おっつけ〟なんて良く知ってるね」と褒められたことがあったが、これも凄く嬉しかった。

猪木さんが語ったダイアナさん、永田雅一さんとの思い出

自分の中で「接近遭遇のハイライト」と思っているのは２０１０年9月7日、浜松町の「日の出桟橋」近くにあったテレビ朝日の大きな撮影所で「デビュー50周年記念ＤＶＤボックス」のＭＣをやらせてもらったときだった。何しろＤＶＤが20枚収録されたボックスだったので（定価は10万円！）、その日の午後は4時間くらい猪木さんと一緒の部屋にいた。17歳で力道山にスカウトされて日本に戻ってから、新人時代を経てアメリカ武者修行時代、東京プロレス時代から新日本プロレス旗揚げに至るまでを徹底的にインタビューしたが、とにかく猪木さんの記憶力の良さには驚くしかなく、ご自分の辿ってきた「イノキ・クロニクル」を古い順番に丁寧に思い出して語ってくださった。インタビュー本番に入る前、私は「最初の奥様だったダイアナさん（籍は入れていなかったらしいが）と娘の文子《ふみこ》ちゃんについては、触れないでおこう」と決めていたが、猪木さんから「オレゴンで、ディーン樋口の紹介でダイアナと会った。2人ともパーティに呼ばれて、そこで知り合った」とか、「娘の文子をでっかい車に乗せてテネシーからモンタナまで20時間くらいドライブした」という述懐があったので、自然と「タブーなし」のムードになってスムーズに収録を進行することができた。

このＤＶＤ20枚を収録した「10万円ボックス」は12月に発売されたが、それに先立って11月16日（私の誕生日）に新宿の「バルト9（ナイン）」という映画館のステージで発売キャンペーンの顔見世を行ったときのことも忘れられない。その日の控室に力道山時代の古い映画関係の知人の方が数名、面会に来たので、そのご一行がお帰りになったあと、「俺は大映という映画会社の社長だった

永田雅一さんという人にすごく可愛がられたんだよ。興行師の永田さんじゃなく、映画の永田さんのほうね」と注釈つきで、延々と若手時代に力道山に付き添って映画出演の同行をしたときの思い出話を聞くことができた。そのあとにステージに出てＭＣをやらせてもらったのだが、その本番ステージで猪木さんに大いに「イジられ」て、客席から爆笑も頂戴したのも懐かしい。あの10万円のＤＶＤボックスは売れ行きが好調だったと聞いたが（確か１０００個限定製造）、なにしろ値段が値段だったので全ての猪木マニアに見てもらったとは思えない。２０２２年12月30日、ＢＳ朝日の「アントニオ猪木追悼３時間スペシャル」の監修を仰せつかったので一部を使って猪木さんの述懐を再現したが、中古マーケットにはまだ出回って

2010年9月7日、テレビ朝日スタジオで行われた「アントニオ猪木デビュー50周年記念 DVD-BOX」用のインタビュー収録風景。猪木さんは記憶力が抜群で、昔話を丁寧に語ってくれた

2010年11月16日、新宿バルト9で開催された「アントニオ猪木デビュー50周年記念 DVD-BOX」発売記念イベント。映画館でのイベントとあって、映画にまつわる思い出話も飛び出した

IGF時代。テレビ解説を務めていた筆者とツーショットを撮っていただいた

いるようなので、安価になった中古品でもいいので、ぜひ、この『猪木戦記』を読んでくださっている方には見ていただきたいと思う。

猪木さんがリング内外で残した幾多のレガシー（遺産）が、これからどのような形で語り継がれていくのか、現状では全くわからない。ただ、それは猪木さんに限った話ではなく、亡くなった全てのレジェンド・レスラーに共通する疑問であり、課題だ。ヘソ曲がりな言い方をすれば、「語り継ぐ必要もない」かもしれず、天国の猪木さんは「俺のことなんか、どうせ、そのうち忘れられちゃうさ。語り継ぐ？　やめてくれよ」と笑っているに違いない。でも、半世紀近くプロレスの文章を書いてお金をいただいてきた私としては、「アントニオ猪木を後世に語り継ぐための手引き」くらいは残さないと、やっぱり悔いが残る。この「猪木戦記シリーズ」は、その「手引き」であり、私個人にとっては「猪木さんを見続けた〝あの日、あの時の答え合わせ〟」というテーマを念頭に置いて粛々と書き進めた。「答え合わせ」の結果が○だったか、それとも×だったか。今となってはどうでもいいことかもしれない。アントニオ猪木という難解な、ブ厚い問題集の解答欄には、「そもそも○も×もなかった」というのが、書き終わった今の結論である。
第1巻から第3巻にわたり、ベースボール・マガジン社出版部の本多誠さん（元・週刊プロレス編集長）には本当にお世話になった。猪木さんに対する過剰な思い入れの連続だから、かなりの部分で文章が暴走したため、本多さんが「レフェリーストップ」をかけて都度、私の大流血を止めてから試合を再開してくれた。冷静なレフェリングがなかったら、この『猪木戦記』は単なる私の感情吐露、退屈なモノローグになっていただろう。改めて本多さんの長期間にわたるグッド・レフェリングと最高の編集に感謝申し上げる。ありがとうございました。

流　智美

アントニオ猪木

流 智美（ながれ・ともみ）

1957年11月16日、茨城県水戸市出身。80年、一橋大学経済学部卒。大学在学中にプロレス評論家の草分け、田鶴浜弘に弟子入りし、洋書翻訳の手伝いをしながら世界プロレス史の基本を習得。81年4月からベースボール・マガジン社のプロレス雑誌（『月刊プロレス』、『デラックス・プロレス』、『プロレス・アルバム』）にフリーライターとしてデビュー。以降、定期連載を持ちながらレトロ・プロレス関係のビデオ、DVDボックス監修&ナビゲーター、テレビ解説者、各種トークショー司会などで幅広く活躍。主な著書は『おそろしいほどプロレスがわかる本』（白夜書房）、『鉄人ルー・テーズ自伝』、『流智美のこれでわかったプロレス技』、『やっぱりプロレスが最強である』、『プロレス検定公式テキストブック&問題集』、『新日本プロレス50年物語 第1巻 昭和黄金期』（ベースボール・マガジン社）、『魂のラリアット』（双葉社）、『門外不出・力道山』、『詳説・新日イズム』（集英社）、『東京12チャンネル時代の国際プロレス』、『東京プロレス』（辰巳出版）、『Pro Wrestling History of Japan, Rikidozan years』、『St.Louis Wrestling Program Book』（Crowbar Press）、など。83年7月創刊の『週刊プロレス』には40年後の現在まで毎週欠かさず連載ページを持ち、2023年も「プロレス史あの日、あの時」の連載を継続中。2018年7月、アメリカ・アイオワ州ウォータールーにある全米最大のアマレス&プロレス博物館「National Wrestling Hall of Fame」から招聘され、ライター部門で日本人初の殿堂入りを果たす。2023年3月、アメリカのプロレスラー OB組織「Cauliflower Alley Club」の最優秀ヒストリアン部門賞である「Jim Melby Award」を受賞（同年8月28日にラスベガスで授賞式）。

猪《いの》木《き》戦《せん》記《き》 超《ちょう》マニアックな視点《してん》でたどるアントニオ猪木物語《いのきものがたり》

第《だい》3巻《かん》 不滅《ふめつ》の闘魂編《とうこんへん》

2023年10月31日　第1版第1刷発行

著　者　流《ながれ》 智美《ともみ》

発行人　池田哲雄

発行所　株式会社ベースボール・マガジン社

〒103-8482 東京都中央区日本橋浜町2-61-9　TIE浜町ビル

電話　03-5643-3930（販売部）

03-5643-3885（出版部）

振替口座 00180-6-46620

https://www.bbm-japan.com/

印刷・製本　共同印刷株式会社

ISBN978-4-583-11645-7　C0075